Applied
Statistics Using
Stata
A Guide for the Social Sciences

Stata
统计分析
社会科学应用指南

[挪威] 穆罕默德·梅赫梅托（Mehmet Mehmetoglu）
[挪威] 托尔·格奥尔格·雅各布森（Tor Georg Jakobsen）——著

柏建岭　曾永艺——译

清华大学出版社
北京

北京市版权局著作权合同登记号　图字：01-2017-4222

Mehmet Mehmetoglu, Tor Georg Jakobsen
Applied Statistics Using Stata: A Guide for the Social Sciences
EISBN: 978-1473913233

Copyright © 2017 by SAGE Publications Ltd. All rights reserved.

Original language published by SAGE Publications Ltd. All rights reserved.

本书原版由 SAGE Publications Ltd. 出版。版权所有，盗印必究。

本书封面贴有清华大学出版社防伪标签，无标签者不得销售。

版权所有，侵权必究。举报：010-62782989，beiqinquan@tup.tsinghua.edu.cn。

图书在版编目(CIP)数据

Stata统计分析：社会科学应用指南 /（挪）穆罕默德·梅赫梅托，（挪）托尔·格奥尔格·雅各布森著；柏建岭，曾永艺译. —北京：清华大学出版社，2021.7（2024.11重印）
（新时代·技术新未来）
书名原文：Applied Statistics Using Stata: A Guide for the Social Sciences
ISBN 978-7-302-54600-9

Ⅰ.①S… Ⅱ.①穆… ②托… ③柏… ④曾… Ⅲ.①统计分析－应用软件 Ⅳ.①C819

中国版本图书馆 CIP 数据核字（2020）第 002560 号

责任编辑：刘　洋
封面设计：徐　超
版式设计：方加青
责任校对：宋玉莲
责任印制：沈　露

出版发行：清华大学出版社
　　　　　网　　址：https://www.tup.com.cn, https://www.wqxuetang.com
　　　　　地　　址：北京清华大学学研大厦 A 座　　邮　编：100084
　　　　　社 总 机：010-83470000　　邮　购：010-62786544
　　　　　投稿与读者服务：010-62776969，c-service@tup.tsinghua.edu.cn
　　　　　质 量 反 馈：010-62772015，zhiliang@tup.tsinghua.edu.cn
印 装 者：涿州市般润文化传播有限公司
经　　销：全国新华书店
开　　本：187mm×235mm　　印　张：23.5　　字　数：426 千字
版　　次：2021 年 7 月第 1 版　　印　次：2024 年 11 月第 4 次印刷
定　　价：118.00 元

产品编号：074345-01

内容简介

本书基于社会学领域学生和学者的需求，将统计学的理论概念和详细的技术指导有机结合起来，通过众多来自社会学不同领域的有趣示例来呈现丰富的统计方法和模型，鼓励读者在了解理论的同时学习应用 Stata 软件来实现研究的目的。本书除了用 5 个章节渐进式地详细阐述线性回归模型之外，还进一步涵盖 logistic 回归、多层次分析、面板数据分析、探索性因子分析、结构方程模型和验证性因子分析等内容。本书通过配套网站提供各章配套的测试题、视频、数据集和 Stata 代码，方便读者学习并检查学习效果。

本书可作为社会学领域本科生或研究生定量研究课程的教材或参考书，也可作为想要学习应用 Stata 软件进行定量研究的社会学者的参考书。

致　　谢

　　我们想要感谢 SAGE 出版社聘请的匿名评审专家提供的很多有用且鼓舞人心的反馈意见。还要感谢我们在 StataCorp 的同事 Bill Rising，他对本书的每一个章节都进行了详尽的评论并提出了很多有价值的意见和建议。感谢另一位 StataCorp 的同事 Kristin MacDonald，她对结构方程模型一章提出了非常有用的意见。Rising 和 Kristin 正是 StataCorp 众所周知的专业水准声誉的明证。还要感谢我们的同事 Stein Are Sæther、Giovanni Cerulli、Sergio Venturini、Kjell Hines、Arild Blekesaune、Marthe L. Holum、Zan Strabac、Jon Olaf Olaussen、Jonathon W. Moses、Mikael Knutsson、Jo Jakobsen 和 Morten Blekesaune，感谢他们对本书不同章节提出的建议和意见，以及对本书写作的全程支持。此外，我们感谢 SAGE 出版社的专业支持团队，包括编辑 Jai Seaman、Alysha Owen、Ian Antcliff、Sally Ransom、Lily Mehrbod、Vanessa Harwood 以及文字编辑 Richard Leigh。最后，感谢我们各自的家庭（Mehmet 的 Rannvei 和 Deniz 以及 Tor Georg 的 Marthe 和 Sofie），感谢他们始终不渝的支持。

作者简介

  Mehmet Mehmetoglu 是挪威科技大学（Norwegian University of Science and Technology，NTNU）心理学系的研究方法教授。他的研究兴趣包括消费者心理学、进化心理学以及统计方法。Mehmetoglu 已经在大约 30 份不同的同行评审国际刊物上发表或合作发表论文，这些刊物包括 *Scandinavian Journal of Psychology*（《斯堪的纳维亚心理学期刊》）、*Personality & Individual Differences*（《个性与个体差异》）、*Evolutionary Psychological Science*（《演化心理科学》）等。

  Tor Georg Jakobsen 是挪威科技大学商学院的政治科学教授。他的研究兴趣包括政治行为、和平研究以及统计方法。Jakobsen 已经在包括 *European Sociological Review*（《欧洲社会学评论》）、*Work, Employment & Society*（《工作、雇佣与社会》）、*Conflict Management & Peace Science*（《冲突管理与和平科学》）等刊物上发表或合作发表了论文。

前　言

对学生和学者来说，知道如何运用统计学来解决社会问题是一项关键技能。想要得到和开发这样的技能需要理解不同统计技术（如线性回归模型、因子分析等）背后的原理，同时学会使用灵活且用户界面友好的软件进行分析。在本书中，我们通过揭示每项统计技术背后的原理并提供 Stata 软件的应用示例，试图帮助读者达到这两个重要目标。基于我们的座右铭"万物皆回归"，我们将线性回归模型作为解释不同统计技术的首要框架。

对线性回归模型的深入理解为学习其他统计技术打下了基础——不管这些技术是简单的（如 t 检验）还是高级的（如结构方程模型）。这也是我们选择深入剖析线性回归模型及其拓展技术的原因所在。在读过相关章节之后，你就会认识到线性回归模型可以很好地替代传统的独立样本组间比较的方差分析（ANOVA）。线性回归方法也成为理解多层次回归技术的纽带，而后者是分析重复测量数据时方差分析方法的有力替代。

若想从本书中有所获，读者最好具备关于基础统计学的背景知识，并对统计推断有所了解。读者不需要具备使用 Stata 的经验，在将 Stata 应用于不同统计技术之前，我们会用一章的内容来详细介绍该软件的使用方法。当你阅读本书的每一章时，我们强烈建议你打开 Stata 软件，以便复制和重现相关统计分析的过程与结果。在此之前，你需要登录网址 https://study.sagepub.com/login?destination=node/30193，浏览并下载本书的配套材料（如数据集、Stata 代码、期刊文章示例等）。

译者序

挪威科技大学穆罕默德·梅赫梅托和托尔·格奥尔格·雅各布森两位教授编写的《Stata 统计分析：社会科学应用指南》一书具备以下几点突出特色：①将统计学的理论概念和详细的技术指导有机结合起来，通过众多来自社会学不同领域的有趣示例来呈现丰富的统计方法和模型，鼓励读者在了解理论的同时学习应用 Stata 软件来实现研究的目的；②基于作者"万物皆回归"的座右铭，将线性回归模型作为统计建模和解释的首要框架，这有助于读者融会贯通 t 检验、ANOVA、结构方程模型等不同统计技术；③第 11 章和第 12 章对社会科学研究领域中常见的因子分析和结构方程模型展开循序渐进的讨论，结合具体的研究案例给出 Stata 代码和外部命令，让读者在 SPSS+AMOS 之外又多了一种选择。总之，这本优秀的著作不仅适用于学习社会科学的在校本科生和研究生，也适用于需要进行数据分析的研究人员。

由于本人在人大经济论坛做版主期间认识了厦门大学的曾永艺助理教授和北京林业大学的李强副教授，本人接受清华大学出版社责任编辑刘洋的邀请牵头翻译此书后便联系了他们，他们都很乐意参与此书的翻译工作，后来又有东南大学的余小金副教授、江苏省人民医院的张慧统计师、南京医科大学生物统计学系的仲子航博士相继加入，承担部分章节的初译工作。

本书共 13 章，参与初译的人员具体工作安排如下：柏建岭（第 3、5、6 章）、曾永艺（第 1、11、12、13 章）、李强（第 7、8、10 章）、余小金（第 2 章）、张慧（第 9 章）、仲子航（第 4 章）。初译完成后，柏建岭和曾永艺两位主译花了大量时间进行了多次审阅校对，最终定稿。

感谢清华大学出版社的刘洋和宋亚敏两位编辑以及排版校对人员的辛勤劳动与付出。

本书的翻译工作得到了南京医科大学学术著作出版资助项目的资助。在翻译过程中得到了南京医科大学公共卫生学院和生物统计学系领导及同事的关心帮助，译者表示衷心感谢。

本书的翻译一定还会有不妥之处，衷心希望得到各位专家、老师和同行读者的批评指正。

柏建岭
2021 年春于南京

目　录

1　研究与统计学　　1

1.1　统计研究方法论　　2
1.2　统计方法　　3
1.3　统计推断的基本思想　　5
　　1.3.1　概率论　　5
　　1.3.2　总体规模　　6
　　1.3.3　研究总体时为什么需要显著性水平？　　8
1.4　通用法则和理论　　8
　　1.4.1　客观性和批判现实主义　　9
1.5　定量研究论文　　10
1.6　总结　　12
问题　　13
延伸阅读　　13
参考文献　　14

2　Stata 简介　　17

2.1　Stata 是什么？　　18
　　2.1.1　Stata 界面　　18

	2.1.2 如何使用 Stata	20
2.2	数据输入和导入	22
	2.2.1 输入数据	22
	2.2.2 导入数据	23
2.3	数据管理	24
	2.3.1 打开数据	25
	2.3.2 检查数据	25
	2.3.3 修改变量	27
	2.3.4 生成变量	29
	2.3.5 数据子集	32
	2.3.6 标记变量	32
2.4	描述性统计和图	33
	2.4.1 频率分布	33
	2.4.2 汇总统计	35
	2.4.3 纵向合并数据	38
	2.4.4 横向合并数据	39
	2.4.5 数据变型	40
2.5	双变量统计推断	41
	2.5.1 相关	41
	2.5.2 独立 t 检验	41
	2.5.3 方差分析（ANOVA）	42
	2.5.4 卡方检验	43
2.6	总结	44
问题		45
延伸阅读		45

3 简单（双变量）回归　　47

3.1	什么是回归分析？	48
3.2	简单线性回归分析	49

	3.2.1 普通最小二乘法	52
	3.2.2 拟合优度	54
	3.2.3 斜率系数的假设检验	57
	3.2.4 线性回归预测	59
3.3	Stata 实例	60
3.4	总结	64
问题		64
延伸阅读		65
参考文献		65

4 多元回归   67

4.1	多元线性回归分析	68
	4.1.1 估计	69
	4.1.2 拟合优度和 F 检验	70
	4.1.3 调整 R^2	71
	4.1.4 偏回归系数	71
	4.1.5 多元回归预测	73
	4.1.6 标准化和相对重要性	74
4.2	Stata 实例	75
4.3	总结	81
问题		82
延伸阅读		82
参考文献		83

5 虚拟变量回归   85

5.1	为什么使用虚拟变量回归？	86
	5.1.1 生成虚拟变量	86
	5.1.2 虚拟变量回归的原理	89

5.2 含有一个虚拟变量的回归	89
5.2.1 Stata 示例	90
5.3 含有一个虚拟变量和一个协变量的回归	91
5.3.1 Stata 示例	93
5.4 含有多个虚拟变量的回归	94
5.4.1 Stata 示例	96
5.4.2 比较纳入组	97
5.5 含有多个虚拟变量和一个协变量的回归	101
5.5.1 Stata 示例	102
5.6 含有两组不同虚拟变量的回归	103
5.6.1 Stata 示例	105
5.7 总结	107
问题	108
延伸阅读	108
参考文献	109

6 回归中的交互/调节效应   111

6.1 交互/调节效应	112
6.2 乘积项方法	113
6.2.1 一个连续预测变量与一个连续调节变量间的交互	115
6.2.2 一个连续预测变量与一个虚拟调节变量间的交互	119
6.2.3 一个虚拟预测变量与一个虚拟调节变量间的交互	123
6.2.4 一个连续预测变量和一个多分类调节变量间的交互	125
6.3 总结	131
问题	132
延伸阅读	132
参考文献	133

7 线性回归的假设与诊断 135

7.1 正确设定模型 137
- 7.1.1 所有有关的 X 变量，而没有无关的 137
- 7.1.2 线性 139
- 7.1.3 可加性 148
- 7.1.4 不存在多重共线性 148

7.2 残差的假设 150
- 7.2.1 误差项的条件均值为零 150
- 7.2.2 同方差 151
- 7.2.3 不相关的误差 152
- 7.2.4 正态分布误差 153

7.3 强影响点 155
- 7.3.1 杠杆作用 155
- 7.3.2 DFBETA 156
- 7.3.3 库克距离 157

7.4 总结 159
问题 160
延伸阅读 160
参考文献 160

8 logistic 回归 163

8.1 什么是 logistic 回归？ 165
- 8.1.1 假设检验 168

8.2 logistic 回归的假设 169
- 8.2.1 Stata 示例 171

8.3 条件效应 178
8.4 诊断 180
8.5 多类 logistic 回归 183

8.6	有序 logistic 回归	188
8.7	总结	192
问题		193
延伸阅读		193
参考文献		194

9 多水平分析   197

9.1	多水平数据	199
	9.1.1 使用多水平分析的统计学原因	202
9.2	空模型或截距模型	203
	9.2.1 Stata 示例	205
9.3	方差分解或组内相关	206
9.4	随机截距模型	207
9.5	水平 2 解释变量	209
	9.5.1 因变量被解释的量	211
9.6	logistic 多水平模型	212
9.7	随机系数（斜率）模型	213
9.8	交互效应	216
9.9	三水平模型	219
	9.9.1 交叉分类多水平模型	223
9.10	加权	223
9.11	总结	225
问题		226
延伸阅读		226
参考文献		227

10 面板数据分析   229

10.1	面板数据	230

10.2	混合 OLS	233
10.3	组间效应	239
10.4	固定效应（组内估计）	243
	10.4.1 解释固定效应	244
	10.4.2 固定效应总结	252
	10.4.3 时间固定效应	252
10.5	随机效应	253
10.6	时间序列横截面方法	255
	10.6.1 非平稳性检验	259
	10.6.2 滞后选择	262
	10.6.3 TSCS 模型	263
10.7	二分类因变量	264
10.8	总结	268
问题		269
延伸阅读		269
参考文献		270

11 探索性因子分析 273

11.1	什么是因子分析？	274
	11.1.1 因子分析的用途	276
11.2	因子分析过程	276
	11.2.1 提取因子	277
	11.2.2 确定因子数量	280
	11.2.3 旋转因子	281
	11.2.4 提炼和解释因子	283
11.3	综合得分和信度检验	285
11.4	Stata 示例	286
11.5	总结	292
问题		293

延伸阅读　　293
　　参考文献　　294

12　结构方程模型和验证性因子分析　　297

　　12.1　什么是结构方程模型？　　298
　　　　12.1.1　结构方程模型的类型　　299
　　12.2　验证性因子分析　　301
　　　　12.2.1　模型设定　　301
　　　　12.2.2　模型识别　　303
　　　　12.2.3　参数估计　　305
　　　　12.2.4　模型评价　　306
　　　　12.2.5　模型修正　　314
　　12.3　潜路径分析　　316
　　　　12.3.1　LPA 模型的设定　　317
　　　　12.3.2　测量部分　　318
　　　　12.3.3　结构部分　　322
　　12.4　总结　　324
　　问题　　325
　　延伸阅读　　325
　　参考文献　　326

13　重要问题　　329

　　13.1　变量变换　　330
　　　　13.1.1　偏度和峰度　　330
　　　　13.1.2　变换　　333
　　13.2　加权　　335
　　13.3　稳健回归　　338
　　13.4　缺失数据　　342

  13.4.1　处理缺失数据的传统方法　343
  13.4.2　多重填补　346
13.5　总结　353
问题　353
延伸阅读　354
参考文献　354

1.1 统计研究方法论
1.2 统计方法
1.3 统计推断的基本思想
1.4 通用法则和理论
1.5 定量研究论文
1.6 总结
关键术语
问题
延伸阅读
参考文献

研究与统计学

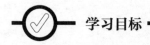 **学习目标**

- 理解统计研究的方法论基础
- 掌握不同类型统计推断的基本思想
- 理解可靠的理论所具备的重要性
- 获得撰写定量研究论文和展示数据的若干提示

科学的理论和方法是社会科学研究人员进行研究的基石。研究人员应用统计的目标是基于已有数据得到外推结论。如果研究人员已经明确因果关系的方向，借助大样本就可以归纳得到不同现象之间的因果效应。在本章中，我们将向读者概述统计学背后的方法论、统计方法及其实际应用。

由于本书的目标读者是硕士生或博士生，我们假定读者已经学过量化方法和科学理论方面的基础课程。尽管如此，在讲到科学理论和显著性检验时，我们还是会给读者提供一些相关背景知识，这有助于学生将统计方法应用于具体情景。

1.1 统计研究方法论

推断性统计存在一些本体论和认识论方面的假设。概言之，本体论（ontology）是对现实的研究或者说是关于存在的科学或哲学，而认识论（epistemology）则是对知识本质的研究。当进行统计推断时，本体论立场认为存在不依赖于我们的感知而存在的真实世界。这个出发点符合实证主义的传统，后者认为世界由规则构成，一切事物（至少在原则上）都能被区分、描述、度量、比较、解释以及预测。遵循这样的本体论立场，科学最重要的任务是发现这些规则或法则。该传统所秉持的认识论观点认为我们可以发现这些规则，因此研究人员的任务就是通过观察来推断关于真实世界的知识。在经验主义者看来，知识并非天生，而是源自观察和感官印象。换句话说，知识由来自特定场景的经验数据汇集而成。

方法论（methodology）可被理解为我们选择方法背后的逻辑，或者如 Hay（2002：63）所描述的"支撑实证研究的分析策略和研究设计的选择"。当进行统计因果分析时，我们选择的本体论和认识论方法大体上意味着我们寻找的是真实世界中的规则和相关性。我们的目标就在于揭示并解释这些规则。

实证主义（positivism）大体上指的是强调经验数据和科学方法的哲学立场。作为社会科学研究人员，我们认为自然科学方法可应用于一切现象。Moses 和 Knutsen（2012）将现代科学的历史回溯至伽利略（1564—1642）。在伽利略 1610 年的作品《星际信使》中，他写下关于月亮、星星以及木星的卫星等的系统性观测资料（Galilei，1957）。他的方法显然不同于那个时代由亚里士多德和教会所提倡的主流方法。

就在同一世纪，弗朗西斯·培根将归纳法和实验法一同引进科学中，他希望能将经验和数据记录结合起来，并以此来抵制他那个时代的演绎法。培根以及后来的约翰·洛克和大卫·休谟给现代实证主义传统提供了基础框架。基于他们的工作，理论家们为他们的主张提供了进一步的支持，这些主张认为存在独立于我们感知的真实世界。追随这一传统的现代科学家认为真实世界的规则可通过系统性感官直觉而得以体验。奥古斯特·孔德（1798—1857）被认为是现代社会科学的奠基者之一。他的认识论观点和这些实证主义前辈是一致的，即关于真实世界的科学知识源自经验观察。他还进一步区分了经验性知识和规范性知识。在孔德看来，非经验性信息或知识并不是关于真实世界的知识，因此不属于科学的范畴（Moses and Knutsen，2012：35）。

实证主义传统给科学家在研究真实世界时从特定的方法工具箱中选择研究工具留下余地。这被称作研究领域的方法论，包括研究方法、法则和基本原理。其中一种研究方法就是统计方法，这是本书的主题。

1.2 统计方法

根据 King 等（1994：8），科学研究的目的是得到可拓展至已有数据集之外的结论。假如人们已经明确因果关系的方向，那么借助大样本研究，我们可以归纳不同现象之间的因果效应。但是，这需要预先假定数据是可得的，不管数据是总体的一个样本还是（接近于）完整的总体。存在两种类型的统计：描述性统计（描述变量的分布情况）和推断性统计（说明两个变量之间的关系），后者可用于预测和假设检验，这在社会科学中很常见。

作为实证主义的传统工具，推断性统计是用来识别可观测世界中存在的模式和规律的方法。统计涉及系统收集数据并试图通过归纳法来获得知识，也就是说，从观测到的规律中推断出一般理论。统计学的系统归纳使用可追溯至约翰·格兰特、威廉·配第和赫尔曼·康令（Moses and Knutsen，2012）。在17世纪，他们将描述性统计引入科学研究。

卡尔·弗里德里希·高斯在18世纪初提出最小二乘法。尽管如此，用变量的方式来描述社会学问题的实践一直到19世纪才出现。弗朗西斯·高尔顿引进相关系数、散点图以及回归分析（这是现代社会科学统计的首要工具）；卡尔·皮尔森延续了高尔顿的工作；接着，爱米尔·涂尔干将统计置于社会科学研究的中心舞台，并在控制其他变量之后发现自杀与宗教之间存在相关关系。在涂尔干将统计应用于社会科学之前，研究人员更多依赖于以推理和经验事实为基础的哲学程式（Ellwood, 1931）。这可以通过17世纪时挪威发生的一起事件来说明。

1612年一支由300多名雇佣兵组成的队伍离开苏格兰的亚伯丁港，乘坐帆船跨越大海，最终抵达挪威海岸。他们的雇主瑞典方面计划让这批雇佣军通过挪威内陆加入卡尔马战争[①]。这批苏格兰人途经罗姆斯达伦，不久后抵达位于挪威内陆中心的居德布兰德斯河谷。当到达河谷最窄的一段时，他们发现一位挪威农民，没人随同却配备了武装。苏格兰雇佣兵在乔治·辛克莱队长的领导下，追赶这位落单的农民。突然农民消失不见了，苏格兰人能看到的只有一棵孤零零的椴树。除了树上，没有任何地方可供藏身。那个挪威人不可能在不被看到的情况下到达河谷边。唯一合乎逻辑的解释就是农民躲藏在椴树的枝杈中。据此，辛克莱队长得出结论——农民爬上了树并躲了起来。

由于苏格兰人的经验假定农民除爬上椴树之外没有其他的脱逃方式，辛克莱的结论当然是个合理的科学推断。雇佣兵知道没有任何人可以飞天或土遁。和辛克莱队长得出这个结论的方式相同，所有科学中的大思想家也是如此得到他们自己的结论的。人们都拥有背景经验，这成为他们解释事实的基础。总之，科学涉及大量的系统性常识。

但是今天的社会科学研究人员在当时那样的场景下不会接受辛克莱的结论。他们会要求更多的证据，最好能有95%的确信度。当前的定量研究人员可能会坚持要求辛克莱的手下用尖棍或长矛戳刺至少95%的椴树空间，从而保证能以足够的统计显著性得出结论：那个被吓坏的农民是否确实躲在树上。在人们确定农民是否躲在树上之前，人们不会只是信任辛克莱队长的经验和常识，他们想要的是摆在桌面上的数字和事实。

辛克莱队长的结论当然是正确的（尽管这一结论并未基于数字或显著性检验）。不过这也没有带来多大的帮助——大约500名挪威农民从天而降，伏击了雇佣兵。整个事件以苏格兰军队溃败、辛克莱死亡以及残存的苏格兰人在挪威内陆的牲口棚中的悲

[①] 卡尔马战争（Kalmar War, 1611—1613）发生在瑞典和丹麦之间。战争的起源是瑞典想要通过挪威北部建立一条贸易通道，而在当时，挪威是丹麦王国的一部分。

惨命运而宣告结束。但这并不是这个故事的重点所在。我们的主要论点是社会科学要能够兼容各种事实和方法，借助这些方法人们可以发现有助于理解社会过程的事实。

1.3 统计推断的基本思想

社会科学家通过使用统计方法对经验世界进行归纳。在进行统计归纳时需要避免诸多陷阱。人们需要正确定义总体，考虑样本构成以及研究阶段。研究人员需要了解数据的背景和特性，它们是统计模型所依赖的假设（John，2002）。抽样误差不是我们处理调查数据时碰到的唯一误差来源，其他问题还包括调查人员的差异、无应答以及和问卷设计相关的问题（Groves，1989）。根据抽样理论，样本量的大小在很大程度上影响我们将结果推广到总体的能力。此外，还有很多问题没有得到答案，如"总体的规模是否影响显著性水平"以及"如果我们检查的就是整个总体将会怎样"。

1.3.1 概率论

在推断性统计中最通常的方法是遵循概率论的原理。如我们所知，比起只有25个样本，当样本量达到1000～1200个时，我们更容易得到显著的结果。中心极限定理是概率论的核心，概言之，它认为当样本量 N 增大时，均值的抽样分布趋近正态分布。同时，抽样分布将落在变量总体均值的两侧。定理的前提条件是以随机方式，或者以给定的已知概率对个体进行抽样（研究人员可在事后对抽样概率进行调整）。后者用在分层抽样中，即总体被划分为不同层，以便不同层进行更客观的研究。

一般基于 p 值做出推断。p 值代表我们拒绝原假设（如两个变量之间不存在关系）时犯错的概率。p 值越接近0，我们就越发确定备择假设比原假设更可能成立。尽管如此，人们还是需要可靠的理论来说明变量之间的关系。统计相关不能被误作为因果解释，因此观测到的关系必须基于人类行为的理论来进行解释（Elster，1989，1998）。回归分析的结果本质上只提供给我们变量之间的相关关系，正如休谟（2011）告诉我们的那样，我们只能观测到模式和规律，而非因果关系。休谟强调科学研究在做出因果关系的结论时务必谨慎：

> 我认为它就是因和果概念之间的差异，也是我们对关系进行推理的关键部分。除了知道特定对象总是结合在一起并发现它们在过去不可分离外，我们没

有其他关于因和果的观念。我们无法洞察对象结合的原因，只能看到事物本身，并总是发现对象由于持久结合而在我们的头脑中变成了统一体（Hume，2011：Book Ⅰ，Part Ⅲ，Section Ⅵ）。

统计方法基于已有数据得出可外推的结论，有助于研究人员在观测世界中识别模式和规律。但是方法的选择有需要我们特别注意的问题。最显著的问题就是回归分析只提供给我们变量之间的相关关系。确实存在有助于我们确定因果关系的统计方法，但这些方法不容易应用，而且往往需要纵向数据。因此，人们需要可靠的基础理论来阐释变量之间的因果关系。当科学家们需要评估因果关系时，实验方法被认为是最佳选择。该方法允许研究人员干预检验因果关系的环境，因此我们可以相信发现的关系是真实的，而非混杂因素影响的结果（Moses and Knutsen，2012）。

1.3.2 总体规模

根据抽样理论，我们知道，当需要根据样本数据进行推断时，样本量很重要。但总体规模会有影响吗？同样是抽取 1 000 个样本，然后将结论推广至总体，对挪威人进行抽样是否比对美国人进行抽样的效果要好呢？答案是"不"。

通过考察概率论背后的数学理论，我们就会发现总体规模无关紧要。给定的样本量对调查冰岛人的观点和调查中国人的观点来说一样有用。但是，这个规则也存在例外。如果样本量大于总体规模的若干个百分点，置信区间就会变得更窄。换句话说，只有当你考察一个已知的小群体（如一家组织或运动俱乐部）时，总体规模才可能成为影响因素。表 1.1 说明了给定不同的总体规模，得到相同的 95% 水平的置信区间所需要的样本量。

表 1.1　不同总体规模下给定置信区间所需的样本量

总体	样本
10	10
50	44
100	80
200	132
500	217
1 000	278

续表

总 体	样 本
3 000	341
100 000+	385

事实上，当样本只占总体的一小部分时，总体规模就是重要的（如图1.1所示）。随着总体规模的增加，给定置信区间所需的样本量也会增加，直到样本量略大于380时开始相对稳定（Kreijcie and Morgan，1970）。

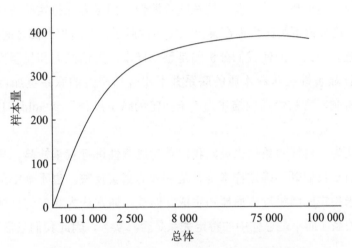

图1.1　不同总体规模下给定置信区间所需的样本量

本质上，对于统计推断来说重要的是样本量，而非总体规模。但是，当样本占总体的比例很大（如30%～40%）时，可通过 Stata 选项 `fpc`（finite population correction factor，有限总体修正因子）进行调整。为使用该选项，我们必须通过 `svyset` 命令声明该数据集为调查数据结构。比如，我们的样本是从2 000个总体中抽样1 000个，此时 `fpc` 就会派上用场：

```
. gen fpc = 2000
. svyset, fpc(fpc)
. svy: reg Y X X
```

需要注意的是，假如你调查的是已知的小群体，你可能要考虑采用不同的显著性水平的基本原则。这是下一小节的主题。

1.3.3 研究总体时为什么需要显著性水平？

在多数情况下，社会科学家研究的是总体，如研究国际关系领域中的战争与和平或者国际政治经济学。又如在商业领域，调查一座城市所有快餐店。当调查对象是全部（或非常接近）总体而不仅仅是总体的一个样本时，则是基于随机模型理论（而非抽样理论）对结论进行推广。当遵循抽样理论时，我们可将由样本得到的结论推广到总体。根据这样的逻辑，当我们分析总体时，会得到完美的预测。这就是随机模型理论的用武之地。我们事实上是将观测结果推广到生成实际数据的过程或机制。

我们的出发点是非确定性实验，这意味着即使我们尽力保持实验条件的稳定，实验结果也会变化。这大致可类比为你在桌上抛掷两次骰子，在两次抛掷之间并未改变杯子、书和铅笔的位置。因此，即使我们分析的是整个样本，置信区间和显著性水平也是有意义的。缺乏统计显著性意味着本质的联系并不比碰巧产生的联系更加可信。此时我们处理的是一种机制，它被恰当地描述为"未指定的随机过程"（Gold，1969；Henkel，1976）。

可能有人认为，对样本数据来说，我们是对显著性进行双重检验。从理论上看，这是正确的——由于我们既不确定样本是否是总体的真实反映，也不确定总体中的相关关系是否会基于未指定的随机过程而碰巧生成。但是，通常认为我们的目标是探寻总体中是否存在特定关系（而不是总体中的特定关系是否真实），因此我们只需依靠抽样理论。

1.4 通用法则和理论

如前所述，确定因果推断存在问题。休谟认为不存在有限数量的实验可百分百地明确表明 X 导致 Y，这给我们提出了可证伪性（falsifiability）的问题。卡尔·波普声称一个命题只有是可证伪的才是科学的命题，也就是说，它可以被一次观测或实验证明并非正确。因此，社会科学家应该力求以一种较不晦涩的方式证明因果性，他们得到的结论从常识和科学（或理论）的角度来看应该是合理的（Mayo，1980）。理论为我们提供了关于社会行为的通用解释。一种理论应该包含理论建构说明，描述因果关系，并在一定范围内普遍适用（可应用于不同设定的人与时间）（Smith and Mackie，2000：28ff.）。我们应用统计方法来确认乃至提出新的通用法则。Hempel（1942：35）将这样的法则定义为"一种想法，即问题可以被可得证据证实或否定"。他进一步解释道,这样的普遍性假说需要遵循如下模式或规律:发生于某时某地的结果通过特定方式与发生于某时某地的原因发生联系。不过他也强调说,尽管有关于因果方向的理论和逻辑论证,在统计分析中人们也只能以某个统计概率证明某种解释是正确的。这就是他提出的"统计形式法则"(laws of statistical form),和"普遍法则"(universal laws)的不同——普遍法则认为只要满足某些前提条件就会导致特定事件发生(Hempel, 1959)。

尽管作为统计研究学者,我们同意实证主义的前提假设(自然界中存在可被观测的模式),但是我们也认可这样的论点(我们测量的代理指标并不总是最优的)。在很多情况下,我们无法直接得到我们想要度量的东西。例如,我们需要通过调查问卷获取数据,而这样获取的数据却容易受许多测量误差影响。因此,我们不能仅仅依赖统计工具,还需要以有说服力的理论推理来支持我们的论点,这一点绝对必要。我们需要的是因果性、非规范性、通用性和普适性的理论。

1.4.1 客观性和批判现实主义

休谟区分了描述性声明和规范性声明。描述性声明指的是对事件发生过程的记录,而不考虑事件的道德因素。而当我们提出规范性声明时,我们不仅说事件是什么样的,也说事件应该是什么样的。由于道德因素并非推理分析的对象,人们无法从"描述"中演绎出"规范"来(Hume, 2011: Book Ⅲ; Part Ⅰ, Section Ⅰ)。追随休谟的思路,孔德也区分了经验性知识和规范性知识。韦伯认为科学应当遵循客观典范,但他也承认价值观和规范在决定研究目标中的作用:

> 正如我们所看到的那样,在经验性的社会—文化学研究领域中,从无穷尽事件中得到本质且有意义的知识的可能性和个体所持的一致观点相关联,这些又受到底层价值观念的指引。价值观念可认为是全部有意义人类行动要素的集合,并无法从经验材料中推导得出或得到证实(Webber, 2004: 402-403)。

这些价值观由各种因素(如文化、政治等)决定,很容易因文化、因时、因地而发生改变,且主观性强。

社会科学家的角色意味着我们需要追求客观性。基本假设就是存在一个真实的、可度量的外部世界,因此研究人员在解释数据时保持客观至关重要。从数据中得出的结论应该基于真实的研究发现。例如，作为研究人员，我们不能在假设没有得到结果的支持的情况下就转而主张假设被拒绝。

科学现实主义认为我们的知识与科学理论必须符合现实。批判现实主义者认为对某些感知数据来说，这是正确的。但是，他们也认为我们的某些印象和理解由于受到感知错觉和认知因素的影响，并不能准确代表真实世界。科学理论中这一派的思想可回溯至美国哲学家罗伊·伍德·塞拉斯，他写了《批判现实主义》一书（1916）。批判现实主义的中心信条是我们关于外部事物和过去事件的知识受到我们对它们解释的影响。它并不是这些对象在研究人员意识中的真实体现。人们应该放弃朴素现实主义（错误地假定人们能直接凭直觉感知物理对象），转而接受更符合科学事实的观念（Bode，1922：69；Sellars，1927：238）。人类世界和物理世界不同，社会科学研究人员需要考虑到这一点。人类行为受到社会结构的规制和影响，而社会结构又由群体性人类行为构成。换句话说，受到社会结构影响的个体也有可能改变这些结构。

1.5 定量研究论文

社会科学领域发表的论文大部分都是定量论文。学会应用统计方法有助于提升写出优秀学期论文、学位论文以及在学术期刊上发表论文的概率。撰写定量研究论文意味着要遵循很多关于学术写作的标准。你要会提出问题（包括一个或多个清晰的论点），并将问题转变为有趣的研究选题或可检验的假说。作为定量研究人员，你要会关注于利用搜集到的数据检验所提出的假说；还要会总结现有的研究，构建理论论据以支持该研究假说（或研究选题），进行统计分析，以清晰且容易理解的方式展示结果，描述你的发现并使用之前的理论来解释它们。

在研究方法部分，需描述所研究样本和总体，说明样本量大小，提出因变量和自变量以及分析计划。可以用表格的方式呈现描述性统计量（包括样本量、均值、标准差以及相关的偏度和峰度等）。描述性统计量的表格可直接放在论文内，也可放在附录中，或者删除不用（取决于表格是否重要以及篇幅限制）。紧接着是结果部分（通常题为"分析"）。在这里呈现回归表格，并就该发现写个简短的文字说明，而将对回归结果的理论解释留到讨论部分或是分析部分的后段。

结果有很多种不同的呈现方式。如果只有一两个模型，那就可以详尽些，提供详细的表格，包括斜率系数、标准误、z 值和 p 值（见表1.2）。表1.2是解释社会体制影响社会福利态度的回归表格。

表 1.2 福利态度的回归模型

	B	Std.E	P
常数	4.664	0.195	0.000
社会民主主义	0.216	0.318	0.509
欧洲大陆	0.716	0.318	0.042
南欧	0.711	0.364	0.073
东欧	0.391	0.292	0.203
亚洲	0.631	0.364	0.107
R^2	0.376		
N	19		

除此之外，还要提供总样本量 N 的信息以及关于整体模型的统计量（如 R^2、F 统计量、对数似然值等）。但是，展示结果（特别是当你同时展示若干模型时）的常见方法仅包括斜率系数、标准误和显著性水平标识（见表 1.3）。需要注意的是，表 1.3 和表 1.2 的模型相同，但包含更少的信息。

表 1.3 福利态度的回归模型：斜率系数和标准误（在括号内）

常数	4.664***
	(0.195)
社会民主主义	0.216
	(0.318)
欧洲大陆	0.716**
	(0.318)
南欧	0.711*
	(0.364)
东欧	0.391
	(0.292)
亚洲	0.631
	(0.364)

续表

R^2	0.376
N	19

注:* 表示 10% 水平显著,** 表示 5% 水平显著,*** 表示 1% 水平显著。

通过图表展示结果也是很好的方法。你的目的是向读者阐明结果,如果图表有助于实现这一目标,在论文中添加图表是个好方法。在统计研究中通常也会进行所谓的敏感性分析,即改变主体分析的元素,运行不同的模型。这样做的目的是看看分析结果是否会由于不同来源的不确定性而发生改变(结果是否稳健)。比如,你可将一个解释变量换成另一个类似变量,也可对因变量使用不同的编码方案,或者用另一个样本来检验主要模型。敏感性分析的结果可展示在附录中,或者当有篇幅限制时在脚注中说明。

所谓"可重复性"(replication)或"可再现性"(reproducibility)在统计研究中特别重要,它意味着其他研究人员能够再现你的研究结果。为了达到该目的,其他研究人员需要知道你的处理步骤,比如怎样生成数据、如何进行分析等。因此,当进行分析时,你需要记录下你做了什么。在 Stata 中,这可通过在 do 文档中写下全部代码、模型以及相应的注释来实现。对想要重复你的研究结果的其他人和需要重复数据分析过程的你自己来说,这都是必要的。学术刊物要求统计论文的作者提交数据集和命令文档已成为发展趋势。读者可以下载这些资料,再现分析结果并以此为基础进行后续研究。

1.6 总结

大多数统计研究人员的出发点是本体论假设:真实世界不依赖于我们的感知而存在,且真实世界中存在各种规律。这个传统可溯源至伽利略、弗朗西斯·培根和奥古斯特·孔德的著作。认识论观点是真实世界中的模式和规律是可检测的,因此研究人员可以通过观察推断出关于真实世界的知识。在这一传统中,统计方法的作用被认为仅次于实验,后者可对因果关系进行控制和安排。

统计方法适用于对基于已有数据而得到的结论进行推广,因此有助于研究人员在可观察世界中识别模式与规律。以统计形式出现的数学是帮助社会学家接近并解释生活复杂性的主要工具。但是，研究人员必须明白做出那些推断的基本思想。

 关键术语

- **实证主义（Positivism）**：科学理论的一种倾向，主张知识源自经过逻辑与数学处理后的感官经验。
- **推断性统计（Inferential statistics）**：它是在我们想要说明两个变量之间存在何种关系并将结论拓展至样本数据之外时所使用的一类统计学。
- **概率论（Probability theory）**：关于随机现象分析的数学分支。
- **随机模型理论（Stochastic model theory）**：在将观测到的结论一般化时，该理论有助于解释实际数据的生成过程或机理。

问题

1. 和小样本研究相比，大样本研究的主要优点是什么？
2. 总体规模通过何种方式影响统计推断？
3. 敏感性分析的目标是什么？

延伸阅读

Kellstedt, P.M. and Whitten, G.D. (2013) *The Fundamentals of Political Science Research*. Cambridge: Cambridge University Press.

该书介绍了在政治科学领域中刚起步的研究人员所需要了解的数学概念，主要介绍因果关系的解释，同时也包含对回归模型的介绍。

King, G. (1995) Replication, replication. *Political Science and Politics*, 28(3): 444–452.

在这篇文章中，King 强调社会科学中研究可重复性的重要性。他还提出了政治科学领域现存问题的解决方案。

Moses, J.W. and Knutsen, T.L. (2012) *Ways of Knowing: Competing Methodologies in Social and Political Research* (2nd edn). Basingstoke: Palgrave.

非常直观且容易掌握的关于科学理论以及不同研究方法的基本思想的介绍。

参考文献

Bode, B.H. (1922) Critical realism. *Journal of Philosophy*, 19(3), 68–78.

Ellwood, C.A. (1931) Scientific method in sociology. *Social Forces*, 10(1), 15–21.

Elster, J. (1989) *Nuts and Bolts for the Social Sciences*. Cambridge: Cambridge University Press.

Elster, J. (1998) *A Plea for Mechanisms*. Cambridge: Cambridge University Press.

Galilei, G. (1957) [1610] The starry messenger. In D. Stillman (ed.), *Discoveries and Opinions of Galileo*. Garden City, NY: Doubleday.

Gold, D. (1969) Statistical tests and substantive significance. *American Sociologist*, 4(1): 42–46.

Groves, R.M. (1989) *Survey Errors and Survey Costs*. New York: Wiley.

Hay, C. (2002) *Political Analysis: A Critical Introduction*. Basingstoke: Palgrave.

Hempel, C.G. (1942) The function of general laws in history. *Journal of Philosophy*, 39(2), 35–48.

Hempel, C.G. (1959) The logic of functional analysis. In L. Gross (ed.), *Symposium on Sociological Theory* (pp. 271–307). New York: Harper & Row.

Henkel, R.E. (1976) *Tests of Significance*. Beverly Hills, CA: Sage.

Hume, D. (2011) [1740] *A Treatise of Human Nature* (D.F. Norton and M.J. Norton, eds). Oxford: Oxford University Press.

John, P. (2002) Quantitative methods. In D. Marsh and Stoker, G. (eds), *Theory and Methods in Political Science* (2nd edn). New York: Palgrave.

King, G., Keohane, R.O. and Verba, S. (1994) *Designing Social Inquiry: Scientific Inferences in Qualitative and Quantitative Research.* Princeton, NJ: Princeton University Press.

Kreijcie, R.V. and Morgan, D.W. (1970) Determining sample size for research activities. *Educational and Psychological Measurement*, 30(3), 607–610.

Mayo, D.G. (1980) The philosophical relevance of statistics. *PSA: Proceedings of the Biennial Meeting of the Philosophy of Science Association*, 1980(1), 97–109.

Moses, J.W. and Knutsen, T.L. (2012) *Ways of Knowing: Competing Methodologies in Social and Political Research* (2nd edn). Basingstoke: Palgrave.

Sellars, R.W. (1916) *Critical Realism*. Chicago: Rand-McNally.

Sellars, R.W. (1927) What is the correct interpretation of critical realism? *Journal of Philosophy*, 24(9), 238–241.

Smith, E.R. and Mackie, D.M. (2000) *Social Psychology* (2nd edn). Philadelphia: Psychology Press.

Weber, M. (2004) [1904] The "objectivity" of knowledge in social science and social policy.In S. Whinster (ed.), *The Essential Weber: A Reader* (pp. 359–404). London: Routledge.

2.1 Stata 是什么？
2.2 数据输入和导入
2.3 数据管理
2.4 描述性统计和图
2.5 双变量统计推断
2.6 总结
关键术语
问题
延伸阅读

Stata 简介

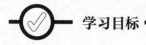

- 熟悉 Stata 界面
- 输入和导入数据到 Stata
- 熟练使用 Stata 命令语言
- 学习 Stata 常规数据管理命令
- 使用 Stata 获取基本描述性统计量和图表
- 使用 Stata 做一些简单的双变量分析

本章首先介绍 Stata 界面及组成，接着解释如何在 Stata 中直接输入数据以及将外部数据导入 Stata。然后，介绍 Stata 中执行命令的 3 种主要方式，即菜单系统、命令系统和 do 文件编辑器。此外，介绍通过使用 do 文件编辑器执行最常用的数据管理命令（recode, generate 等）。最后系统介绍了用于描述性统计分析（频数、集中趋势指标等）和双变量统计分析（如相关分析、t 检验、方差分析和卡方检验等）的命令。

2.1 Stata 是什么？

Stata 是一款统计软件，包括内容丰富的可持续更新的内置分析方法（线性模型、纵向数据、多重填补等）、数据管理功能（输入/输出数据、合并数据集等）[1]和用户编写命令的 Stata 程序语言开发功能的集合[2]。在某种程度上，Stata 的内置功能可看作一个商业软件套件的一部分，用户通过 Stata 编写的功能/命令[3]可看作开源的组成部分。想要使用这些功能，用户需要购买[4]Stata 并将其安装在电脑里。

2.1.1 Stata 界面

在展现和解释 Stata 如何运行之前，需要熟悉 Stata 的界面包含哪些部分。安装并打开 Stata 后，会出现图 2.1 所示的界面[5]，该界面包括 5 个主要窗口（命令、回顾、结果、变量和属性）和 3 个额外的组成部分。

---

[1] 可通过 http://www.stata.com/features/ 进一步了解 Stata 的内置功能。
[2] 输入 net from http://fmwww.bc.edu/RePEc/bocode/ 获取 Stata 用户编写命令的列表。
[3] 从 Stata 内下载这些命令需要用户连接互联网。
[4] 登录 http://www.stata.com/order/ 了解如何购买及其价格。
[5] 这可通过在结果窗口中右键单击并在出现的菜单中选择 Preferences 进行定制。

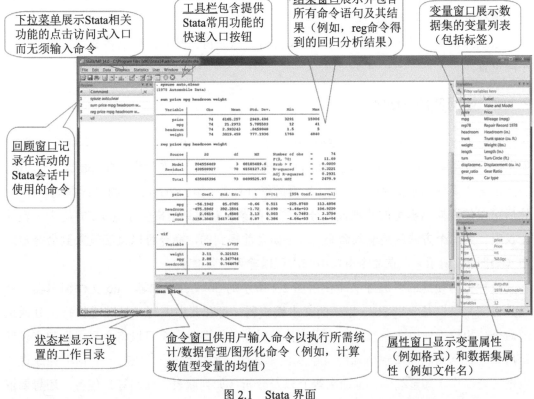

图 2.1　Stata 界面

命令窗口（command window）用于输入命令①让 Stata 执行相应的任务。例如，如果想要计算某个变量（如 price）的均数，可以输入 Stata 命令（mean price）来完成这项任务。如果我们还想做 Y 对 X_1、X_2 的回归，可以输入所需的命令（reg Y X1 X2）。

回顾窗口（review window）命令窗口运行的任何 Stata 命令，会立刻显示在回顾窗口中。这个列表的优点就是可以在同一会话中随时点击列表中的任意命令再次执行而不必重新输入。

结果窗口（results window）一旦一条命令被写在命令窗口中仅需按回车键就可以执行它。命令执行后的文本结果会显示在结果窗口中。

变量窗口（variables window）打开（创建或输入）的数据集中的变量和其对应标签会显示在变量窗口中。

---

① 根据统计软件的不同，命令也被称作代码、脚本或语法。

属性窗口（properties window）可以看到变量和数据集的属性。点击属性窗口上的"锁定"图标可以修改其属性。

通过点击和拖拽 Stata 窗口（如结果窗口、回顾窗口等），可以将其移到屏幕上的不同位置。

2.1.2 如何使用 Stata

我们可以用两种主要方法让 Stata 执行任务。第一种方法是使用下拉菜单。如图 2.1 所示，下拉菜单中包括数据管理（Data）、统计（Statistics）和绘图（Graphics）等功能。当点击某个菜单（例如"统计"）时，选择的统计任务（如 regress）的对话框就会弹出。然后可以使用对话框里的选项设置分析。这些菜单和对话框提供了 Stata 的绝大多数功能权限。第二个方法就是输入命令[1]。正如之前提到的，命令可以直接输入到命令窗口中（如图 2.1 所示）。在命令窗口中一次可以输入一条命令。

一种更为便捷的可选方法即使用图 2.2 所示的 do 文件编辑器。do 文件编辑器（通过点击 ）仅仅是一个 Stata 集成的文本编辑器，可在其中编写并且随时执行部分或全部命令。相较于使用命令窗口，使用文件编辑器的主要优点是可以将命令保存起来以便日后调用，从而容易实现研究的可重复性。试想，如果想在一次 Stata 会话中完成许多数据管理操作（如重编码、重命名等）以及分析（如列联表、回归等）任务，还想要记录以便重现相同的结果，你只需将这些命令保存在一个文件里并命名，就可以从 do 文件编辑器中打开这个文件，重新执行其部分或全部命令。

如图 2.2 所示，一个新的 do 文件被打开，显示的正是与图 2.1 所示的命令窗口执行过的相同的命令。在 do 文件中长命令可以用三个斜杠（///）断开以保证该命令能被正常执行。为了执行 do 文件中的命令，可单击工具栏上的指定按钮 ，或在电脑键盘上同时按"Ctrl+D"组合键。do 文件（扩展名 .do）可以在 do 文件编辑器中直接保存。

由于只需重新运行 do 文件中的所有命令即可得到相应的结果，我们似乎没有必要保存结果。但是，如果需要的话，可以将结果保存在日志文件中（文件扩展名 .smcl）[2]。现假如想要计算一些变量的均值并保存这些结果，如图 2.3 所示，我们首先打开日志文件（文件名为 mean_vars），使用 sum 命令来计算均值，然后关闭日志文件。这个日志文件会被保存在工作目录下面。

---

[1] 直到版本 8，Stata 还只是纯命令驱动的软件。
[2] 日志文件也可以 .log 为扩展名保存，这种日志文件可用文本编辑器（如 Notepad）打开和共享。

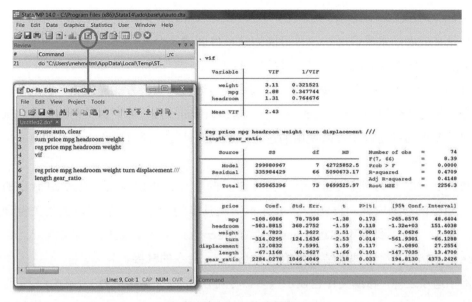

图 2.2　do 文件编辑器

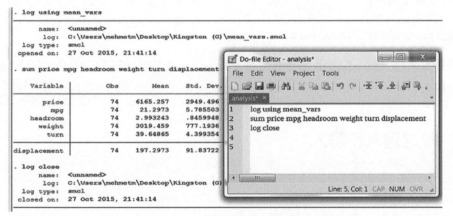

图 2.3　使用 log 文件的例子

工作目录显示在状态栏上（见图 2.1）。Stata 会话的默认工作目录路径如 C:\Users\mydir\Documents，该工作目录很容易被更改。例如，在图 2.1 中，我们通过输入 cd "C:\Users\mehmetm\Desktop\Kingston(G)" 更改工作目录。指定 Stata 会话工作目录可节约时间并且提高准确性，这时在 Stata 中不必写出目录的完整路径即可直接保存或搜索任何文档。例如，如果想在上述工作目录中保存一个数据文件，可以直接写 save filename.dta。如果没有指定为工作目录，就必须输入 save "C:\Users\

mehmetm\Desktop\Kingston(G)\filename.dta"。因此,无论做任何项目(例如文章、论文或者学术演讲等),尽可能为该项目创建一个文件夹,并指定为工作目录,以便随后保存所有 Stata 文件(包括数据、日志、do 文件等)。

Stata 命令(包括内置命令和用户编写命令)通常比默认方式提供更多的选项。Stata 为命令(如之前使用的 log、cd、regress、summarize 等)提供帮助文件,其中包含了对该命令的描述以及可以使用的选项。帮助文件可以通过输入 help 和命令的名字打开,例如,help reg。

帮助文件是学习理解 Stata 命令具体逻辑的钥匙。我们需要事先知道命令的名称以调用相应的帮助文件。但是,如果你不知道具体的命令,仍然可以使用关键词进行查找。例如,如果我们不知道 Stata 中存在 regress 命令,我们就可以输入 search regression,它会在搜索结果中给出 regress 命令的链接。

除了选项之外,帮助文件也显示很多命令可以和 if(条件选择)、in(观测选择)以及 weight(权重设定)语句连用。一个典型的内置 Stata 命令的基本结构如下面的 regress 命令所示:

<u>reg</u>ress depvar [indepvars] [if] [in] [weight] [,options]

下划线字符(reg)表示完整的命令 regress 是可以缩写的,具体例子如图 2.1 结果窗口所示。

2.2 数据输入和导入

2.2.1 输入数据

输入数据到 Stata 意味着你可以直接在 Stata 中创建数据集,可通过数据编辑器完成(见图 2.4)。通过单击工具栏上的 图标或输入 edit 命令打开数据编辑器。接着在数据编辑器中以行(表示观测)或列(表示变量)的形式输入数据。当你第一次输入一个观测时对应的变量会被自动创建并命名,像 var1、var2、var3 等。可以使用数据编辑器窗口右侧的属性窗口更改变量名(以及标签、类型、格式等)。当输完所有数据之后,可以退出数据编辑器并返回 Stata 主窗口。这里,可以使用菜单,或输入 save filename.dta,或只输入 save filename 来保存数据文件。

在数据编辑器中，可以输入数值型和/或字符型变量。字符型变量以文本数据或字符的形式输入。当输入字符型数据，例如，male（男性）或 female（女性），作为性别变量时，这些字符型数据在数据编辑器中会显示为红色。数值型变量输入数值即可，这些值可以按从小到大依次采取字节（byte）、整数（int）、长整数（long）、浮点数（float）和双精度（double）的形式。Stata 默认所有的数值型变量均为浮点数。

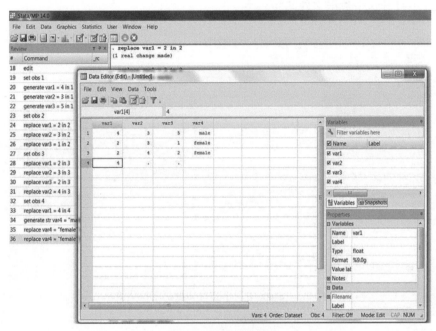

图 2.4　数据编辑器

2.2.2　导入数据

有几种方法用来将多种格式的外部数据文件导入 Stata 中。①Stata 可以有效地将一些常用格式转换为自己的格式（.dta）。② 尽管通常情况下我们推荐读者使用命令，但这里我们还是建议使用下拉菜单（如图 2.5 所示）将文件导入 Stata③。我们要做的就是保存文件到指定目录下（最好是工作目录），从下拉菜单中选择对应的选项，再从弹出的

---

① 在多数情况下，从其他软件（如 Excel、SPSS 等）传输数据的最简单的方法是直接复制数据矩阵进行粘贴。
② 对于 Stata 无法直接转换的数据格式，可用专业软件 Stat/Transfer 进行转换，更多信息请参见 https://stattransfer.com/。
③ 使用下拉菜单的一个优势是在结果窗口中会显示对应的命令，如果以后需要，你可在命令窗口或 do 文件编辑器中使用该命令。

对话框里做进一步的选择。

除了 Stata 官方的命令和下拉菜单选项，也可能有用户编写的命令便于将某种特定类型数据文件转换到 Stata。① 例如，用户编写的命令 usespss。在 Stata 中输入 search usespss 了解更多关于这个命令的信息。此外，一些软件可能允许自己的数据文件以 Stata 的 .dta 的形式保存，如可以在 SPSS 中将数据文件保存为 Stata 文件，从而可以直接在 Stata 中打开这个数据文件。

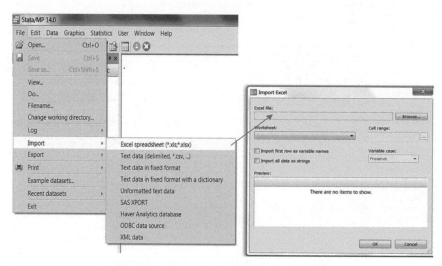

图 2.5　Stata 中用于文件转换的下拉菜单

2.3　数据管理

本节将使用一个真实的数据集 workout1.dta，该数据集收集自挪威某中等城市的一家健康中心的成员样本，包括与锻炼相关的动机和行为的信息以及社会人口统计数据。首先，我们把数据集下载到工作目录中。需要注意的是，本节提到了许多命令，② 但要在一章中详细介绍这些命令所有的选项是不现实的。因此，我们建议通过阅读相应的帮助文件来探索各个命令（例如，输入 help codebook）。

---

① 你也可考虑购买 Stat/Transfer 软件，借助该软件可以很容易地完成不同格式数据文件间的相互转换（如将 Excel、SPSS、SAS 等数据转换为 Stata 数据，反之亦然）。
② 我们建议读者结合本章配套的 do 文件学习本节内容，该文档可从本书的配套网站上下载。

2.3.1 打开数据

运行 Stata 之后，我们可以输入如下命令打开数据集 (workout1.dta)：[①]

.use "C:\Users\mehmetm\Desktop\Kingston (G)\ workout1.dta"

如果这个数据集如我们所建议的那样存储在工作目录下，就可以输入

.use workout1.dta

或者

.use workout1

如果在 Stata 会话里已经有一个数据集，应该添加 ,clear 到上述命令中。换句话说，该命令应该写成 use workout1,clear。但是，需要注意的是 clear 选项会移除在内存中的数据集（并不保存）然后再导入 use 命令中指定的数据集，因此建议用户在使用 clear 选项之前保存在内存中的数据集。

2.3.2 检查数据

可能我们想要使用的第一个命令是 describe。这个命令为我们提供了一些关于变量的简单信息，如图 2.6 所示。本例中，我们在该命令后添加变量（v03 v04）。如果我们想要数据集中所有变量的相关信息，只需输入 describe 即可。无须事先打开数据集也可以执行 describe 命令，此时输入 describe using workout1。

```
. describe v03 v04

              storage   display    value
variable name   type    format     label      variable label

v03             byte    %28.0g     labelv03   Educational level
v04             byte    %17.0g     labelv04   What is your personal annual income
```

图 2.6 describe 命令

另一个需要知道的命令是 codebook。这个命令可以提供一些额外的信息（如频数分布、标签值等），这有助于我们快速熟悉和检查数据集中的所有变量，继而找到数据

[①] 在文中，我们在执行特定任务的 Stata 命令前加上一个 . 和一个空格，以此表示接下来的文本属于 Stata 命令，但当你在命令窗口或 do 文件中输入这些命令时，无须输入 . 和空格。此外，在 do 文件中可通过 /// 分割命令行，但在命令窗口中无法使用 ///，只能在一行中输入命令的全部文本。

集中可能的错误/矛盾（例如，输入错误）（见图 2.7）。

```
. codebook v03

v03
                    type:  numeric (byte)
                   label:  labelv03
                   range:  [1,4]                    units: 1
           unique values:  4                      missing .: 1/246

              tabulation:  Freq.   Numeric  Label
                              11      1     Primary/Secondary school
                              74      2     High school
                              65      3     University up to 3 years
                              95      4     University more than 3 years
                               1      .
```

图 2.7　codebook 命令

第三个可用于检查数据的命令是 browse。它和上面两个命令一样，提供对数据矩阵中每个观察值的概览。如果我们想看一个或一组变量的实际值，可以输入 browse v01 v02 v03 v04,nolabel。这将打开图 2.8 所示的浏览窗口。nolabel 选项要求直接在浏览窗中显示变量的数值而不是标签值（例如，"2"代替"high school"）。

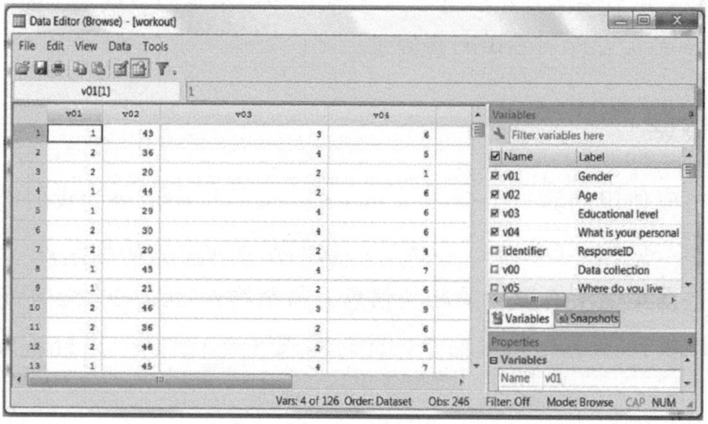

图 2.8　浏览窗口

注意，我们不能在浏览窗口中对这些值做任何更改。如果我们需要这样做，只需简单地用 edit 替换 browse。此外，如果想要这个数据概览出现在结果窗口，就用 list 替换 browse，即 list v01 v02 v03 v04,nolabel。

最后一个对检查数据有用的命令是 misstable sum。这个命令报告每个变量的缺失值的数量。注意，尽管在图 2.9 中所示的例子里我们输入了 v01 v02，但这些变量不会出现在结果窗口中。原因很简单，该命令从结果中删除数据完整的变量，只报告那些有缺失值的变量。在这个例子中，我们看到 v03 只有一个缺失值，而 v04 有 4 个缺失值。正如你观察到的那样，缺失值通常由"．"表示，在 Stata 中被认为是最大值（大于该变量的最大值）。".": 是默认的缺失值，被称为系统缺失值，有时简称 sysmiss。

```
. misstable sum v01 v02 v03 v04
```

Variable	Obs=.	Obs>.	Obs<.	Unique values	Obs<. Min	Max
v03	1		245	4	1	4
v04	4		242	9	1	9

图 2.9 misstable 命令

除了"."，Stata 还能区分 26 种其他类型的缺失值。例如，我们可以插入".a"代表那些拒绝回答问题的人的缺失值，".b"代表那些认为问题不相关的人的缺失值，".c"代表那些问题回答得不够清楚的人的缺失值，等等。当你特别想知道造成缺失值的原因时这种分类方法非常有用。

2.3.3 修改变量

recode 命令可以用于修改变量的取值。假如我们已经导入了一个外部数据集，该数据集包含变量 var1，其缺失值输入为 -999。既然我们知道这些在 Stata 中应该用 . 来代替，就可以使用以下命令做出所需的修改：

·recode var1 (-999=.)

或者

·recode var1 -999=.

如果你的一个数据集中所有的变量包含 -999，你就可以简单地用如下命令：

·recode _all (-999=.)

或者

·recode * (-999=.)

这里 _all 和 * 是指代数据集中所有变量的不同方法。

作为替代，你也可以使用一个专门为这个目的写的命令：

·mvdecode _all,mv(-999)

或者

·mvdecode *,mv(-999)

如果你想要达到相反的目的,可以这么写:

·mvencode _all,mv(-999)

或者

·mvencode *,mv(-999)

recode 命令可以用来做更多复杂的变换。假设我们有一个人群年收入分布数据(从最低是 1 到最高是 9),而且我们想合并 1、2、3 为第一组,4、5 为第二组以及 7、8、9 为第三组。图 2.10 所示的右边的分布图是很容易通过下面的命令实现的。但是要注意,使用 recode 会覆盖原始变量(v04)。事实上,另一种更好的方法是在重新编码原始变量的基础上生成一个新的变量,具体介绍见下一节。

```
. recode v04 (1/3=1) (4/6=2) (7/9=3)
```

编码前

v04	Freq.	Percent	Cum.
1	23	9.50	9.50
2	9	3.72	13.22
3	6	2.48	15.70
4	16	6.61	22.31
5	38	15.70	38.02
6	64	26.45	64.46
7	37	15.29	79.75
8	14	5.79	85.54
9	35	14.46	100.00
Total	242	100.00	

编码后

v04	Freq.	Percent	Cum.
1	38	15.70	15.70
2	118	48.76	64.46
3	86	35.54	100.00
Total	242	100.00	

图 2.10 recode 命令

recode 命令不能用于字符型变量,此时需要使用 replace 命令,该命令可用于字符型和数值型变量。例如,对于数值型变量 mark 得分高于或低于 90 的个体,要求在字符型变量 exammark 中分别插入文本"very good"和"good"(见图 2.11)。

.replace exammark="vary good" if mark>90
.replace exammark="good" if mark<90

替换前

	exammark	mark
1.		93
2.		92
3.		83
4.		76

替换后

	exammark	mark
1.	very good	93
2.	very good	92
3.	good	83
4.	good	76

图 2.11 `replace` 命令

`rename` 命令可在不同的情况下更改变量名。例如，如果我们要把上述变量名 v03 改成 education，就输入"`rename v03 education`"。该命令有时用来修改变量名的大小写。比如，我们输入"`rename v03,lower`"或"`rename v03,upper`"。如果想要将其应用到整个数据集，只需输入"`rename _all,lower`"或"`rename _all,upper`"即可。

2.3.4 生成变量

在学习如何生成新的变量之前，最好先了解下 Stata 中不同的数学运算符。[①] 这些运算符主要分成三类（见表 2.1）。

表 2.1 Stata 中三种类型的数学运算符

算术运算符	逻辑运算符	关系运算符（数字或字符串）
+ 加	& 与	> 大于
- 减	| 或	< 小于
* 乘	! 非	>= 大于等于
/ 除	~ 非	<= 小于等于
^ 乘方		== 等于
- 负号		!= 不等于
+ 字符串连接		~= 不等于

除了这些运算符，Stata 还有众多数学函数，比如 $\log(x)$、$\mathrm{sqrt}(x)$ 和 $\exp(x)$，可以通过输入 `help functions` 进一步了解。

区分用来赋值的单等号（=），如 `generate lnprice = ln(price)`，和用来比较的双等号（==），如 `keep if gender == 2`，是很重要的。使用单等号进行比较是新用户常犯的错误之一，所以务必小心！

[①] 在 Stata 中输入 `help operator` 了解更多关于这些运算符的信息。

Stata 中有两个方便且常见的命令 gen 和 egen，用来生成新的变量。前者代表 generate，后者代表 extension to generate。首先介绍 gen。这里用一些 gen 的例子来表明这个命令有多方便：

```
·gen age2 = age^2              // 年龄平方
·gen id=_n                     // 观测序号
·gen loghours=log(hours)       // 小时的对数值
·gen pdollar=price/6           // 挪威克朗换算成美元
·gen agecar=2015-year          // 2015年时的车龄
```

gen 和 recode 连用也是相当常见的。之前的 recode 命令会修改原有变量，但这里我们将看到在重新编码原有变量的基础上生成新变量的一个例子。变量 v04 是我们的现有变量，这被用来创建一个新的变量 inccat（收入分类）。

```
·recode v04 (1/3=1) (4/6=2) (7/9=3),gen(inccat)
```

执行该命令之后，数据集中包含了原有变量和新生成的变量。

得到相同结果的另一种方法是连用 gen 和 replace。

```
·gen inccat2 = .
·replace inccat2 = 1 if (v04 <= 3)
·replace inccat2 = 2 if(v04 >= 4)&(v04 <= 6)
·replace inccat2 = 3 if(v04 >= 7)&(v04 <= .)
```

这里需要提示两点：gen inccat2 = . 创建一个空白/缺失值向量，然后用实际值替换；第四行添加（v04 < .）[①] 以排除缺失值，因为缺失值是这个变量的最大取值。

egen 和 gen 一样是用来生成新变量的另一命令，但是与 gen 比起来，它更容易生成诸如均值、中位数、全距等的新变量。我们只给出几个 egen 的例子，更多的用法可以在它的帮助文件里找到（help egen）。

在图 2.12 的左图我们用 gen 生成 4 个变量（var1,…,var4）的平均数。看到 gen 排除了 4 个变量中有缺失值的个体。因此，新生成的变量（avg）中前两个观测的取值为缺失。在右图中，我们用 egen 生成一个平均值变量。此时，egen 根据其他 3 个变量的可用值计算前两个观测的平均值，例如第一个观测的平均值为（4+2+1）/3=2.33。

---

① 我们也可用（!missing(v04)）替换（v04 <= .）。!missing 选项既可用于数值型变量，也可用于字符型变量。

```
. gen avg=(var1+var2+var3+var4)/4        . egen avg2=rowmean(var1 var2 var3 var4)
(2 missing values generated)
. list                                    . list
```

	var1	var2	var3	var4	avg
1.	4	.	2	1	.
2.	3	2	3	.	.
3.	5	3	5	3	4
4.	4	4	4	3	3.75
5.	5	5	5	5	5

	var1	var2	var3	var4	avg	avg2
1.	4	.	2	1	.	2.333333
2.	3	2	3	.	.	2.666667
3.	5	3	5	3	4	4
4.	4	4	4	3	3.75	3.75
5.	5	5	5	5	5	5

图 2.12　gen 和 egen 生成平均数

egen 常用于生成一个标准化变量，如：

· egen zvar1 = std(var1)

它还可以用于生成一系列变量（如 var1,…,var4）的和。正如图 2.13 所示，当计算总和时把缺失值当作零。

```
. egen tot = rowtotal(var1 var2 var3 var4)
. list
```

	var1	var2	var3	var4	tot
1.	4	.	2	1	7
2.	3	2	3	.	8
3.	5	3	5	3	16
4.	4	4	4	.	12
5.	5	5	5	5	20

图 2.13　egen 生成行合计

如果你想找出观测在一个或一系列变量中取值缺失的个数，可以使用如图 2.14 所示的命令。在左图中，我们看到前 5 个观测分别有 2、3、1、3、4 个非缺失值。在右图中，我们用 egen 生成缺失值的个数，是左图结果的反向情况。

```
. egen nonmiss=rownonmiss( var1 var2 var3 var4 )    . egen rmiss= rowmiss( var1 var2 var3 var4 )
. list                                               . list
```

	var1	var2	var3	var4	nonmiss
1.	4	.	.	1	2
2.	3	2	3	.	3
3.	.	.	.	1	1
4.	.	4	4	4	3
5.	5	5	5	5	4

	var1	var2	var3	var4	rmiss
1.	4	.	.	1	2
2.	3	2	3	.	1
3.	.	.	3	.	3
4.	4	4	4	.	1
5.	5	5	5	5	0

图 2.14　找出一系列变量中行取值非缺失个数和缺失个数

encode命令将一个字符型变量转换成数值型变量（图2.15）。正如下面的例子所示，encode按照字母顺序（economics 1、political science 2等）给var1的每个文本类别设定标签值。

```
. encode var1, gen(var1_num)

. list,nol

         var1          var1_num
1.   psychology           3
2.   economics            1
3.   sociology            4
4.   political science    2
```

图2.15 encode命令

还有另一个命令decode，其作用正好与encode命令相反，是将数值型变量转换成字符型变量。这个命令的工作原理与encode相同。举例来说，我们可以用decode命令把var1_num重新转换为字符型变量（var2）。

.decode var1_num, gen(var2)

2.3.5 数据子集

我们可以通过保留或删除变量和观测构造数据集的子集。构造子集有时候是必要或方便的，特别是遇到一个巨大数据集的时候。这通过Stata的两条命令keep和drop很容易实现。如果你只想要包含4个变量（v01、v02、v03和v04）的数据集而不是整个数据集，只需输入keep v01 v02 v03 v04即可。相反，如果想要从数据中移除这4个变量，可以输入drop v01 v02 v03 v04。

为了保留和删除观测，需要在if和in语句的配合下使用keep和drop。以下为相关示例。

- drop in 13   // 删除观测13
- drop in 10/12   // 删除观测10,11,12
- drop if missing(var5)   // 删除var5中有缺失值的观测
- drop if missing(var6,var7)   // 删除var6或var7中有缺失值的观测
- keep if !missing(var4)   // 保留var4中没有缺失值的观测

2.3.6 标记变量

标记变量需要两步。第一步我们要定义标签值，第二步我们应用这些标签值到

需要定义标签值的变量。为了执行这两步，我们使用命令`label define`和`label values`。因为标记变量通常与`gen`命令一起使用，在此继续使用先前`gen`命令中用到的例子。

```
·gen inccat2 = .
·replace inccat2 = 1 if (v04 <= 3)
·replace inccat2 = 2 if(v04 >= 4)&(v04 <= 6)
·replace inccat2 = 3 if(v04 >= 7)&(v04 <= .)
```

如你所见，`inccat2`变量有3个类别。假设我们想要标记三类分别为"low income" "medium income"和"high income"，首先我们定义一个标签，分别将这些数字分配到这三类中，并且储存在`labinc`下，示例如下：

```
·label define labinc 1"low income" 2 "medium income" 3 "high income"
```

然后我们选择变量（`inccat2`）应用这个标签。换句话来说，`labnic`被应用到`inccat2`：

```
·label values inccat2 labinc
```

在这种情况下，`labinc`被专门应用到变量`inccat2`，但是有些情况下，你可能想要定义一个标签并且应用到不止一个变量。例如，把一个标签`lablikert`应用到5个不同的变量（var1, …, var5），可以采用如下命令：

```
·label define lablikert 1"disagree" 6 "agree"
·label values var1-var5 lablikert
```

2.4 描述性统计和图

尽管许多读者可能更想用高级的统计方法，而不是比较简单的描述性统计，但后者仍然是任何实质性定量工作的第一步。根据变量测量水平的不同，描述性统计主要有两类：测量水平是无序或有序的频率分布和测量水平是区间或比率的集中趋势和变异度。

2.4.1 频率分布

频率分布显示变量的每个类别所包含的观测的个数。在 **Stata** 中用`tabulate`（或

tab)命令可获得一个变量的频率分布。图2.16展示tab输出的标准频率分布。在左图中，我们看到在排除缺失值的个体后那些属于"No"和"Yes"类别的个体所占的百分比。在右图中，我们添加了miss选项，此时计算百分比就会包含那些缺失值的个体。

```
. tab v07_num                              . tab v07_num, miss

Are you                                    Are you
divorced    Freq.   Percent   Cum.         divorced    Freq.   Percent   Cum.

     No      225    93.36    93.36              No      225    91.46    91.46
    Yes       16     6.64   100.00             Yes       16     6.50    97.97
                                                 .        5     2.03   100.00

  Total      241   100.00                    Total      246   100.00
```

图2.16 tabulate 命令

为了得到一个排除缺失值计算的百分比和缺失值的个数的表格，可以用用户编写的 fre[①] 命令来代替 tab。输出结果见图 2.17，可将其和图 2.16 所示的 tab 输出的两个表格进行比较。

```
. fre v07_num

v07_num — Are you divorced

                      Freq.   Percent   Valid    Cum.

Valid   1 No           225    91.46    93.36    93.36
        2 Yes           16     6.50     6.64   100.00
        Total          241    97.97   100.00
Missing .                5     2.03
Total                  246   100.00
```

图 2.17 用户编写的 fre 命令

图是描述性统计的重要组成。Stata 中有两种绘图方法：一种是使用下拉菜单；另一种就是使用命令语言。这里，我们只展示基础的绘图命令，但是这些标准命令可以被进一步扩展。建议读者浏览一下每个绘图命令的帮助文件，并在自己的数据分析中应用命令的扩展功能。

我们可以用直方图和饼图来描述频率分布。命令分别为 histogram（或只输入 hist）和 graph pie。要绘制一个变量 v07_num 频率分布的直方图（见图2.18）可以通过输入以下命令完成：

---

① 在 Stata 中输入 ssc install fre 来安装该命令。

`·hist v07_num, discrete percent addlabel xlabel(1/2, valuelabel noticks)`

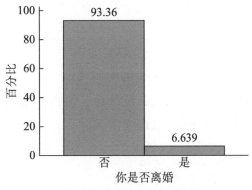

图 2.18　histogram 命令

可以用以下命令绘制如图 2.19 所示的饼图。

`·graph pie, over(v07_num) plabel(_all percent)`

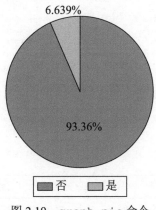

图 2.19　graph pie 命令

2.4.2　汇总统计

当我们研究的变量测量的是区间或比率数据时，采用集中趋势和变异指标（汇总统计）要比频率分布更恰当。最常见的集中趋势指标是算术均值，而典型的变异指标是标准差和全距。这些基本的汇总统计可以用 summarize（或 sum）命令来完成。在图 2.20 中以 **Stata** 自带的数据文件 auto.dta 中的 price 变量为例说明 sum 命令的用法。

```
. sysuse auto,clear
(1978 Automobile Data)

. sum price

    Variable |      Obs        Mean    Std. Dev.       Min        Max
       price |       74    6165.257    2949.496       3291      15906
```

图 2.20　sum 命令

其他集中趋势（如中位数）以及变异指标（方差）也可以在 sum 命令后添加 detail（或 d）选项来完成（见图 2.21）。

```
. sum price, d

                         Price
      Percentiles      Smallest
 1%       3291            3291
 5%       3748            3299
10%       3895            3667       Obs                74
25%       4195            3748       Sum of Wgt.        74

50%       5006.5                     Mean           6165.257
                        Largest      Std. Dev.      2949.496
75%       6342           13466
90%      11385           13594       Variance       8699526
95%      13466           14500       Skewness       1.653434
99%      15906           15906       Kurtosis       4.819188
```

图 2.21　详细的 sum 命令（或 sum, d）

如果我们想要获得均值的标准误和置信区间，可以用命令 mean 来完成（见图 2.22）。

```
. mean price

Mean estimation                    Number of obs    =       74

             |       Mean   Std. Err.     [95% Conf. Interval]
       price |   6165.2568  342.8719      5481.9140   6848.5995
```

图 2.22　mean 命令

尽管以上两个命令可以为多个变量和以另一个变量为条件生成汇总统计，但是要达到相同的目的，更有效的命令是 tabstat。我们还可以用 tabstat 命令自定义要计算并显示的汇总统计[①]。图 2.23 所示为国内外汽车的 price（价格）、weight（重量）、和 length（长度）的汇总统计。如果想水平显示汇总统计，可以在下面命令的末尾输入 col(stats) 选项。此外，如果想要删除合计的（total）汇总统计概述，可以在命令末尾添加 nototal。

① 输入 help tabstat 全面了解汇总统计量及其对应的 Stata 代码。

```
. tabstat price weight length, stats(mean sd range count) by(foreign)
```

Summary statistics: mean, sd, range, N
  by categories of: foreign (Car type)

foreign	price	weight	length
Domestic	6072.423	3317.115	196.1346
	3097.104	695.3637	20.04605
	12615	3040	86
	52	52	52
Foreign	6384.682	2315.909	168.5455
	2621.915	433.0035	13.68255
	9242	1660	51
	22	22	22
Total	6165.257	3019.459	187.9324
	2949.496	777.1936	22.26634
	12615	3080	91
	74	74	74

图 2.23 tabstat 命令

tabstat 制作一维汇总统计表，而另一个命令 tab，与选项 sum() 结合，却可以计算和展示多维汇总统计表。图 2.24 中我们举例展示基于 foreign 和 rep78 两个分类变量对变量 mpg 的二维汇总统计。

```
. tab rep78 foreign, sum(mpg)
```

Means, Standard Deviations and Frequencies of Mileage (mpg)

Repair Record 1978	Car type Domestic	Foreign	Total
1	21	.	21
	4.2426407	.	4.2426407
	2	0	2
2	19.125	.	19.125
	3.7583241	.	3.7583241
	8	0	8
3	19	23.333333	19.433333
	4.0856221	2.5166115	4.1413252
	27	3	30
4	18.444444	24.888889	21.666667
	4.5856055	2.7131368	4.9348699
	9	9	18
5	32	26.333333	27.363636
	2.8284271	9.367497	8.7323849
	2	9	11
Total	19.541667	25.285714	21.289855
	4.7533116	6.3098562	5.8664085
	48	21	69

图 2.24 tab, sum 命令

对于汇总统计的图示,我们可以使用直方图和箱线图,命令分别是 histogram(或 hist)和 graph box。我们用 Stata 自带的 nlsw88 数据集来解释说明这两个命令。可以输入 sysuse nlsw88 或 sysuse nlsw88,clear(已打开其他数据集并需切换)打开这个数据集。如图 2.25 所示,首先制作 wage(度量人们的时薪)的直方图,输入以下命令:

·hist wage,frequency

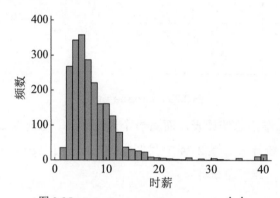

图 2.25 histogram,frequency 命令

我们接着制作变量 wage 的箱线图。箱线图通常用于比较不同子样本同一变量的分布情况。绘制变量 race 两个分类的变量 wage 的箱线图(见图 2.26),可以用以下命令:

·graph box wage,by(race)

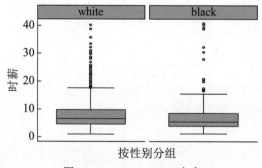

图 2.26 graph box 命令

2.4.3 纵向合并数据

纵向合并数据是指基于观测来合并两个数据集,即将一个数据集的观测添加到另一个

数据集中来完成（观测数量 N 增加），在 Stata 中可使用如下命令轻松实现，结果见图 2.27。

```
·append using dataset1 dataset2,gen(dataset3)
·save dataset3
```

Dataset1

id	data	var1	var2
1	1	3	2
2	1	4	3
3	1	5	1

Dataset2

id	data	var1	var2
4	2	3	1
5	2	5	3
6	2	5	4

Dataset3 (combined)

dataset3	id	var1	var2
1	1	3	2
1	2	4	3
1	3	5	1
2	4	3	1
2	5	5	3
2	6	5	4

图 2.27 纵向合并数据

图 2.27 中我们合并数据集 dataset1 和 dataset2，合并后的 dataset3 可以显示观测来自哪个原始数据集。分析时可能会用到这个信息/变量（例如，比较两个不同地方收集的数据）。

2.4.4 横向合并数据

横向合并数据是指基于变量合并两个数据集，即将一个数据集的变量添加到另一个数据集中（变量数量增加）。下面的命令是首先打开 data14，然后添加 data15 中的变量到 data14，最后保存结果数据集为 data1415（见图 2.28）：

```
·use data14,clear
·merge 1:1 id using data15
·save data1415
```

Data14

id	v1_14	v2_14
1	3	5
2	4	5
3	2	3
4	1	2
5	1	2

Data15

id	v1_15	v2_15
1	4	5
2	5	5
3	3	4
4	2	3
5	2	3

Data1415 (combined)

id	v1_14	v2_14	v1_15	v2_15
1	3	5	4	5
2	4	5	5	5
3	2	3	3	4
4	1	2	2	3
5	1	2	2	3

图 2.28 横向合并数据

这里有几点需要明确：第一，两个数据集中的 `id` 数量完全相同，但是变量名不同。这是因为我们在两个不同的年份（2014 年和 2015 年）测量相同的观测样本在两个相同变量上的取值情况。第二，1∶1 横向合并是指来自 `data14` 的一条观测与来自 `data15` 的一条观测合并。第三，Stata 生成一个变量 `_merge`。`_merge` 取值为 1 是指观测来自 `data14`，取值为 2 是指观测来自 `data15`，取值为 3 则是观测来自两个数据集（`data14` 和 `data15`），这意味着成功完成了合并。

2.4.5 数据变型

我们有时可能想要改变数据结构以便进行某种类型的分析（例如，多层次模型）。我们可以将宽型数据转成长型数据或将长型数据转成宽型数据格式。宽型数据结构中，每个观测只有一行，而长型数据中每个观测不只一行（见图 2.29）。最常见的格式转换是由宽型数据到长型数据。① 这通过以下命令完成：

```
·reshape long v1_ v2_, i(id) j(year)
```

宽型

id	v1_14	v2_14	v1_15	v2_15
1	3	5	4	5
2	4	5	5	5
3	2	3	3	4
4	1	2	2	3
5	1	2	2	3

长型

id	year	v1_	v2_
1	14	3	5
1	15	4	5
2	14	4	5
2	15	5	5
3	14	2	3
3	15	3	4
4	14	1	2
4	15	2	3
5	14	1	2
5	15	2	3

图 2.29　宽型和长型数据格式

`reshape` 命令的用法是我们首先指定想要转成的数据格式（`long`）。然后添加代表宽型变量（`v1_14`、`v2_14`、`v1_15` 和 `v2_15`）的共同前缀 `v1_` 和 `v2_`。在逗号之后我们把数据集中观测的唯一标识符 `id` 填入 `i()` 中。最后，在 `j()` 中填入 `year` 来代表宽型变量的数字后缀（14 和 15）。

---

① 在 Stata 中数据由长型变宽型同样容易实现，输入 `help reshape` 了解更多信息。

2.5 双变量统计推断

本节介绍如何用 Stata 完成一些最常用的基本或双变量统计推断，包括相关分析、t 检验、方差分析和卡方检验。我们的目的在于介绍如何在 Stata 中得到这些统计量并简要解释输出结果。因此我们跳过这些统计程序的技术/理论方面的处理，这里我们假设读者对基础统计学课程中的这些知识已经有所了解。本节以 Stata 内置的 nlsw88 数据集为例，输入如下命令加载该数据集到 Stata 中：

`.sysuse nlsw88, clear`

2.5.1 相关

图 2.30 所示为探索时薪（wage）和工作经验（ttl_exp）两者间关系的相关分析。我们发现工资与工作经验间有中等[1]正相关，并是显著的（$r=0.27, N=2246, p<0.05$）。

```
. pwcorr wage ttl_exp, star(0.05) obs

             |     wage   ttl_exp
-------------+------------------
        wage |   1.0000
             |     2246
             |
     ttl_exp |  0.2655*   1.0000
             |     2246     2246
```

图 2.30 pwcorr 命令

我们也可以输入 `corr wage ttl_exp`。但是，我们推荐 `pwcorr`，因为它对于缺失值采用成对删除（pairwise deletion），而 `corr` 是成列删除（listwise deletion）。后者对一对以上的变量进行相关分析时可能会导致信息丢失。对于完整的数据，两个命令的结果是一样的。

2.5.2 独立 t 检验

独立 t 检验用来检验两独立样本（组）的某个变量的（总体）均值/平均数是否存在差异。我们在图 2.31 中进行这个检验以弄清有大学学位的人与没有大学学位的人的平均时薪是否有显著差异。我们进行双侧检验（没有方向），Stata 输出基于原假设

---

[1] 0.1、0.3 和 0.5 的 r 值分别是弱相关、中等相关和强相关。

H_0：diff=0 的结果。这个简单来说就是均值之差为 0（均值相等）。正如图 2.31 所示，得到的 p 值是 0.0000，原假设应该被拒绝。据此，我们可以推断有无大学学历的人的时薪均数之差为 -3.62，双侧检验统计上显著 [$t(2244)$=-13, $p<0.001$]。

```
. ttest wage, by(collgrad)

Two-sample t test with equal variances

  Group |    Obs        Mean    Std. Err.   Std. Dev.   [95% Conf. Interval]
---------+--------------------------------------------------------------------
not coll |   1,714    6.910561    .1276104    5.283132    6.660273    7.16085
 college |     532    10.52606    .2742596    6.325833    9.987296    11.06483
---------+--------------------------------------------------------------------
combined |   2,246    7.766949    .1214451    5.755523    7.528793    8.005105
---------+--------------------------------------------------------------------
    diff |           -3.615502    .2753268               -4.155424   -3.07558
------------------------------------------------------------------------------
    diff = mean(not coll) - mean(college)                         t = -13.1317
Ho: diff = 0                                    degrees of freedom =     2244

    Ha: diff < 0                 Ha: diff != 0                 Ha: diff > 0
 Pr(T < t) = 0.0000          Pr(|T| > |t|) = 0.0000          Pr(T > t) = 1.0000
```

图 2.31　ttest 命令

图 2.31 所示的 t 检验结果是基于等方差的假设。但是，如果我们想要运行方差不等的 t 检验，我们可以在上述命令的结尾加上 unequal。另外，检验两样本中 wage 的方差是否相等，输入 sdtest wage, by(collgrad) 即可。

2.5.3　方差分析（ANOVA）

方差分析用于检验两个及以上独立样本均值间的差异。因此方差分析可以看成是独立 t 检验的扩展。在下面的例子中，我们想弄清白人、黑人和其他人种的时薪（总体）均值是否存在统计学差异。首先，我们可以用图 2.32 中的 tab 命令得到这三组的样本均值。

```
. tab race, sum(wage)

               Summary of hourly wage
        race |      Mean    Std. Dev.      Freq.
-------------+------------------------------------
       white |  8.0829994   5.9550691       1,637
       black |  6.8445578   5.0761866         583
       other |  8.5507813   5.2094301          26
-------------+------------------------------------
       Total |  7.766949    5.7555229       2,246
```

图 2.32　tab, sum 命令示例

根据输出结果，这些均值间存在一些差异。为了弄清这些差异是否统计上显著，我们进行如下的方差分析。这里，原假设是 H_0：$\mu_1=\mu_2=\mu_3$，也就是这三组的（总体）

均值是相等的。正如图 2.33 所示，该原假设应该被拒绝，因为总的 F 检验是显著的：$F(2,2243)=10.28$，$p<0.001$。

```
. anova wage race

                       Number of obs =    2,246    R-squared     = 0.0091
                       Root MSE      =  5.73188    Adj R-squared = 0.0082

        Source    Partial SS         df         MS         F     Prob>F

         Model    675.51028           2    337.75514     10.28   0.0000

          race    675.51028           2    337.75514     10.28   0.0000

      Residual    73692.457        2,243    32.854417

         Total    74367.967        2,245    33.126043
```

图 2.33 anova 命令

我们据此接受备择假设，认为至少有一个组间均值差异是显著的。为了找出究竟哪两组的时薪均值间存在差异，我们接着进行两两比较（见图 2.34）。

```
. pwcompare race, pveffects asobserved

Pairwise comparisons of marginal linear predictions

Margins       : asobserved

                                           Unadjusted
                 Contrast   Std. Err.      t      P>|t|

          race
black vs white    -1.238      0.276    -4.4798    0.000
other vs white     0.468      1.133     0.4129    0.680
other vs black     1.706      1.149     1.4851    0.138
```

图 2.34 pairwise 命令

2.5.4 卡方检验

卡方检验（χ^2 检验）用于检验两个分类变量之间的关系。图 2.35 所示的例子中，我们用 χ^2 检验弄清变量 union（0=non_union,1=union）是否与变量 collgrad（0=no college degree, 1=college degree）有关。我们想要检验该关系是基于我们假设有无大学学位会影响加入工会的可能性这一理论推理。更常见的是，在这种情况下我们考虑把 union 作为因变量，把 collgrad 作为自变量。[1]

---

[1] 另一个用于这个例子的命令为 prtest union, by(collgrad)。

从图 2.35 所示的结果中我们可以发现，union 和 collgrad 间是有统计学意义的：χ^2 (1, N=1878)=17.97, p<0.001。更确切地说，没有大学学历的人大约 22% 加入工会，有大学学历的人有大约 32% 加入工会，两者间存在约 10% 的差异。

```
·tab union collgrad, col chi2
```

```
  Key
  frequency
  column percentage

  union    | college graduate
  worker   | not colle  college g |   Total
  ---------+----------------------+--------
  non-union|    1,101        316  |   1,417
           |    77.86       68.10 |   75.45
           |
  union    |      313        148  |     461
           |    22.14       31.90 |   24.55
  ---------+----------------------+--------
  Total    |    1,414        464  |   1,878
           |   100.00      100.00 |  100.00

  Pearson chi2(1) =  17.9705   Pr = 0.000
```

图 2.35 tab, chi2 命令

2.6 总结

本章主要从 3 个方面对 Stata 做了基本介绍：Stata 界面、描述性统计和图表以及利用 Stata 完成一些常见的双变量统计分析。通过这 3 个方面的展示，我们试图给读者提供一个良好的基础，帮助读者理解 Stata 的工作原理和利用内、外部的资源更深入地自学 Stata。借助 Stata 获取这些资源的最简单的方法就是通过 help 和 search 命令。利用本章涉及的命令的帮助文件可以帮助你成为资深的 Stata 用户。尽管 search 命令是用来找到可获得的命令，它也有助于找到其他与 Stata 相关的资源（如在线教程、例子）。此外，我们强烈建议读者阅读 Stata 的入门手册（输入 help gsw 可调出该手册）并学习由 StataCorp 提供的视频教程（http://www.stata.com/links/video-tutorials/）。

 关键术语

- 命令（Command）：由用户输入给 Stata 使其执行某些任务的指令。
- Do 文件（Do-file）：包含一系列命令的文件。

- 日志文件（Log-file）：包含 Stata 输出的文件。
- 工作目录（Working directory）：Stata 当前会话的工作目录。
- 帮助文件（Help file）：对给定 Stata 命令解释如何使用和列出更多特征。
- 数据编辑器（Data editor）：有行（观测）和列（变量）的窗口。
- sysuse：打开 Stata 中内置的数据文件的命令。
- webuse：打开网络上的 Stata 数据文件的命令。
- 纵向合并（Appending）：行方式扩展数据集的操作。
- 横向合并（Merging）：列方式扩展数据集的操作。
- 变型（Reshaping）：改变数据结构格式的操作（从宽型到长型或反之）。

问题

1. 你认为学习 Stata 的最好方法是什么？
2. 从任一数据集中选取 3 个连续变量并且运用"汇总统计"一节中所有的命令。
3. 从任一数据集中选取 3 个分类变量并且运用"频率分布"一节中所有的命令。
4. 使用任一数据集进行基本统计分析：相关、t 检验、方差分析、卡方（χ^2）检验。
5. 利用帮助文件进一步探索 anova 命令。

延伸阅读

Acock, A.C.(2014) *A Gentle Introduction to Stata*. College Station, TX: Stata Press.

这是一本用户容易掌握和使用的 Stata 书籍，涉及数据管理、图形、描述性统计、双变量分析以及一些在一般社会科学领域中常用的高级主题（如 logistic 回归、结构方程模型）。

StataCorp(2014) *Stata Manual:Relaese* 14. College Station,TX: Stata Press.

这是官方的 Stata 手册，里面包含了对 Stata 命令最全面和详细的概述和解释。

3.1 什么是回归分析?

3.2 简单线性回归分析

3.3 Stata 实例

3.4 总结

关键术语

问题

延伸阅读

参考文献

简单（双变量）回归

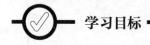
学习目标

- 理解线性回归分析的基本概念
- 解释普通最小二乘（OLS）的估计方法
- 学会使用线性回归分析进行假设检验和预测
- 理解并解释简单（双变量）线性回归分析
- 学会用 Stata 建立简单线性回归模型并进行估计

在这一章中，我们首先解释简单（双变量）线性回归框架下的回归分析的机制和逻辑，在这个框架下，我们能够很容易地解释一些回归的概念并将其扩展到多元回归的情况，我们会在下一章中讲到多元回归。作为对简单回归详尽概念分析的补充，本章还包括一个实践性小节，演示如何用 Stata 对一个真实的数据集进行线性回归。虽然本章的部分内容看起来可能是技术性的，但这些为读者更好地理解并应用回归分析打下了坚实的基础。

3.1 什么是回归分析？

回归分析是一种统计学方法，它检测了一个连续型因变量[①]（Y）和一个自变量[②]（X_1）或更多连续/分类自变量（$X_2, X_3, \cdots, X_n$）之间的关系，其主要目的是检验一个或多个假设并做出预测。研究人员往往会在一个研究中结合这两种目的以期从回归分析中挖掘出更多的信息。现在我们将分别解释这两种目的。

就假设检验而言，回归分析是基于从总体中随机抽样的数据，为衡量总体中反映不同现象的一组变量之间的关系提供定量证据。定量证据通过估计的回归系数的大小来显示两个变量之间关系的强弱，并通过相关的统计检验来提供关于这种关系是否具有统计显著性的证据。例如，研究人员可以假设人们的受教育程度与他们的时薪水平之间存在显著的正相关关系。这种假设在社会科学中通常被定义为人们的受教育程度对他们的时薪水平有正向影响。研究者假设的后一个表述显然是一种更强的陈述，意味着两个变量之间存在因果

---

① 因变量（dependent variable）的替代术语有结果变量（outcome variable）、反应变量（response variable）和内生变量（endogenous variable）。
② 自变量（independent variable）的替代术语有预测变量（predictor variable）、解释变量（explanatory variable）和外生变量（exogenous variable）。

关系，但仅靠回归分析的估计是不能支持存在这种关系的。坦白地说，回归分析并不关心你怎样建立假设，不管怎样它都为你提供相同的结果。严格来说，我们并不能通过包括回归分析在内的统计技术确立因果关系。借助令人信服的理论推理和／或常识，回归分析得出的关于两个变量之间存在很强的统计上显著关联的证据也许才能被归为因果关系。例如，很少有人会反对受教育程度影响工资水平这一研究发现，因为它在逻辑解释上是合理的。

回归分析的第二个目的是做出预测，通常在随机样本数据的基础上，给定一个或多个自变量的不同取值的条件下，预测因变量的总体均值①。仍采用前面的例子，想预测接受 10 年、15 年和 20 年教育的人的平均时薪水平，回归分析的预测显示，10 年、15 年和 20 年的受教育者的平均时薪分别为 22 美元、40 美元和 58 美元。用来预测因变量（时薪）均值的自变量的取值（在我们的例子中为 10 年、15 年和 20 年的教育）取决于研究者的分析目的。另外，用回归分析来进行预测并不要求两个变量之间存在因果关系。自变量（例如，大学食堂样本中可用餐桌的数量）在预测因变量（例如，这些食堂销售膳食的数量）时非常有用，但不必是它的原因。如果你的目的只是预测，你就可以在回归分析中使用非因果关系的自变量。

不管使用回归分析的目的是什么，第一步都是设定一个概念模型和一个数学函数来解释感兴趣的变量之间的关系（Pedace，2013）。接下来，我们通过简单（双变量）线性回归分析来说明这一步骤。然后我们将这些基本思想沿用到第 4 章所介绍的多元回归中。如此选择的原因是采用简单回归分析更容易解释和说明许多回归概念，也是为更好地理解多元回归分析打下良好的基础。

3.2 简单线性回归分析

简单的线性回归分析只探索两个变量之间的关系。根据研究人员的概念模型（研究人员认为在总体中存在这样的关系），一个变量将被指定为因变量（Y），另一个则为自变量（X）。这种关系在数学上表示为 $Y=f(X)$，说明 Y 的变化是 X 变化的函数。建立这种关系之后，下一步是决定用于该关系的函数形式。毫无疑问，我们通常使用线性函数来描述 Y 和 X 之间的关系。线性函数简单地假定随着 X 的变化 Y 会发生一致且均匀的变化。② 从几何学上来说，线性函数可以用一条直线表示，这条直线又称为回归线，

---

① 因变量 Y 的总体均值也被称作 Y 的期望值、Y 的条件均值或 Y 的均值。
② 换句话说，线性函数意味着自变量 1 个单位的变化导致因变量一定数量的增加或减少。

从许多数据中穿过,显示出 Y 与 X 之间的关系。

我们总是默认选择线性函数有以下几个原因(Lewis-Beck,1980; Midtbø, 2007)。第一,社会科学中不同测量(教育→收入、失眠→绩效、动机→成功,等等)之间的大多数关系以线性方式描述,无论是负向的还是正向的。第二,并不总是有很强的理论支持用其他函数形式替代线性函数。第三,甚至一些非线性/曲线关系(年龄→收入)仍然可以用线性回归函数来检验。通过线性回归函数来研究非线性关系的动力源自线性回归函数更易于应用和理解,因此,简单性就是社会科学中常用线性函数的第四个原因。

一旦设定了概念模型并决定采用线性函数形式,我们可以用数学方法表示 Y 和 X 之间的假设关系:

$$Y_i = \beta_0 + \beta_1 X_i \tag{3.1}$$

方程(3.1)表示个体 Y 值(Y_i)随着 X 的取值线性变化。这可能也是在社会科学研究文章中,我们时常会遇到类似"Y 随 X 的增加而增加"的语句的原因。更准确地说,在总体中,Y 的平均值或期望值(由 $E[Y_i]$ 表示)随 X 线性变化。[①] 那么 Y 与 X 之间的关系应表示为[②]:

$$E[Y_i] = \beta_0 + \beta_1 X_i \tag{3.2}$$

如图 3.1 所示,$E[Y_i]$ 是总体中 Y 的均值。通常 X 的每个取值水平都对应一个 $E[Y_i]$。β_0 表示截距或常数项,简单来说就是当 $X=0$ 时 Y 的均值。换句话说,截距是回归线与 Y 轴的交叉点。如果 X 的取值范围不包括 0,则对截距的解释通常是没有意义的。β_1 是回归系数[③],表示 X 每增加一个单位,Y 均值的变化量。β_1 也可以表述为 X 每增加一个单位,Y(平均)的变化量。注意,第一句使用 Y 的均值,而第二句只使用 Y,但这两句话的意思是一样的。无论怎样,我们可以简单地将 β_1 视为 X 对 Y 的平均效应。几何学上,β_1 由回归线的斜率/梯度表示,可通过坡度上升和右移的比值来量化。更具体地说,β_1 是 Y 的均值变化与 X 取值变化的比率。

[①] 该假设是方程(3.2)所示的总体回归函数/模型的基础。
[②] $E[Y_i]$ 实际上应读作 $E[Y_i|X_i]$。
[③] 回归系数也被称作斜率系数或斜率。

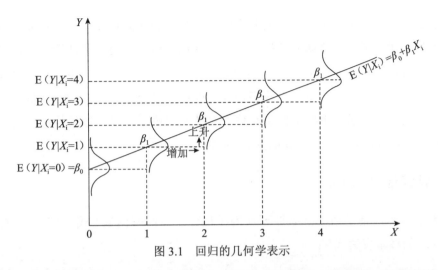

图 3.1 回归的几何学表示

此外,还存在误差①项,它导致在每个 X 值处观察到的 Y 值围绕 Y 的期望值 $E[Y_i]$ 或 Y 均值上下波动(见图 3.1)。这意味着可能还存在影响 Y 值的其他变量②(没有包括在回归模型中)。假设在估计样本回归模型(教育→工资)之后,我们预测接受 15 年教育的人每小时平均能赚取 40 美元。虽然不是所有接受过 15 年教育的人都能每小时赚取 40 美元,但许多人会达到这个水平。当然,一些多于或少于 40 美元的收入可能是其他变量(如工作经验年数)的函数。

数学上,误差项代表观测到的 Y 的个体值(Y_i)与期望值 $E[Y_i]$ 间的差异:

$$\varepsilon_i = Y_i - E[Y_i],\ \text{其中}\ E[Y_i] = \beta_0 + \beta_1 X_i \tag{3.3}$$

那么

$$Y_i = E[Y_i] + \varepsilon_i \tag{3.4}$$

替换 $E[Y_i]$ 后得到

$$Y_i = \beta_0 + \beta_1 X_i + \varepsilon_i \tag{3.5}$$

如式 (3.5) 所示,一个回归模型由两部分组成:确定部分③和随机部分④。确定部分由 $E[Y_i] = \beta_0 + \beta_1 X_i$ 表示,其对于总体中具有相同 X 值的每个成员都是相同的;随机部分由 ε_i 表示,使具有相同 X 值的总体成员在 $E[Y_i]$ 附近变化(Hamilton, 1992)。此外,确定部分和随机

---

① 也称作噪音(noise)或干扰(disturbance)。
② 在此,我们不是说误差项等同于不包含自变量。误差项还可能包括测量误差以及人类行为的纯随机性/不一致性(Gordon, 2000)。
③ 确定的(deterministic)替代术语是系统的(systematic)或观测到的(observed)。
④ 随机的(random)替代术语是随机的(stochastic)、非系统的(non-systematic)和潜在的(latent)。

部分分别表示在每个 X 水平上观察到的个体 Y 值分布的均值和方差（Gordon, 2010）。

至此我们建立了一个总体回归模型。换句话说，该模型纯粹是理论性的，因为我们是按照我们所认为的总体中 Y 和 X 之间的关系来建立模型的。下一步是对这个理论构想进行估计。由于在社会科学研究中我们很少能够得到整个总体，我们通常从感兴趣的总体中进行随机抽样，然后用样本信息来估计总体回归模型。我们通常使用的估计方法是普通最小二乘法（ordinary least squares，OLS）。①

3.2.1 普通最小二乘法

OLS 估计方法基于最小二乘原理，为了估计总体回归模型 [式（3.2）]，首先需要写出其对应的样本表达式②：

$$\hat{Y}_i = \hat{\beta}_0 + \hat{\beta}_1 X_i \qquad (3.6)$$

其中 $\hat{Y}_i$ 是由回归直线 $\hat{\beta}_0 + \hat{\beta}_1 X_i$ 在给定 X 的取值水平上预测或估计出的 Y 的均值。

可以得出误差项的样本估计值（残差）等于观测个体 Y 值减去预测或估计 Y 的均值：

$$\hat{\varepsilon}_i = Y_i - \hat{Y}_i, \text{ 其中 } \hat{Y}_i = \hat{\beta}_0 + \hat{\beta}_1 X_i \qquad (3.7)$$

我们自然希望预测出的 Y 均值（$\hat{Y}_i$）尽可能接近③个体 Y_i 的实际值，也就是说，希望残差 $\hat{\varepsilon}_i$ 尽可能小（见图 3.2）：

$$\min \sum \hat{\varepsilon}_i, \text{ 其中 } \hat{\varepsilon}_i = Y_i - \hat{Y}_i \qquad (3.8)$$

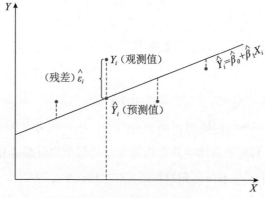

图 3.2　最小二乘原理

---

① 还存在另外几种估计方法（如极大似然法、加权最小二乘法等），本书后续章节会用到其中的某些方法。
② 为了和总体参数区分开，我们在样本估计值（如系数和误差项）上加上 ^。
③ 两者越接近，我们的模型预测总体因变量越好。

虽然式（3.8）从概念上是合理的，但当试图最小化残差和时，我们遇到了技术问题。由于正值（Y 的观测值大于 Y 的预测均值）和负值（Y 的观测值小于 Y 的预测均值）将彼此抵销，因此残差和将如我们所预期的那样正好为零。这需要采用最小二乘法原理。最小二乘法通过最小化残差平方[①]和来解决这个问题（Dougherty，2011）：

$$\min \sum \hat{\varepsilon}_i^2, \text{ 其中 } \hat{\varepsilon}_i^2 = (Y_i - \hat{Y}_i)^2. \tag{3.9}$$

从式（3.9）还可以看出，残差平方和（residual sum of squares，RSS）[②]是 $\hat{\beta}_0$（截距）和 $\hat{\beta}_1$（斜率）的函数。最小二乘法就是找到截距和斜率的最佳值，使 RSS 取最小值（因此称为最小二乘法），或者找一条回归线使其比其他任何直线平均来讲更接近所有的 Y 的观测值（因此称为最佳拟合线）。最小二乘法执行一些复杂计算以推导出（最佳）截距和回归系数。但是，在此将跳过这些复杂的数学细节[③]，直接呈现这些微积分公式的结果，这很容易应用于二元回归情形。[④]

RSS 最小化可得出：

$$\hat{\beta}_1 = \frac{\sum (X_i - \bar{X})(Y_i - \bar{Y})}{\sum (X_i - \bar{X})(X_i - \bar{X})} \tag{3.10}$$

且

$$\hat{\beta}_0 = \bar{Y} - \hat{\beta}_1 \bar{X} \tag{3.11}$$

其中 $\bar{Y}$ 和 $\bar{X}$ 分别是 Y 和 X 的均值。式（3.10）显示离差的比。我们也可以将式（3.10）用方差来表示，即 Y 和 X 的协方差与 X 的方差（X 自身的协方差）的比：

$$\hat{\beta}_1 = \frac{\hat{\sigma}_{xy}}{\hat{\sigma}_{xx}} \tag{3.12}$$

只要满足高斯-马尔可夫假设（将在第 7 章中详细讨论），通过 OLS 得到的回归系数就是总体回归参数的最优线性无偏估计（best linear unbiased estimates，BLUE）。无偏性的意思是，OLS 估计值（$\hat{\beta}$）的抽样分布的均值近似于真实的总体参数值（β）。

[①] 平方使负值为正（模数），这避免了正负残差项相互抵销的情形；还会赋予大的残差更大的权重。比如，-2 的平方等于 4，而 -4 的平方等于 16。
[②] 残差项平方和（sum of the squared residuals）也被称作残差平方和（residual sum of squares, RSS）或误差平方和（error sum of squares, SSE 或 ESS）。
[③] 感兴趣的读者可在计量经济学的入门书籍中找到计算的细节（如 Dougherty，2011）。
[④] 在多元回归的情形下，我们需要使用复杂且耗时的矩阵运算来推导系数。幸运的是，现成的统计软件（如 Stata）能帮我们既快又准确地完成这项任务。

使 OLS 成为最优估计值的第二个特性是有效性，这意味着相比任何其他线性估计，OLS 估计值抽样分布的宽度更窄（方差更小）。

3.2.2 拟合优度

残差的标准差

从技术上讲，我们可以估计任意两个变量的回归模型，并得到最优拟合线。然而，我们仍然需要检查由 OLS 产生的最优拟合线多大程度上描述两个变量之间的关系。由于 OLS 的目的是最小化残差平方和，起点是量化 RSS [式（3.9）]。由于 RSS 显示了与回归线的总偏差，因此明智的做法是取其平均（即方差；Gordon，2010），使得不同大小的样本之间可以比较：

$$\hat{\sigma}_\varepsilon^2 = \frac{\sum \hat{\varepsilon}_i^2}{n-K} \tag{3.13}$$

其中，n 是样本量，K 是估计参数的个数。现在我们得到了一个平均偏差，但它的单位是 Y 的单位的平方。因此，明智的做法是将方差变换成更直观的指标（Y 的原始单位），取方差的平方根可得（Pardoe，2006）：

$$\hat{\sigma}_\varepsilon = \sqrt{\frac{\sum \hat{\varepsilon}_i^2}{n-K}} \tag{3.14}$$

结果是残差的标准差，[①] 它表示观察到的个体 Y 值（Y_i）和由回归线预测的 Y 均值（$\hat{Y}_i$）之间的"平均"距离（Fox，1997）。因此，如果 Y 值的取值范围为 180～586，估计残差的标准差为 27，你就可以说，观察到的个体 Y 值"平均"偏离回归线 27 个单位（Y 的单位，如元、米等）。[②] 然而，尽管没有特定的界值来判断该距离（27）模型的好坏，但事实上它越接近零，模型越好。也就是说，在两个竞争模型中，残差的标准差（$\hat{\sigma}_\varepsilon$）更小的模型是更好的。

也可以使用 Y 的算术均值作为比较回归模型的基准模型。毕竟，在基准模型中，我们使用算术均值，而在回归模型中，我们使用回归线来预测因变量。因此，一般来说，回归线肯定比 Y 的算术均值更接近观察到的 Y 值。据此我们也可以简单地将回归模型估

[①] 替代术语包括回归标准误（regression standard error）、估计标准误（standard error of estimate）、均方根误差（root mean squared error）和残差标准误（residual standard error）。
[②] 非正式地，我们可以将回归线视为代表全部的 Y 预测均值的一个整体。

计的残差的标准差（$\hat{\sigma}_\varepsilon$）与 Y 的标准差（$\hat{\sigma}_Y$）进行比较（Hamilton，1992）。假设 $\hat{\sigma}_Y$ 为 160，$\hat{\sigma}_\varepsilon$ 为 27，这清楚地表明我们的回归线比基线模型（水平线）更好地拟合了数据。在双变量回归中，由于只有一个自变量 X，可以说 X 是预测 Y 的有用变量。同样，用 $\hat{\sigma}_\varepsilon$ 作为指标，可以比较含有相同 Y 的几个竞争回归模型。此外，我们还可以考察有回归线的散点图的可视化方法作为前述数值方法的补充。

决定系数（Coefficient of determination，R^2）

决定系数（R^2）是常用于评价回归线的拟合优度的另一指标。① 决定系数为回归平方和（Explained sum of square，ESS）与总平方和（total sum of squares，TSS）的比：

$$R^2 = \frac{\text{ESS}}{\text{TSS}} = \frac{\sum \left(\hat{Y}_i - \bar{Y}_i\right)^2}{\sum \left(Y_i - \bar{Y}_i\right)^2} \tag{3.15}$$

让我们更直观地解释 R^2。② 如上所述，我们可以将 Y 的算术平均值作为我们的初始模型来预测因变量的值。为了便于说明，③ 我们仅采用某个特定的观测（22）。如图 3.3 所示，观测（22）的值（Y_{22}）远④ 离以水平线表示的 Y 均值模型（$\bar{Y}$）。Y_{22} 与 $\bar{Y}$ 之间的距离实际上表示未被均值模型解释的变化量，用 TSS 表示。⑤ 接下来，我们使用双变量线性回归模型（$\hat{Y}_i$）来替代 Y 均值模型，表示为预测因变量的斜线。如图 3.3 所示，由回归模型预测的 Y 值（$\hat{Y}_{22}$）显然更接近 Y_{22}。也就是说，回归模型在预测 Y_{22} 上大有改善。可以通过量化 $\bar{Y}$ 和 $\hat{Y}_{22}$ 之间的距离（ESS）来测量这一改善。如果我们想要知道回归模型（ESS）可以捕获或解释总变异（TSS）的多少，可以简单地采用 ESS 与 TSS 的比，如式（3.15）所示。顺便指出，总是存在回归模型无法捕获的一些变异（RSS），即 Y_{22} 和 $\hat{Y}_{22}$ 的差。其来自⑥：

$$\text{RSS} = \text{TSS} - \text{ESS}$$

---

① 在简单线性回归中我们使用"线"，而多元线性回归中"面"或"超面"。当然在两种情况下我们都可以使用"模型"这一术语。
② 类似的直观解释也可参见 Kahane（2011）。
③ 尽管我们只以 1 个观测样本为例，但应该记住我们的解释适用于全部数据点，因此我们使用适用于全部样本的记号 / 方程。
④ 通常情况下，均值模型是我们用于预测目的的最简单模型。
⑤ 在某种程度上你可把它看作 Y 均值模型的残差。由于其不能超过 Y 均值模型的残差，我们就把它称作总平方和（TSS）。
⑥ 根据式 (3.16)，你也可用 1–RSS/TSS 计算 R^2。

$$TSS = ESS + RSS \tag{3.16}$$

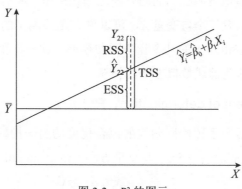

图 3.3　R^2 的图示

$R^2 = 0$ 意味着我们的回归模型不会比 Y 的均值模型做得更好;① 如果 $R^2 = 1$,它表示回归线穿过所有数据点。然而,这两种情况都不太现实。社会科学应用中更现实② 的情况是,R^2 通常更接近于 0 而不是 1。例如,R^2 值为 0.25 意味着因变量 25% 的变异可由回归模型解释。在双变量回归的情况下,③ 这意味着 X 解释了 Y 变异的 25%。

R^2 没有明确的阈值。R^2 的评估应基于实际考虑,而不是纯粹的统计数值。此外,不同的领域和研究问题可能对 R^2 的特定取值有不同的看法。需要考虑的另一个因素是模型中包含的预测变量个数。通常认为包含较少的预测变量而得到较大 R^2 的模型是一个较好的预测模型。通常做法是将 R^2 的评估与特定研究领域的传统做法相关联。如果真要给出一个经验法则,那么简单线性回归情形下,认为 $R^2 \leqslant 0.09$ 意味着较小的效应,R^2 在 0.1 到 0.3 之间是中等效应,$R^2 \geqslant 0.3$ 为较大的效应。

$\hat{\sigma}_\varepsilon$ 和 R^2 这两个指标④ 究竟该选择哪一个?我们通常建议同时使用 $\hat{\sigma}_\varepsilon$ 和 R^2(以及散点图)评价回归模型本身的拟合优度,建议用 $\hat{\sigma}_\varepsilon$ 比较同一因变量的竞争模型的拟合优度(Pardoe,2006)。$\hat{\sigma}_\varepsilon$、R^2 都是评估回归模型优度的综合标准,因为它们都全面衡量模型的效果。⑤ 评估回归模型的另一个方法是斜率系数的假设检验。

---

① 当回归模型只包含截距项时就得到这个结果(相应的 Stata 命令为 regress Y)。
② 异常高的 R^2 往往并不代表模型拟合良好,反而意味着回归模型可能存在问题。
③ 顺便指出,在双变量回归中,R^2 的平方根 R 等于 Y 和 X 之间的简单相关系数。
④ 对于多元回归,我们建议使用调整后 R^2,在后面讨论多元回归分析中我们会回到这个问题。
⑤ 在两变量回归模型中,由于只有一个自变量,R^2 的检验(用 F 检验计算)将等于自变量系数的检验($\sqrt{F}=t$),但在多元回归中这一关系并不成立。基于这个原因,本书对 F 检验的讨论将放在第 4 章。

3.2.3 斜率系数的假设检验

p 值法

如本章开头所述，回归分析的一个常见作用是假设检验。假设检验基于总体的一个随机样本来对总体进行推断，是推断统计（inferential statistics）的范畴。更具体地说，我们构造一个回归函数（$E[Y_i] = \beta_0 + \beta_1 X_i$），假设总体中自变量和因变量之间有线性关系（即 X 预测 Y）。由于没有总体数据，我们通过评估随机样本最小二乘估计（$\hat{Y}_i = \hat{\beta}_0 + \hat{\beta}_1 X_i$）来检验这个假设。

事实上，我们只使用一个样本意味着只有一个 $\hat{\beta}_1$（并且也只有一个 β_0）[①]，因此不能确定这个结果[②]是由于抽样误差产生的还是真的代表真实的总体参数（β_1）。所以，我们需要知道 $\hat{\beta}_1$ 的抽样分布以便进行推断。幸运的是，基于一些假设[③]，可以从中心极限定理推出，$\hat{\beta}_1$ 服从均值为 β_1（真实的总体斜率）、标准差为 $\sigma_{\hat{\beta}_1}$ 的正态分布。

我们可以将任意服从正态分布的随机变量（此处为 $\hat{\beta}_1$）转换成 z（z-score），即

$$z = \frac{\hat{\beta}_1 - \beta_1}{\sigma_{\hat{\beta}_1}} \tag{3.17}$$

并通过标准正态分布求得相应的概率值。然而，这里碰到的问题是我们并不知道式（3.17）中的分母（$\sigma_{\hat{\beta}_1}$）。

由于我们可计算得到斜率系数标准误的样本估计值；我们可以简单地用样本估计 $\hat{\sigma}_{\hat{\beta}_1}$ 代替 $\sigma_{\hat{\beta}_1}$。替换后的概率分布就从标准正态分布变为自由度为 $n-K$ 的 t 分布（Hamilton, 1992）：

$$t = \frac{\hat{\beta}_1 - \beta_1}{\hat{\sigma}_{\hat{\beta}_1}} \tag{3.18}$$

其中，

$$\hat{\sigma}_{\hat{\beta}_1} = \frac{\hat{\sigma}_{\hat{\varepsilon}}}{\sqrt{\sum (X_i - \bar{X})^2}} \tag{3.19}$$

[①] 在本章中，我们通常不做任何关于截距的假设，因此我们本节也仅关注斜率系数。
[②] 如果只是为了描述而使用回归分析，你可以简单地依赖估计而不必做任何假设检验。例如，当你只想了解特定样本中发生的情况或使用人口普查数据时，就可能会出现这种情况。
[③] 这些假设基本上就是（1）独立且（2）正态分布的误差项。在第 7 章我们将详细介绍这些假设。简言之，因为 OLS 估计是误差项的线性函数，所以正态分布的误差项可确保 OLS 估计也会服从正态分布。

现在我们就可检验 t 值是否来自 H_0 总体①。首先，我们需要设置原假设（H_0）和备择假设（H_1），表述如下：

$$H_0：\beta_1=0,\ H_1：\beta_1\neq 0$$

H_0 假设总体参数为 0，这意味着 Y 的均值（$E[Y_i]$）不会由于 X 的变化而改变（X 对 Y 没有影响）。相反，H_1 假设总体参数不为零，表明 Y 的均值（$E[Y_i]$）随 X 的变化而改变（X 确实对 Y 有影响）。

将样本估计值（$\hat{\beta}_1$ 和 $\hat{\sigma}_{\hat{\beta}_1}$）及原假设假定的总体参数（0）代入式（3.20）：

$$t=\frac{\hat{\beta}_1-0}{\hat{\sigma}_{\hat{\beta}_1}}=\frac{\hat{\beta}_1}{\hat{\sigma}_{\hat{\beta}_1}} \qquad (3.20)$$

式 3.20 可以推广为 $t_k=\hat{\beta}_k/\hat{\sigma}_{\hat{\beta}_k}$。查看理论 t 分布表②，我们找到结果 t 值／t 统计量（本质上为斜率系数）所对应的概率值，其通常被称为 p 值（也称为显著性值）。p 值是在原假设为真的情况下，获得等于（或大于）当前 t 值③ 的概率。我们也可以将 p 值定义为犯 I 类错误（错误地拒绝 H_0）的概率。

然后，我们选择一些任意界值为可接受的犯 I 类错误的最大概率。该概率值（称为 α）通常设置为 0.05。如果 t 统计量对应的 p 值（如 0.042）小于 α 值（0.05），拒绝原假设（X 不影响 Y），并接受备择假设（X 确实影响 Y）。此外，在社会科学应用中使用 0.001、0.01 甚至 0.1 的 α 值并不少见。

截至目前，我们都将讨论局限于双侧检验。这是因为 Stata 和其他统计程序在其标准输出中提供的 p 值都是基于双侧检验的。然而，在出版物中单侧检验并不罕见。当你指定假设的方向时，即使用单侧检验。如果有一个强有力的理论表明 X 对 Y 有正向作用，那么原假设和备择假设，表述如下：

$$H_0：\beta_1=0,\ H_1：\beta_1>0$$

如果你的理论表明 X 对 Y 有负向作用，那么原假设和备择假设表述如下：

$$H_0：\beta_1=0,\ H_1：\beta_1<0$$

---

① 另一种说法是，我们想要找出我们的样本估计是否来自 H_0 假设的总体或另一总体（其中 X 和 Y 之间存在关联）。出于某种原因（在此不深入探究），我们使用 H_0 进行假设检验，但实际上我们感兴趣的是找出变量间是否存在关联。

② 也可以使用 Stata 软件，通过命令 `display 2 * (ttail(df, abs(t-value)))` 来计算与 t 值对应的概率。然而，这些做法可能并非必要的，因为默认情况下，可以在 Stata 标准输出中获得斜率系数的 p 值。

③ t 值简单地显示了根据估计斜率的抽样分布的标准差，我们估计的斜率偏离真实参数零（均值）的程度。

在这两种情况下，要检验回归系数的显著性，你只需将双侧 p 值（Stata 输出中默认提供）除以 2。如果估计的回归系数的符号与预期方向一致并且 p 值小于 0.05，那么接受备择假设，但如果估计的斜率的符号与预期方向不一致，那么无论 p 值如何，都不能拒绝原假设。

置信区间法

另一种（信息更全面的）斜率系数假设检验方法是置信区间法。第一步是围绕估计系数构建 95% 的置信区间（双侧）[①]：

$$\text{下限为 } \hat{\beta}_1 - t_{n-K}(\hat{\sigma}_{\hat{\beta}_1}), \quad \text{上限为 } \hat{\beta}_1 + t_{n-K}(\hat{\sigma}_{\hat{\beta}_1}) \tag{3.21}$$

其中，$\hat{\beta}_1$ 是回归系数的点估计，$t_{n-K}(\hat{\sigma}_{\hat{\beta}_1})$ 代表误差幅度，t_{n-K} 由理论 t 分布[②]获得。

假如基于一个 95 个个体的随机样本进行回归分析（Y 对 X 的回归），得到回归系数为 31 644，标准误为 2 685，那么，斜率系数 95% 的置信区间为：

$$\text{下限为 } 31\ 644 - t_{95-2}(2\ 685) = 31\ 644 - 1.986 \times 2\ 685 = 26\ 312$$

$$\text{上限为 } 31\ 644 + t_{95-2}(2\ 685) = 31\ 644 + 1.986 \times 2\ 685 = 36\ 976$$

至此我们得到区间的上下限值，第二步将结果与原假设做比较。由于原假设假定自变量无影响，即 $\beta_1 = 0$，我们应该判断置信区间是否包含 0。计算所得区间（26 312，36 976）不包括 0，这意味着估计的斜率不太可能来自原假设定义的总体。因此，我们拒绝原假设，并接受备择假设，即认为自变量有影响。

3.2.4 线性回归预测

如前所述，回归分析的第二个目的是预测。预测就是估计 Y 的均值和个体 Y 值。由于前者在社会科学应用中更为典型，因此在此重点讨论。我们现在知道，用于预测 Y 均值的表达式为 $\hat{\beta}_0 + \hat{\beta}_1 X_i$ [见式（3.6）]。我们要做的就是代入 $\hat{\beta}_0$ 和 $\hat{\beta}_1$ 的估计值，并选择我们想要预测 Y 均值（$\hat{Y}_i$）的 X 的水平。假设我们基于一个包含 82 个观测的随机样本得到以下估计方程：

$$\hat{\beta}_0 + \hat{\beta}_1 X_i = 2\ 674\ 274 + 1\ 551\ 855 X_i$$

[①] 我们也可以建立不同置信度（90%、95% 或 99%）的区间。
[②] 当 n 变大（大于 100）时，t 分布近似于标准正态分布，因此 t_{n-K} 将近似等于 z 值（$\alpha=0.05$ 时其为 1.96）。如果 n 很小，那么有必要在 t 分布表（或使用软件）中找到 t_{n-K}，就像我们在下面的例子中做的那样，因此我们在公式中使用 1.986 而不是 1.96。

假设 X 的取值从 1 到 6，则有：

当 $X=1$ 时，$\hat{Y} = 2\,674\,274 + 151\,855 \times 1 = 2\,826\,129$；

当 $X=2$ 时，$\hat{Y} = 2\,674\,274 + 151\,855 \times 2 = 2\,977\,984$；

当 $X=3$ 时，$\hat{Y} = 2\,674\,274 + 151\,855 \times 3 = 3\,129\,839$；

当 $X=4$ 时，$\hat{Y} = 2\,674\,274 + 151\,855 \times 4 = 3\,281\,694$；

当 $X=5$ 时，$\hat{Y} = 2\,674\,274 + 151\,855 \times 5 = 3\,433\,549$；

当 $X=6$ 时，$\hat{Y} = 2\,674\,274 + 151\,855 \times 6 = 3\,585\,404$。

与斜率系数的估计类似，可以用以下公式①围绕预测均值 $\hat{Y}$ 构建置信区间：

$$\text{下限为 } \hat{Y}_i - t_{n-K}\left(\hat{\sigma}_{\hat{Y}_i}\right), \text{ 上限为 } \hat{Y}_i + t_{n-K}\left(\hat{\sigma}_{\hat{Y}_i}\right) \tag{3.22}$$

$$\hat{\sigma}_{\hat{Y}_i} = \hat{\sigma}_\varepsilon \sqrt{\frac{1}{n} + \frac{(X_P - \bar{X})^2}{\sum (X_i - \bar{X})^2}} \tag{3.23}$$

3.3 Stata 实例

本节使用真实数据集 *flat2.dta*，其中包括挪威某中型城市 2013 年上半年出售的 95 套公寓的信息。数据集包括价格、面积、位置、建造年限以及能源效率。价格最初以挪威克朗表示，但在以下分析中转换为美元。这里以数据集中公寓价格作为因变量（Y）、面积作为自变量（X）拟合简单线性回归模型，进一步假设总体中公寓价格均值将随着面积的变化（增加）而变化（增加），总体回归方程为：

$$E[flat\_price_i] = \beta_0 + \beta_1 floor\_size_i$$

我们通过 Stata 软件基于样本数据对上述方程进行最小二乘估计：

$$\widehat{flat\_price}_i = \hat{\beta}_0 + \hat{\beta}_1 floor\_size_i$$

Stata 采用 regress 命令（或者简写为 reg）来估计回归模型，最小二乘法是此命令默认的估计方法。命令格式为 reg 后面先接因变量，然后是一个或多个自变量，如：reg Y X。图 3.4 所示为我们采用该命令分析实例得到的结果，因变量为 *flat_price*，自变量为 *floor_size*。同时，结合图 3.4 中简要阐释我们之前介绍过的简单线性回归的不同概念。

---

① 尽管你可以尝试手动计算置信区间，但我们仍将在本章下一节中介绍在 Stata 中能为我们轻松做到这一点的强大命令 margins 以及其他几个相关的功能。

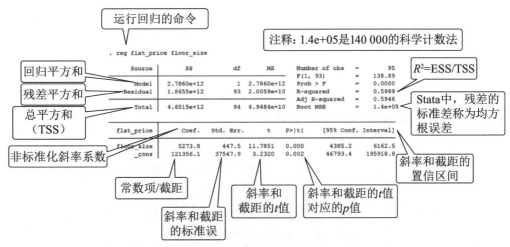

图 3.4 简单回归的 Stata 输出

回归结果首先输出的是评估回归模型的拟合优度的指标，包括我们前面提到的残差标准差（在 Stata 中称为 root MSE）和 R^2。首先来看残差标准差 1.4e+05（140 000），这意味着观察到的公寓价格偏离回归线平均 14 万个单位（美元）。比较回归模型的残差标准差（$\hat{\sigma}_\varepsilon$=140 000）与基准/均值模型的标准差（$\hat{\sigma}_Y$=222 450）[1]，不难发现 $\hat{\sigma}_\varepsilon$ 明显比 $\hat{\sigma}_Y$ 小得多，表明回归模型对预测公寓价格有很大的贡献。使用命令 graph twoway (scatter flat_price floor_size)(lfit flat_price floor_size) 得到散点图（见图 3.5）从而进一步支持这个结论。

如图 3.5 所示，观察到的公寓价格确实相对紧密地散布在回归线周围。回归模型的 R^2 值接近 0.6，这表明模型（仅包含一个变量 *floor_size*）解释了公寓价格变异的 60%。尽管没有任何明确的界值，但 60% 相对较高，这说明回归模型拟合很好，该模型预测公寓价格是有用的。然而，在许多实际研究中，因变量与自变量之间可能没有这么明显的强相关关系，因此如此之高的 R^2 值在社会科学研究出版物中较为少见。一般来说，在许多社会科学学科中，R^2 值为 0.20～0.30 即可认为模型是令人满意的。

除了评估拟合优度的方法外，我们接着应用 3S 准则考察估计得到的回归模型的其他重要成分。3S 分别代表斜率系数的符号（sign）、大小（size）和统计显著性（significance）。此处系数符号为正[2]，系数大小约为 5 274 美元，我们还观察到斜率系数假设检验的 *p* 值为

---

[1] 在 Stata 中使用以下命令得到 *Y* 的标准差：sum flat_price。
[2] 为了方便演示，本例采用最常用的双侧检验，但在实践中，研究人员可以在进行数据收集之前就明确是否可采用单侧检验，并贯穿分析始终。

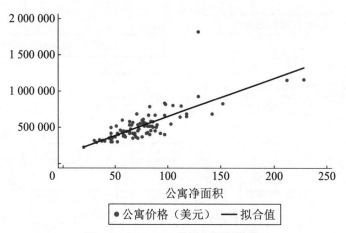

图 3.5 flat prices 的拟合回归曲线

0.000 0[①]。如果将这 3 个成分放在一起，其解释就是面积对公寓价格有统计上显著的正效应。此外，我们可以说面积每增加一平方米，公寓价格平均（或者平均公寓价格）增加约 5 274 美元。虽然 $\hat{\sigma}_\varepsilon$ 和 R^2 已经确认回归模型的拟合优度，通过判断斜率的大小也可以看出确实如此。此外，难以想象公寓面积为 0，在这种情况下解释截距/常数项是不合理的。

我们还可以基于不同的面积预测公寓的平均价格来进一步拓展对回归模型结果的解释。之前我们已经演示如何手动做到这一点。但这次我们可以使用一个非常有用的 Stata 命令 margins 来获得这些预测值。此命令及其扩展不仅可以用于计算预测值以及置信区间（CI），还可以提供可视化图。使用 margins 之前，我们要先决定想用来预测公寓平均价格的自变量的取值。

由于面积是取值为 20～228 的连续变量，计算每个取值对应的预测值是不明智的。假设出于某种原因（理论的和/或实践的）我们对 60～220 平方米，以 20 单位为增量（60，80，100……）的公寓感兴趣，我们用 Stata 计算这些房屋面积对应的预测公寓价格，如图 3.6 所示。结果显示 60 平方米的公寓预测的平均出售价格为 437 785 美元（CI：405 061-470 509）。

```
margins, at(floor_size = (60(20)220))
```

---

① p 值永远不可能恰好为 0。这里其非常接近于 0，用 0.0000 表示。

```
. margins, at(floor_size=(60(20)220))

Adjusted predictions                              Number of obs  =       95
Model VCE    : OLS
Expression   : Linear prediction, predict()
1._at        : floor_size       =        60
2._at        : floor_size       =        80
3._at        : floor_size       =       100
4._at        : floor_size       =       120
5._at        : floor_size       =       140
6._at        : floor_size       =       160
7._at        : floor_size       =       180
8._at        : floor_size       =       200
9._at        : floor_size       =       220
```

	Margin	Delta-method Std. Err.	t	P>|t|	[95% Conf.	Interval]
_at						
1	437784.7	16479	26.57	0.000	405060.7	470508.7
2	543260.9	14578.59	37.26	0.000	514310.7	572211.1
3	648737.1	17712.04	36.63	0.000	613564.5	683909.7
4	754213.3	23981.26	31.45	0.000	706591.3	801835.4
5	859689.5	31570.38	27.23	0.000	796997	922382.1
6	965165.8	39730.1	24.29	0.000	886269.7	1044062
7	1070642	48171.32	22.23	0.000	974983.3	1166301
8	1176118	56768.6	20.72	0.000	1063387	1288849
9	1281594	65460.49	19.58	0.000	1151603	1411586

图 3.6 使用 margins 命令预测公寓价格

此外，运行命令 margins 后再输入 marginsplot，可以得到这些预测值及其 95% 置信区间的图示（如图 3.7 所示）。

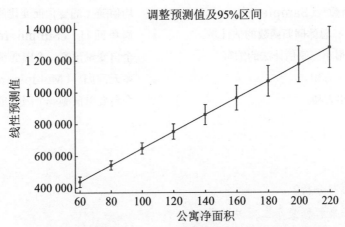

图 3.7 使用 marginsplot 命令绘制的预测均值可视化图

目前为止,我们仅仅全面讨论了简单线性回归分析。尽管这有助于用一种简单的方式解释回归分析中较难的概念,但简单线性回归在通常依赖和使用非实验数据的社会科学中并不常用。这意味着我们需要详细介绍多元回归分析,而这正是下一章的任务。

3.4 总结

回归分析是一种简单且灵活的统计方法,(通过其扩展)可以解决社会科学中的各种复杂的研究问题。深刻理解回归的概念将为理解统计建模提供一个坚实的基础。换句话说,回归分析不仅应被视为一种统计技术,更应被视为一种思维方式。这就是我们为什么要花时间在本章中借助简单的回归来详细解释回归的许多概念。本章还介绍了 Stata 中回归分析相关的基础命令。然而,Stata 提供了更多其他的功能,可以通过输入 `help regress` 来探索。

 关键术语

- 期望值(Expected value):分布的均值。
- 总体回归函数(Population regression function):我们对总体中变量关系的想法。
- 样本回归函数(Sample regression function):总体回归函数的估计。
- OLS:普通最小二乘估计法的缩写。
- RSS:残差平方和。
- ESS:回归平方和。
- TSS:总平方和。
- Root MSE:误差均方根或残差标准差。
- R^2:决定系数,解释变异所占的比例。
- 回归系数(Regression coefficient):Y 的均值随 X 的变化而变化的比。
- 简单回归(Simple regression):一个自变量预测一个因变量。
- 多元回归(Multiple regression):多个自变量预测一个因变量。

问题

1. 什么是回归分析?
2. 通过例子来解释最小二乘法的原理。

3. 如何评价简单回归模型的拟合优度？

4. 估计回归模型并解释输出结果。

延伸阅读

Dougherty, C. (2011) *Introduction to Econometrics* (4th edn). Oxford: Oxford University Press.

这是一本关于计量经济学方法的书，详细解释了线性回归的原理。本书还涉及回归分析相关的若干高级主题。

Gordon, R.A. (2010) *Regression Analysis for the Social Sciences* (4th edn). Abingdon: Routledge.

这是从应用的角度系统介绍线性回归分析的书籍。书中提供众多例子，并附有 Stata 代码和输出的附录。

Hamilton, L.C. (1992) *Regression with Graphics: A Second Course in Applied Statistics.* Belmont, CA: Duxbury Press.

这是一本为社会学学生撰写的关于线性回归分析的教材，技术性较强但还是比较容易理解的。书中也提供一些 Stata 的输出结果。

参考文献

Dougherty, C. (2011) *Introduction to Econometrics* (4th edn). Oxford: Oxford University Press.

Fox, J. (1997) *Applied Regression Analysis, Linear Models, and Related Methods.* Thousand Oaks, CA: Sage.

Gordon, R.A. (2010) *Regression Analysis for the Social Sciences* (4th edn). Abingdon: Routledge.

Hamilton, L.C. (1992) *Regression with Graphics: A Second Course in Applied Statistics.* Belmont, CA: Duxbury Press.

Kahane, L.H. (2001) *Regression Basics.* London: Sage.

Lewis-Beck, M.S. (1980) *Applied Regression: An Introduction*, Quantitative Applications in the Social Sciences, Vol. 07-022. Newbury Park, CA: Sage.

Midtbø, T. (2007) *Regresjonsanalyse for samfunnsvitere [Regression Analysis for Social Scientists].* Oslo: Universitetsforlaget.

Pardoe, I. (2006) *Applied Regression Modeling: A Business Approach.* Hoboken, NJ: John Wiley & Sons.

Pedace, R. (2013) *Econometrics for Dummies.* Hoboken, NJ: John Wiley & Sons.

4.1 多元线性回归分析

4.2 Stata 实例

4.3 总结

关键术语

问题

延伸阅读

参考文献

4

多元回归

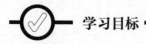

学习目标

- 理解多元回归背后的推理
- 应用和拓展简单回归的概念到多元回归中
- 学习评估多元回归模型的拟合效果
- 理解并解释多元线性回归分析
- 建立多元回归模型和使用 Stata 对其进行估计

上一章介绍了简单（双变量）回归的知识，本章将线性回归分析的范围拓展到多元回归。因此，我们建议读者在学习本章之前先阅读上一章。本章介绍多元回归分析在社会科学中得到普及的主要原因，并解释如何建立、估计和评价多元回归模型。其中，本章重点介绍调整 R^2、偏回归系数和回归系数的相对重要性等典型的多元回归概念。在介绍这些概念的基础之上，本章还演示如何用 Stata 来估计多元回归模型并解释 Stata 的输出结果。

4.1 多元线性回归分析

多元线性回归分析是对简单线性回归分析的拓展。简单回归用于考察一个自变量和一个因变量之间的关系，而多元回归分析则用于考察一个连续因变量和两个或更多的连续自变量和/或分类自变量之间的关系。我们希望在概念模型中包括多个自变量的一个原因是，人类行为是一种复杂的现象，会受到各种因素影响，我们需要考虑这些因素以获得对所研究现象更全面的认识。第二个更为重要的原因是，在考虑或控制其他可能影响现象的相关因素（例如，经验、教育水平）下估计一个因素（例如，性别）对现象（例如，年薪）的效应（Keith，2006）。

上一章简单回归框架中学习的回归概念（只需做一些小的调整）可直接推广到多元回归中。我们首先建立一个基于理论的概念模型，其数学表达式如下：

$$Y_i = \beta_0 + \beta_1 X_{1i} + \beta_2 X_{2i} + \cdots + \beta_k X_{ki} \tag{4.1}$$

与简单回归模型的情况相似，可以更确切地表示为①：

$$E[Y_i] = \beta_0 + \beta_1 X_{1i} + \beta_2 X_{2i} + \cdots + \beta_k X_{ki} \tag{4.2}$$

---

① $E[Y_i]$ 实际上应读作 $E[Y_i|X_{1i},\cdots,X_{ki}]$。

β_0（截距/常数项）是当模型中的所有自变量都等于零（$X_1, X_2, \cdots, X_k = 0$）时，$Y$ 的均值。β_1 为回归系数，表示在保持模型中所有其他自变量的值恒定的条件下，X_1 每增加一个单位，Y 均值的变化量。这也同样适用于对回归模型中其他自变量的系数（$\beta_1, \beta_2, \cdots, \beta_k$）的解释。

同样，由于仍然存在的误差项（虽然小于简单回归中的误差）导致观察到的个体 Y 值围绕 $\mathrm{E}[Y_i]$ 上下波动，我们引入误差项，

$$\varepsilon_i = Y_i - \mathrm{E}[Y_i] \tag{4.3}$$

其中，$\mathrm{E}[Y_i] = \beta_0 + \beta_1 X_{1i} + \beta_2 X_{2i} + \cdots + \beta_k X_{ki}$，因此，

$$Y_i = \mathrm{E}[Y_i] + \varepsilon_i \tag{4.4}$$

如果替换 $\mathrm{E}[Y_i]$，那么 $Y_i = \beta_0 + \beta_1 X_{1i} + \beta_2 X_{2i} + \cdots + \beta_k X_{ki} + \varepsilon_i \tag{4.5}$

4.1.1 估计

第 3 章介绍的用于简单线性回归模型的最小二乘法同样可以应用于有多个自变量的情况。当模型中包括多个自变量时，模型的估计和可视化变得很复杂，因此，我们将在包括不多于两个自变量的多元回归框架下讨论多元回归的概念。其样本回归方程如下：

$$\hat{Y}_i = \hat{\beta}_0 + \hat{\beta}_1 X_{1i} + \hat{\beta}_2 X_{2i} \tag{4.6}$$

这里，我们同样通过最小二乘法得到截距和斜率的最佳估计值使残差平方和最小，或者回归平面在平均意义上最接近所有观察到的个体 Y 值（见图 4.1）①。

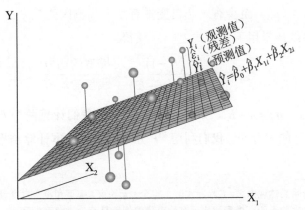

图 4.1　多元回归中的最小二乘原理

---

① 当回归模型中自变量的个数为 1 个、2 个或多于 2 个时，回归模型在几何图示中分别为直线、平面或超面。

$$\min \sum \hat{\varepsilon}_i^2, \quad 其中 \hat{\varepsilon}_i^2 = (Y_i - \hat{Y}_i)^2 \tag{4.7}$$

在简单回归模型中，我们提供两个公式用来计算回归系数，其使残差平方和（RSS）最小。显然，这里不能直接把这些公式应用到多元回归情形，然而在这两种情况下，推导回归系数的基本思想是相同的。随着自变量数量的增加，在数学上更难用手工方式来计算回归系数，但是通过应用矩阵代数方法，统计软件很容易处理这项任务。因此，我们将跳过数学方面的细节，转而用软件输出的结果。

4.1.2 拟合优度和 F 检验

多元回归模型的拟合优度也可以用残差标准差（$\hat{\sigma}_\varepsilon$）和决定系数（R^2）两个指标来评估。上一章中关于这两个指标的解释也可直接应用到多元回归中。简言之，$\hat{\sigma}_\varepsilon$ 越小或 R^2 越大，可以认为这个模型对数据拟合得越好。

在多元回归情况下，专门考察与模型的 R^2 相关的整体 F 检验才合理。直观来看，F 检验是检验模型所解释的变异（决定系数，R^2）是否在统计学上显著不等于 0。更准确地说，这意味着检验模型中所有自变量的回归系数是否都等于零（Gordon，2010）。我们将 F 检验正式应用于三变量回归模型：

$$H_0: \beta_1 = \beta_2 = 0,$$

（即，没有一个自变量有助于预测因变量）

$$H_1: 两个系数中至少有一个不为 0;$$

（即，至少有一个自变量有助于预测因变量）。

用于检验的 F 统计量用下列公式之一[①] 获得：

$$F_{df_2}^{df_1} = \frac{R^2/(K-1)}{(1-R^2)/(n-K)} 或 \frac{模型的均方}{残差的均方} \tag{4.8}$$

其中 $df_1 = K-1$，$df_2 = n-K$。如式（4.8）所示，我们计算两个方差之比。该比值服从自由度为 df_1 和 df_2 的 F 分布。我们利用[②]F 分布来找到样本计算结果 F 统计量所对应的

[①] 尽管在公式中并未明显体现出来，F 检验实际上将全（无约束）模型和没有自变量（Y 的算术均值）的（有约束）模型进行比较，检验无约束模型相比于有约束模型能否显著改进模型的预测。我们很容易就能将这一思路扩展至对回归模型中部分自变量联合检验。

[②] 这里假设误差项满足正态分布。更多关于回归模型假设的讨论参见本书第 7 章。

概率值[①]。如果该 p 值小于选定的 α 值（最常见的是 0.05），则拒绝原假设，即没有一个自变量有影响，并接受至少有一个自变量对因变量有影响的备择假设。为了准确地确定哪个/哪些自变量有影响，我们可对模型中估计的系数逐个进行 t 检验。显然，如果 p 值高于选定的 α 值，我们将不能拒绝原假设。在这种情况下，通常没有理由逐个检验估计的回归系数。

4.1.3 调整 R^2

调整 R^2（表示为 R_a^2），顾名思义，它是普通 R^2 调整或修正后的形式。当在回归模型中增加自变量时，无论加入的变量是否相关或有用，普通 R^2 总是增加，即从不减少（Pedace，2013）。这样一来，R^2 增加的假象可能导致我们对回归模型解释力的误判。调整 R^2 通过对增加自变量的数量施加惩罚来解决这一问题，如式（4.9）所示：

$$R_a^2 = R^2 - \frac{K-1}{n-K}(1-R^2) \qquad (4.9)$$

换句话说，如果增加的自变量对回归模型的解释力没有显著贡献，则 R_a^2（与 R^2 相反）实际上会减小（Pardoe，2006）。这就是 R_a^2 常被用于判断多元回归模型拟合优度的原因。然而，我们认为基于坚实的理论基础建立的多元回归模型中，R_a^2 和 R^2 之间的差距将是微不足道的。此外，R_a^2 仅用于补救 R^2 可能存在的问题，它不能解决回归模型中任何其他可能存在的问题（如错误设定）（Dougherty，2011）。

4.1.4 偏回归系数

之前我们提到，多元回归分析受青睐的主要原因在于它是一种允许统计控制或调整的技术。那么什么是我们所说的"统计控制"呢？

简言之，严格的实验研究确保可比性。例如，如果一项研究的目的是确定训练项目对演讲表现的影响，则在实验研究中，通过精心设计演讲进行的条件（室温、观众），以及采用随机分配保证其余所有特征（性别，年龄等）在实验组和对照组（采用随机分配）中平均保持相同或相等，可以说两组是可比的。此时我们可以使用简单回归来比较两组的演讲表现。两组之间显著差异可以直接归因于训练项目，而不是其他因素。在这个例子中我们所做的是通过设计消除了所有其他可能因素的影响，从而得以真正

[①] 尽管 Stata 在输出中默认给出 p 值，但你也可用以下命令 `di Ftail(df1, df2, F-value)` 计算任意 F 统计量的 p 值。

确认训练项目对演讲表现的影响。

如果我们采用调查研究（非实验设计）解决同一个研究问题，首先必须收集演讲进行的条件（室温、观众等），以及所有参加者其余的特征（性别、年龄等）等信息，我们认为这些因素可能会影响演讲表现。然后再用多元回归分析[①]对两组的演讲表现进行比较，同时将所有额外信息（通常称为控制变量或协变量）包含在回归模型中（Hamilton，1992）。在这种情况下，两组之间的显著的差异只能通过理论或逻辑推理归因于训练项目。在这里所做的就是通过消除所有其他可能因素的影响，从而确定训练项目对演讲表现的影响。

换句话说，只有将控制变量（如 X_2）的值设置为常数时，我们才能够识别自变量（X_1）对因变量（Y）的单独效应。从数学角度看，这就等同于说在 X_2 的两个不同取值下，X_1 的两个取值（例如，14 和 15）Y 预测均值之间的差值是相同的。注意，我们在下面的两个等式中将 X_2 保持特定值[②]（37.15、44）不变，计算 X_1 的不同取值（14、15）所对应 Y 预测均值，并计算 Y 预测均值之间的差（就是 X_1 的回归系数）。

$$\hat{Y}_i = \hat{\beta}_0 + \hat{\beta}_1 X_{1i} + \hat{\beta}_2 X_{2i}$$

$\hat{Y}_i = -90.3 + 16.8 \times 14 + 2.23 \times 37.15 = 228$ $\hat{Y}_i = -90.3 + 16.8 \times 14 + 2.23 \times 44 = 243$

$\hat{Y}_i = -90.3 + 16.8 \times 15 + 2.23 \times 37.15 = 245$ $\hat{Y}_i = -90.3 + 16.8 \times 15 + 2.23 \times 44 = 260$

差值=17   差值=17

正如我们所预料的一样，这些方程计算无误，因为它们对回归系数 X_1 和 X_2 的估计已经消除了 X_1 和 X_2 彼此之间以及对 Y 的影响。为了消除 X_2 对 Y 的影响，做 Y 对 X_2 的回归，并获得残差 $Y_i - \hat{Y}_i$。为了消除 X_2 对 X_1 的影响，做 X_1 对 X_2 的回归，并获得残差 $X_i - \hat{X}_i$。最后，做 $Y_i - \hat{Y}_i$ 对 $X_i - \hat{X}_i$ 的回归，获得 X_1 的回归系数，称为"偏回归系数"（Hamilton，1992）。应用完全相同的过程估计 X_2 的偏回归系数。然而，如前所述，回归系数的推导是通过统计软件应用矩阵代数来完成的。

[①] 需要特别注意的是，多元回归分析不能替代实验设计：第一，尽管我们收集额外的信息，但总是存在测量误差；第二，基于实践可行方面的考量，我们无法收集全部可能影响因素的信息；第三，我们需要理论和/或常识来确立多元回归分析所发现关系的因果性。但尽管如此，我们仍认为通过多元回归分析进行统计控制或调整是一种实用的方法。

[②] 我们通常让控制变量的取值等于其均值。在本例中，左边的公式让 X_2 等于其均值 37.15，而右边的公式则让 X_2 等于一个随机选定的数值 44。

现在所得到的回归系数是偏/控制/调整的值，并且应据此对其进行解释。我们通常会说，$\hat{\beta}_1$ 是控制 X_2 时，X_1 每增加一个单位 Y 预测均值的变化量；同样，$\hat{\beta}_2$ 是控制 X_1 时，X_2 每增加一个单位 Y 预测均值的变化量。相比简单回归，多元回归分析进行了统计控制或调整，因此估计的回归系数具有较小的偏差（高估或低估）。

偏回归系数的假设检验与简单线性回归中介绍的方法[1] 相同[式（3.17）]。采用和简单回归同样的方法[式（3.19）]构建偏回归系数的置信区间。在两种情况下，如公式所示，多元回归中的唯一变化是由于自变量不止一个而导致的自由度的减小。

4.1.5 多元回归预测

与简单回归一样，多元回归分析的两个主要目的之一是预测因变量的值。在简单回归中，我们试图给定自变量（X_1）的特定值来预测 Y 的均值，而在多元回归中，我们希望给定自变量（X_1、X_2 等）的组合来预测 Y 的均值。例如，在三变量多元回归中，我们要做的是代入 $\hat{\beta}_0$、$\hat{\beta}_1$、$\hat{\beta}_2$ 的估计值以及 X_1 和 X_2 的取值。假如我们有以下估计方程：

$$\hat{Y}_i = \hat{\beta}_0 + \hat{\beta}_1 X_{1i} + \hat{\beta}_2 X_{2i} = 2\,674\,274 + 151\,855 X_{1i} + 100\,000 X_{2i}$$

假如我们想要预测当 $X_1 = 3$ 且 $X_2 = 5$ 时 Y 的均值，则有

$$\hat{Y}_i = \hat{\beta}_0 + \hat{\beta}_1 X_{1i} + \hat{\beta}_2 X_{2i} = 2\,674\,274 + 151\,855 \times 3 + 100\,000 \times 5 = 3\,629\,839$$

通过以上过程，我们可以预测在关注的自变量取值范围内的任意值的组合所对应的 Y 均值。此外，正如在简单回归中所做的那样，我们也可以围绕 Y 预测均值构建[2] 置信区间。然而，在多元回归情况下，需要进行两个微小的调整：一个是在量化 t 值时自由度的减少，另一个是利用矩阵代数使式（3.21）更加一般化，以便于估计 Y 预测均值的标准误。这很容易通过 Stata 命令完成，我们将在本章后面部分介绍其应用。

---

[1] 在公式（3.18）中，分母中的 $\sum(X_i - \bar{X})^2$ 反映 RSS（由于 X 是唯一自变量，RSS=TSS），而在多元回归的对应公式中是将一个自变量对模型中所有其他变量进行回归后得到的 RSS。
[2] 尽管你可以手动计算置信区间，但在本章后面的小节中我们会展示 Stata 中能为我们轻松做到这一点的强大命令 margins，以及其他几个相关的功能。

4.1.6 标准化和相对重要性

当我们对多元回归模型中的所有自变量都使用相同的尺度（如 7 分量表）测量时，我们可以直接比较对应的未标准化或原始偏回归系数的大小，并识别每个自变量的相对重要性。然而，在社会科学研究中，多元回归模型中的自变量通常有着不同的测量单位或使用非直观的测量。在这种情况下，可以使用标准化系数（也称为 β 系数）来确定自变量的相对重要性（Allison, 1999）。标准化系数就是采用自变量和因变量的标准化得分即 z 值（$(X_i - \bar{X})/\hat{\sigma}_X$）建立多元回归模型得到的系数。① 或者，可以使用非标准化系数直接得到标准化系数（$\hat{b}_k$）：

$$\hat{b}_k = \hat{\beta}_k \left(\frac{\hat{\sigma}_{X_k}}{\hat{\sigma}_Y} \right) \tag{4.10}$$

公式（4.10）所做的是将原始尺度转化为标准差来解释效应。我们会说"在控制其他变量的情况下，X_k 每增加一个标准差，Y 平均变化 $\hat{b}_k$ 个标准差"。除非自变量高度相关，否则标准化系数都在 –1 到 +1 之间变化。标准化系数越接近 ±1，自变量和因变量之间的关系越强。一般来说，根据经验，我们认为 $\hat{b}_k \leqslant 0.09$ 说明影响较小，$\hat{b}_k$ 在 0.1 到 0.2 之间说明存在中等程度的影响，$\hat{b}_k \geqslant 0.2$ 说明影响较大。

还有另外两个指标可以用于评估多元回归中自变量的相对重要性，分别是偏相关系数和半偏相关（参见 Warner, 2008：447）。在偏相关中，控制变量与因变量和自变量共享的变异均被去除，而在半偏相关中，仅控制变量与自变量共享的变异被去除。对这两个相关的平方均可以衡量自变量单独解释因变量的不同的共享变异的比例。半偏相关的平方更为常用是因为因变量对于所有自变量保持相同。半偏相关的平方表示从模型中移除感兴趣的变量后 R^2 的减少量，从而反映其特有的贡献。

虽然标准化系数、偏相关和半偏相关似乎使得对相对重要性的评估更为容易，我们还是建议研究人员首先检查和自然度量单位相联系的非标准化系数，以便确定变量在多元方程中的相对重要性。这将有效防止研究人员完全依赖于标准化措施，从而避免某些实际场合中产生错误的结论。②

---

① 此时，回归方程的截距项等于 0。
② 例如，在进行跨总体比较时，标准化系数可能会产生很大的误导，因为每个总体中的变量都有不同的标准化。

4.2 Stata 实例

在本节中，我们将用假想数据集（*present.dta*）来阐明 Stata 进行多元回归的流程。假设现在已经估计了一个多元回归模型，用变量 *present_value*（为伴侣的生日礼物花费的美元）对两个态度变量（其中一个衡量一个人认为她或他的伴侣对他/她的吸引力，另一个衡量该人认为的她/他的伴侣的亲和度，1—7 级量表）以及年龄变量进行回归。假设对于总体而言，一个人认为其伴侣越有吸引力，越亲和，年龄越大，花费在给伴侣礼物上的钱将平均增加，这可以表示为

$$E[Present\_Value_i] = \beta_0 + \beta_1 Attractiveness_i + \beta_2 Kindness_i + \beta_3 Age_i$$

接下来，我们将使用 Stata 基于样本数据采用 OLS 方法来估计总体方程：

$$\widehat{Present\_Value_i} = \hat{\beta}_0 + \hat{\beta}_1 Attractiveness_i + \hat{\beta}_2 Kindness_i + \hat{\beta}_3 Age_i$$

为此，只需使用与简单回归中相同的命令并增加额外的自变量（见图 4.2）。通过在逗号后添加 `beta` 选项，就能估计并显示标准化的回归系数[①]（见图 4.3）。

```
. reg Present_Value Attractiveness Kindness Age

    Source |       SS       df       MS              Number of obs =      20
-----------+------------------------------           F(  3,    16) =   14.39
     Model | 698034.608      3  232678.203           Prob > F      =  0.0001
  Residual | 258623.592     16  16163.9745           R-squared     =  0.7297
-----------+------------------------------           Adj R-squared =  0.6790
     Total |  956658.2     19  50350.4316           Root MSE      =  127.14

-------------------------------------------------------------------------------
Present_Value |   Coef.   Std. Err.      t    P>|t|     [95% Conf. Interval]
--------------+----------------------------------------------------------------
Attractiveness|  49.48174   19.41294    2.55   0.021     8.328152    90.63532
      Kindness|  33.93441   14.94049    2.27   0.037     2.26198     65.60683
           Age|  5.595464   2.58597    2.16   0.046     .1134516    11.07748
         _cons| -66.95579   84.62477   -0.79   0.440    -246.3523    112.4407
-------------------------------------------------------------------------------
```

图 4.2 多元回归的 Stata 输出

[①] 也称作完全标准化系数（complete standardized coefficients）。如果你在运行 reg 命令之后输入 `listcoef`，会得到半标准化系数（semi-standardized coefficients）。`listcoef` 可通过输入 `net install sg152, from (http://www.stata.com/stb/stb57)` 下载并安装。

```
. reg Present_Value Attractiveness Kindness Age, beta

      Source |       SS       df       MS              Number of obs =      20
-------------+------------------------------           F(  3,    16) =   14.39
       Model |  698034.608     3   232678.203          Prob > F      =  0.0001
    Residual |  258623.592    16   16163.9745          R-squared     =  0.7297
-------------+------------------------------           Adj R-squared =  0.6790
       Total |   956658.2     19   50350.4316          Root MSE      =  127.14

----------------------------------------------------------------------------
 Present_Value |    Coef.   Std. Err.      t    P>|t|                   Beta
---------------+------------------------------------------------------------
 Attractiveness|  49.48174   19.41294     2.55   0.021                .3949602
       Kindness|  33.93441   14.94049     2.27   0.037                .3534765
            Age|  5.595464   2.58597      2.16   0.046                .3236054
          _cons| -66.95579   84.62477    -0.79   0.440                       .
----------------------------------------------------------------------------
```

图 4.3 带有 beta 选项的多元回归的 Stata 输出

如图 4.2 和图 4.3 所示，当在命令中添加 beta 选项时，输出结果中不再包含置信区间。如果不需要输出置信区间，用这个命令就可以，否则就需要运行两个命令，如图 4.2 和图 4.3 所示。有时研究人员也可能想要构建标准化回归系数的置信区间，就需要在 Stata 中先标准化回归方程中所有变量，输入 egen z_Age = std(Age)，egen z_Kindness = std(Kindness) 等，然后再基于标准化变量使用 reg 命令来估计多元回归模型。输出的默认系数与图 4.3 中的 Beta 值相同，而且还可以得到这些系数的置信区间。

输出部分还包含多元回归模型的拟合优度。如图 4.3 所示，root MSE（残差的标准差）约为 127，表明观察到的 *Present_Value* 值平均偏离估计/预测值 127 美元。同时，127 远小于 *Present_Value* 的标准差（224），这表明多元回归模型（而不是基准/均值模型）对预测 *Present_Value* 有相当大的贡献。R^2（0.73）和 R_a^2（0.68）相对较大，进一步证实了模型对数据的拟合较好。我们认为这些值是一个大影响的标志。注意到调整后 R^2 下降了 5%，如果我们不慎将几个不相关的自变量纳入模型，R_a^2 肯定会比 0.68 小很多。

与模型的 R^2 相关的 F 检验统计上显著，因为 p 值明显低于选定的 α 值（0.05）。这意味着我们将拒绝原假设（没有一个自变量有影响），接受备择假设，至少有一个自变量对因变量有影响。当 F 检验结果统计上显著，类似于简单分析的做法，我们还可以进一步采用 3S 标准来考察模型的各个部分。

3 个系数的符号表明每个自变量和因变量之间的正向关系。我们进一步发现所有的系数都是统计上显著的（不同于 0），因为它们各自的 p 值均低于我们选定的 α 值（0.05）。简言之，在保持其他条件不变（ceteris paribus）的情况下，*Attractiveness*、*Kindness* 或

Age 每增加一个单位，*Present_Value* 将平均增长它们各自的系数。[①] 如果想要识别和比较这 3 个变量的重要性，我们之前阐述过除了根据它们的非标准化系数解释影响之外，还可以使用两个标准化的指标。

第一个选择是检查标准化系数（beta）的大小。*Attractiveness*、*Kindness* 和 *Age* 的 beta 系数分别约为 0.39、0.35 和 0.32。根据前面提到的一般准则，它们都大于 0.20，表明每个自变量都有很大的影响。相比较而言，我们构建标准化系数间差异的检验统计量，使用 Stata 中的 test 命令检验其显著性。在这之前，需要使用变量的标准化格式重新估计整个模型。此时得到的系数就是标准化系数。我们可以检验标准化系数[②]是否相等，如图 4.4 所示。从所得结果可以看出，任何一对标准化系数之间的比较均没有统计显著性。这表明 *Attractiveness*、*Kindness* 和 *Age* 对因变量产生同等影响。

```
. test z_Attractiveness = z_Kindness

 ( 1)  z_Attractiveness - z_Kindness = 0

        F(  1,    16) =    0.03
             Prob > F =    0.8742

. test z_Attractiveness = z_Age

 ( 1)  z_Attractiveness - z_Age = 0

        F(  1,    16) =    0.09
             Prob > F =    0.7724

. test z_Kindness = z_Age

 ( 1)  z_Kindness - z_Age = 0

        F(  1,    16) =    0.01
             Prob > F =    0.9043
```

图 4.4 检验标准化系数的是否相等

第二个方法是用平方半偏相关计算，如图 4.5 所示。[③]*Attractiveness*、*Kindness* 和 *Age* 分别解释了因变量变异的 11%、9% 和 8%。此外，由于 3 个自变量之间的相关关系，

[①] *ceteris paribus*，拉丁语，意思是"其他条件不变"。
[②] 我们比较标准化系数的原因在于变量 Age 的测量尺度不同于变量 Attractiveness 和 Kindness。否则我们可以用命令 test Attractiveness = Kindness 直接检验 Attractiveness 和 Kindness 的系数是否相同。当然也可用命令 lincom Attractiveness - Kindness，该命令也用于比较标准化系数。
[③] 命令 pcorr 也会计算平方偏相关（squared partial correlations）。你也可以在运行 reg 命令估计回归模型后输入 estat esize 得到这一指标。

平方半偏相关之和并不等于整个模型的 R^2。也就是说差异（73%-28%）意味着由两个或多个自变量解释了方差中相同的部分（因此并非独有）。

```
. pcorr Present_Value Attractiveness Kindness Age
(obs=20)

Partial and semipartial correlations of Present_Value with

                Partial     Semipartial     Partial     Semipartial     Significance
   Variable     Corr.       Corr.           Corr.^2     Corr.^2         Value

  Attractiv~s   0.5374      0.3313          0.2888      0.1098          0.0215
     Kindness   0.4938      0.2952          0.2438      0.0872          0.0373
          Age   0.4758      0.2813          0.2264      0.0791          0.0460
```

图 4.5　平方半偏相关

此外，我们还可以使用之前解释过的置信区间法来检验系数的显著性。图 4.2 显示了系数的 95% 置信区间。可以看到，所有置信区间都不包括零值，表明所有系数在统计学上不等于零。这个结果与 p 值法一致。如果我们由于某种原因希望得到系数的 90% 置信区间，我们可以简单地输入 `reg Present_Value Attractiveness Kindness Age, level(90)`。

使用回归模型，除了能分析自变量的影响之外，还可以进一步用回归估计来预测因变量。和简单回归分析一样，我们也使用 `margins` 和 `marginsplot` 命令。假如我们想获得那些给伴侣吸引力评级为 7、亲和度评级为 7 且年龄为 50 岁的人在礼物上的平均花费（Y 的预测均值），我们可以使用如下 `margins` 命令。你还可以把这个做法推广到更复杂的预测。`margins` 命令的另一个优点是可以得到标准误（见图 4.6）。

```
. margins, at(Attractiveness=7 Kindness=7 Age=50)

Adjusted predictions                              Number of obs   =         20
Model VCE    : OLS

Expression   : Linear prediction, predict()
at           : Attractive~s    =           7
               Kindness        =           7
               Age             =          50

                         Delta-method
              Margin     Std. Err.       t      P>|t|     [95% Conf. Interval]

       _cons  796.7304   65.64376     12.14    0.000     657.5719    935.889
```

图 4.6　`margins` 命令

4 多元回归

在保持其他自变量不变（在其均值处）的条件下，如果我们对计算某个自变量在特定值的 Y 预测均值感兴趣，可以使用带有 `atmeans` 选项的 `margins` 命令，如图 4.7 所示。

```
. margins, at(Attractiveness=(1(1)7)) atmeans

Adjusted predictions                            Number of obs   =         20
Model VCE    : OLS

Expression   : Linear prediction, predict()

1._at        : Attractive~s    =           1
               Kindness        =         3.9 (mean)
               Age             =       32.75 (mean)

2._at        : Attractive~s    =           2
               Kindness        =         3.9 (mean)
               Age             =       32.75 (mean)

3._at        : Attractive~s    =           3
               Kindness        =         3.9 (mean)
               Age             =       32.75 (mean)

4._at        : Attractive~s    =           4
               Kindness        =         3.9 (mean)
               Age             =       32.75 (mean)

5._at        : Attractive~s    =           5
               Kindness        =         3.9 (mean)
               Age             =       32.75 (mean)

6._at        : Attractive~s    =           6
               Kindness        =         3.9 (mean)
               Age             =       32.75 (mean)

7._at        : Attractive~s    =           7
               Kindness        =         3.9 (mean)
               Age             =       32.75 (mean)
```

	Margin	Delta-method Std. Err.	t	P>|t|	[95% Conf. Interval]	
_at						
1	298.1216	57.08541	5.22	0.000	177.1059	419.1372
2	347.6033	41.39577	8.40	0.000	259.8482	435.3584
3	397.085	30.36774	13.08	0.000	332.7083	461.4618
4	446.5668	29.74077	15.02	0.000	383.5192	509.6144
5	496.0485	40.00689	12.40	0.000	411.2377	580.8593
6	545.5303	55.41041	9.85	0.000	428.0654	662.9951
7	595.012	72.7585	8.18	0.000	440.7709	749.2531

图 4.7 带有 `atmeans` 选项的 `margins` 命令

和简单回归一章里阐述的做法一样,在 margins 命令之后输入 marginsplot,我们可以得到预测值及其置信区间的可视化图形。通过简单的复制和粘贴,输出的图可以轻松导出到 Microsoft Word 或其他应用程序。

有几个用户开发的命令可以将回归分析的输出结果从 Stata 中轻松导出,供其他应用程序(如 Microsoft Word)。使用这些命令,可以生成符合发表要求的表格,在保证整个报告的准确性的同时也帮你节省下大量的时间。这些命令中,esttab 是 estout 包的一部分。首先通过输入 ssc install estout, replace 来安装这个包。然后就可以使用它将图 4.2 和图 4.3 中的回归输出结果制成符合发表要求的表格,代码如下:

```
. reg Present_Value Attractiveness Kindness Age
. estimates store my_regression
. estadd beta
. esttab my_regression, title(Regression Model) nonumber ///
    mlabel(Results) ///
    cells(b(star fmt(2)) ci(par) beta(par)) ///
    stats(N p r2 r2_a rmse, ///
    labels("Number of observations" ///
    "Model significance" "R-square" ///
    "Adjusted R-square" "Residual standard deviation")) ///
    varwidth(30) legend
```

将上述代码复制并粘贴到 do 文件中执行,就可在 Stata 输出窗口中得到输出表格结果,如图 4.8 所示。你也可以将此表导出[①]到 Microsoft Word,只需在上述代码中的第一个逗号之前插入 using my_regression.rtf。[②] 在当前工作目录中可以找到一个名为 my_regression 的 word 文件,其中包含刚刚在 Stata 中生成的表格。

[①] 在本例中我们仅说明如何将表格输出到 Microsoft Word 中,你也可以很方便地将结果输出到其他几款应用程序,输入 help esttab 可了解全部选项。
[②] 你也可以在前面的代码之后加个逗号,然后再输入 using my_regression.rtf。

```
Regression Model
                                    Results
                                  b/ci95/beta

Attractiveness                      42.39***
                               [29.10,55.68]
                                      (0.42)
Kindness                            36.46***
                               [24.65,48.28]
                                      (0.40)
Age                                   5.52***
                                 [3.69,7.34]
                                      (0.33)
_cons                                -90.06*
                              [-171.28,-8.84]

Number of observations              126.00
Model significance                    0.00
R-square                              0.63
Adjusted R-square                     0.62
Residual standard deviation         124.27

* p<0.05, ** p<0.01, *** p<0.001
```

图 4.8　显示回归模型的 Stata 输出

4.3　总结

多元回归分析是一种灵活的统计方法，可以解决一系列社会科学研究问题。我们已经知道，多元回归分析在学者中流行的主要原因是它在估计自变量对因变量的影响时允许考虑或控制其他变量的影响。我们在本章中学到的几个概念（如偏回归系数、F 检验）肯定有助于读者理解更复杂的问题，如接下来两章中涉及的虚拟变量回归和交互/调节效应（interaction/moderation effects）。本章中还展示了很多与回归相关的 Stata 命令（`test`、`esttab` 等）。要探索更多与回归相关的命令，请输入 `help regress`；要了解更多关于如何创建符合发表要求的回归表格的命令，请输入 `help esttab`。

关键术语

- **多元回归（Multiple regression）**：包括一个因变量和两个或多个自变量。
- **F 检验（F-test）**：检验模型中的回归系数是否都等于零。
- **调整 R^2（Adjusted R^2）**：多元回归模型中 R^2 的调整或修正形式。

- 偏回归系数（Partial slope coefficients）：消除了模型中所有其他因素的影响后自变量对因变量的影响。
- 统计控制或调整（Statistical control or adjustment）：保持控制变量的值不变。
- 标准化系数（Standardized coefficients）：用来确定自变量的相对重要性。
- 平方半偏相关（Squared semi-partial correlation）：反映了自变量的独有贡献。

问题

1. 与简单回归相比，应用多元回归有什么优点？
2. 如何评价多元回归模型的拟合优度？
3. 估计多元回归模型并解释结果表格。
4. 如何评价自变量的相对重要性？
5. 使用命令 esttab 基于 Stata 的回归输出创建你自己的符合发表要求的表格。

延伸阅读

Allison, P.D.（1999）*Multiple Regression*: *A Primer*. Thousand Oaks, CA: Pine Forge Press.

这本书从应用的角度专门介绍了多元回归分析和引自于国际期刊上发表的学术论文中的各种多元回归模型。

Dougherty, C. (2011) *Introduction to Econometrics* (4th edn). Oxford: Oxford University Press.

这是一本关于计量经济学方法的书，书中详细解释了线性回归的原理。本书涵盖了与回归分析相关的其他若干高级主题。

Keith, T.Z. (2006) *Multiple Regression and Beyond*. Boston: Pearson Education.

这是一本关于线性回归分析应用的教科书，应用不同类型的示例，囊括大量与线性回归相关的问题和概念。本书还介绍了结构方程模型。

参考文献

Allison, P.D. (1999) *Multiple Regression: A Primer*. Thousand Oaks, CA: Pine Forge Press.

Dougherty, C. (2011) *Introduction to Econometrics* (4th edn). Oxford: Oxford University Press.

Gordon, R.A. (2010) *Regression Analysis for the Social Sciences* (4th edn). Abingdon: Routledge.

Hamilton, L.C. (1992) *Regression with Graphics: A Second Course in Applied Statistics*. Belmont, CA: Duxbury Press.

Keith, T.Z. (2006) *Multiple Regression and Beyond*. Boston: Pearson Education.

Pardoe, I. (2006) *Applied Regression Modeling: A Business Approach*. Hoboken, NJ: John Wiley & Sons.

Pedace, R. (2013) *Econometrics for Dummies*. Hoboken, NJ: John Wiley & Sons.

Warner, R.M. (2008) *Applied Statistics: From Bivariate through Multivariate Techniques*. London: Sage.

5.1 为什么使用虚拟变量回归?
5.2 含有一个虚拟变量的回归
5.3 含有一个虚拟变量和一个协变量的回归
5.4 含有多个虚拟变量的回归
5.5 含有多个虚拟变量和一个协变量的回归
5.6 含有两组不同虚拟变量的回归
5.7 总结
关键术语
问题
延伸阅读
参考文献

虚拟变量回归

独立 t 检验、方差分析、协方差分析和两因素方差分析

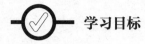

学习目标

- 理解虚拟变量回归的基本思想
- 学习利用虚拟变量回归比较组间均值
- 解释回归分析与方差分析的联系
- 理解使用 F 检验进行多个系数的联合假设检验
- 学习使用 Stata 软件构建一个虚拟变量回归模型并进行参数估计

在本章中我们介绍了包含分类自变量（categorical independent variables）的线性回归分析背后的基本思想和方程。在社会科学文献中，它通常被称为虚拟变量回归。需要强调的是，和前两章一样，在虚拟变量回归中，因变量仍然是连续变量，而建立的模型也仍然是线性模型。在对不同类型的虚拟变量回归模型的理论分析后，我们将借助 Stata 软件对真实数据进行分析。同时，我们也阐明了虚拟变量回归如何等同于独立的 t 检验、方差分析和协方差分析。[①]

5.1 为什么使用虚拟变量回归？

在上一章中，我们介绍了线性回归分析，并将其应用于仅包括连续自变量（如价格、收入）的模型。然而，在社会科学研究中，我们常常希望估计不仅包括连续自变量，而且包括分类自变量的模型。原则上，我们可以估计仅包括分类自变量的回归模型。在非实验研究中，我们通常把连续变量和分类变量一起放入模型中以便进行统计控制。例如，我们可在控制受教育程度（连续变量）的条件下，研究性别（分类变量）对个人年收入的影响，反之亦然。这种 3 个变量的回归可以扩展到包括多个其他分类变量和／或连续变量的情况。采用所谓的虚拟变量回归分析技术，我们可以很轻松地估计仅包含分类自变量或者同时包含分类自变量和连续自变量的模型。

5.1.1 生成虚拟变量

回归方程右边的分类变量可以是二分类变量（两个类别或取值）也可以是多分类

---

① 其他文献（Hamilton，1992；Hardy，1993；Gordon，2010）也遵循类似的方法。

变量（多于两个类别或取值）。为了将分类变量纳入线性回归模型，首先需要将其转换成虚拟变量。虚拟变量（也称为指示变量）通常取 0 和 1 两个值，分别代表两种不同的属性（如男性和女性、失败和成功、私人和公共）。如果在数据收集阶段，变量未编码为 0 和 1，则可通过简单的重新编码将一个二分类变量的两个类别转换成虚拟变量。

另外，把一个多分类变量转换成虚拟变量虽然不那么直接，但也遵循同样的原理。一个多分类变量具有两个以上的类别，因此，必须先生成和类别一样多的虚拟变量。但在估计回归模型的时候，我们要忽略其中一个虚拟变量。假设我们要使用数据集 *flat2.dta* 中的一个分类变量（*location*）生成虚拟变量，该分类变量包括 4 个类别：公寓坐落于城市的 *centre*(1)、*south* (2)、*west*(3) 和 *east*(4)。

我们逐一将每个类别编码为 1，其他类别编码为 0，以此来创建 4 个虚拟变量。例如，如果将第一个类别（原标签为 *centre*）编码为 1，而其余类别编码为 0，这就生成了第一个虚拟变量，分别代表公寓位于市中心和公寓位于城市南部、西部或东部。然后，再将第二个类别（原标签为 *south*）编码为 1，其余类别编码为 0。继续以同样的方式生成其余的虚拟变量。在创建虚拟变量时，我们给每一个虚拟变量命名，以便能轻松地记忆每一个虚拟变量代表什么。对于示例数据，我们将生成的 4 个虚拟变量分别命名为 *centre*、*south*、*west* 和 *east*（见表 5.1）。

表 5.1 为多分类变量创建虚拟变量

多分类变量	虚拟变量			
location	centre	south	west	east
1=*centre*	1	0	0	0
2=*south*	0	1	0	0
3=*west*	0	0	1	0
4=*east*	0	0	0	1

现在使用 Stata 软件，利用数据集 *flat2.dta* 中的 *location* 变量生成上面表格中的 4 个虚拟变量。一种方法是使用 generate[①] 命令，代码如下：

```
. generate centre = 0
. replace  centre = 1 if location == 1
```

[①] generate centre=0 首先将所有的观测赋值为 0，然后使用 replace 命令将那些属于 *centre* 类别的观测赋值为 1，而其余的观测仍然为 0，这就生成了一个取值为 1 和 0 的向量。

```
. generate south = 0
. replace  south = 1 if location == 2
. generate west = 0
. replace  west = 1 if location == 3
. generate east = 0
. replace east = 1 if location == 4
```

实际上，在 Stata 中还有一个更有效的生成一系列虚拟变量的方法，就是使用 tabulate 命令：

```
.tabulate location, generate(d_location)
```

虽然上述两种创建虚拟变量的方法很有用，但 Stata 软件回归估计命令[①]（regress 命令）还有一种更为有效地创建虚拟变量的方法。Stata 使用所谓的因子变量（factor variables）来完成这一任务。下面通过 *flat_price* 对 *location* 的回归来说明如何生成虚拟变量。回归估计的命令[②] 如下：

```
. reg flat_price i.location
```

在本例中，i.location 是因子变量，它从原始的分类变量 *location* 创建虚拟变量（指示变量）。默认情况下，Stata 软件将产生 4 个虚拟变量，并在估计中将第一个虚拟变量作为参照组（reference group）。在我们的示例中，由于 *location* 的第一个类别是 *centre*，它被用作参照组。我们可以通过改变基准操作符轻松实现参照组的改变，代码如下：

```
. reg flat_price ib(2).location
```

或者

```
. reg flat_price b2.location
```

在此，我们把基准运算符从 i 更改为 ib(2)，这会把参照组从默认类别（第一个类别）改为我们选择的类别（第二个类别）。同样，只需要简单地输入 ib(3) 或 ib(4) 或者只用 b3 或 b4，我们就可以选择第三或者第四个类别作为参照组。

[①] 实际上，这种方法可应用于 Stata 中大多数的估计命令（如 logit、mixed 等）。
[②] 我们也可以使用 xi 命令，即输入 xi: reg flat_price i.location。

5.1.2 虚拟变量回归的原理

线性回归分析一般用来检验一个连续因变量（Y）和一个连续自变量（X）之间的关系。在前两章中我们学过计算回归系数，并以此来量化变量 Y 和 X 之间关系的强度。我们知道回归系数（β）表示自变量 X 每增加一个单位时，Y 的均值（$E[Y_i]$）变化量。这就意味着，当 X 变动一个单位（从 0 到 1）时，β 表示的是 Y 在给定 X 的两个不同取值（0 和 1）处的均值之间的差异。

假设 X 不是连续变量，而是虚拟变量，取值为 0 和 1（比如分别代表男性和女性），回归系数则表示在任意一个我们关注的变量（收入、体重、身高等）上男性和女性的均值之间的差异。回归系数仅反映均值差异（Hardy，1993）这一事实使得线性回归成为一种比较不同组的均值的现成且灵活的技术。

5.2 含有一个虚拟变量的回归

含有一个虚拟变量（预测变量）的回归模型直接对应于独立 t 检验，这点很快就会变得清晰（假如目前还不够清晰的话）。我们假设地理位置（非市中心和市中心公寓）与公寓的价格存在相关性，并据此构建总体回归模型如下：

$$E[Y_i] = \beta_0 + \beta_1 X_i \tag{5.1}$$

在此，Y 表示以美元衡量的公寓价格（连续变量），而 X 为表示公寓所在地理位置（虚拟变量），该公寓在城市中心以外编码为 0，在城市中心则编码为 1。此外，我们也知道 $E[Y_i]$ 为 X 的每一个取值的 Y 均值。那么，利用预测方法，我们可以求出当 X 分别等于 0（非市中心的公寓）①和等于 1（市中心的公寓）时的 $E[Y_i]$ 值。当 $X = 0$ 时，则

$$E[Y_i] = \beta_0 + \beta_1(0) = \beta_0 \tag{5.2}$$

表示非市中心公寓的平均价格。②

当 $X = 1$ 时，

$$E[Y_i] = \beta_0 + \beta_1(1) = \beta_0 + \beta_1 \tag{5.3}$$

---

① 编码为 0 的类别通常被作为参照类别或基准类别。
② 读者应该把 $\beta_1(0)$ 解释为 $\beta_1 \times 0$。

表示市中心公寓的平均价格。

公式（5.2）表明 β_0（截距项/常数项）是非市中心公寓的价格均值，而公式 (5.3) 表明 $\beta_0 + \beta_1$ 为市中心公寓的价格均值。因此，这两个均值之间的差异为 β_1（如图 5.1 所示）。

我们采用在简单线性回归相关章节中学到的相同的假设检验方法来检验 β_1 是否显著不等于 0。在本例中，原假设为 $H_0: \beta_1 = 0$，表明两个均值之间的差异为 0（两个均值是相等的），备择假设为 $H_1: \beta_1 \neq 0$，说明两个均值之间的差异不为 0（两个均值是不相等的）。这种正式的假设设定也同样适用于我们在后面章节中处理的基于虚拟变量的回归模型其他类似形式。

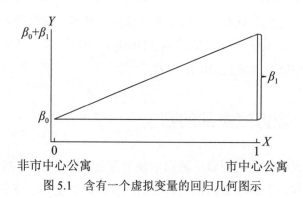

图 5.1　含有一个虚拟变量的回归几何图示

5.2.1　Stata 示例

在方程（5.1）示例模型中，我们想比较市中心公寓与非市中心公寓的平均价格。这是对两个独立均值的简单比较。解决这个问题的回归方法就是把公寓价格对表示公寓在市中心或非市中心的虚拟变量进行回归分析。在估计模型之前，我们要在数据集 *flat2.dta* 中基于原始分类变量 *location* 创建一个虚拟变量。这很容易做到，代码如下：

```
. generate centre = 0
. replace centre = 1 if location == 1
```

然后把这个虚拟变量作为自变量来预测公寓的价格水平，命令如下：

```
. reg flat_price centre
```

也可以用一个命令来完成上面的两个步骤：

```
. reg flat_price i(1).location
```

或

```
. reg flat_price i1.location
```

估计的回归模型和估计值如下（Stata 的输出结果见图 5.2）：

$$\widehat{flat\_price}_i = \hat{\beta}_0 + \hat{\beta}_1 centre_i = 491\,292 + 106\,428 centre_i \tag{5.4}$$

非市中心公寓的平均价格大约为 491 292 美元，这由截距项/常数项（$\hat{\beta}_0$）反映。我们还观察到，市中心公寓与非市中心公寓平均价格之间的差额大约是 106 428 美元，如回归系数（$\hat{\beta}_1$）所示。把回归系数和截距项/常数项加在一起，即 $\hat{\beta}_0 + \hat{\beta}_1$，则可以求出市中心公寓的平均价格。我们还注意到，斜率系数（均值的差异）统计上显著，这表明市中心公寓的平均价格超过非市中心公寓。图 5.2 中的其余输出结果可以按照简单线性回归一章中介绍的方法进行解释。

```
. reg flat_price centre

      Source |       SS       df       MS              Number of obs =      95
-------------+------------------------------           F(  1,    93) =    5.22
       Model |  2.4729e+11     1  2.4729e+11           Prob > F      =  0.0246
    Residual |  4.4042e+12    93  4.7357e+10           R-squared     =  0.0532
-------------+------------------------------           Adj R-squared =  0.0430
       Total |  4.6515e+12    94  4.9484e+10           Root MSE      =  2.2e+05

  flat_price |      Coef.   Std. Err.      t    P>|t|     [95% Conf. Interval]
-------------+----------------------------------------------------------------
      centre |   106428.2    46574.6     2.29   0.025     13940.3    198916.2
       _cons |   491292.4   27862.93    17.63   0.000    435962.1    546622.6
```

图 5.2　具有一个虚拟变量的回归的 Stata 输出结果

5.3　含有一个虚拟变量和一个协变量的回归

在总体回归模型中增加一个协变量（covariate）①，则前述的回归分析模型扩展为：

$$E[Y_i] = \beta_0 + \beta_1 X_{1i} + \beta_2 X_{2i} \tag{5.5}$$

---

① 可以在模型中包含一个或多个协变量或控制变量使得虚拟变量回归优于独立的 t 检验。

在方程（5.5）中，Y 仍表示公寓的价格，X_1 表示公寓的地理位置（虚拟变量）。此外，X_2 表示协变量（以平方米计量的公寓面积）。在此，同样可以计算得到当 $X_1=0$ 时（表示非市中心公寓，为参照组或者基准组）和 $X_1=1$ 时（市中心公寓）$E[Y_i]$ 的值，但此时必须考虑 X_2（让其取值保持不变）。当 $X_1=0$ 时，有

$$E[Y_i] = \beta_0 + \beta_1(0) + \beta_2 X_{2i} = \beta_0 + \beta_2 X_{2i} \tag{5.6}$$

表示非市中心公寓的平均价格。当 $X_1=1$ 时，

$$E[Y_i] = \beta_0 + \beta_1(1) + \beta_2 X_{2i} = \beta_0 + \beta_1 + \beta_2 X_{2i} \tag{5.7}$$

表示市中心公寓的平均价格。方程（5.6）和方程（5.7）之间唯一的区别为 β_1，这正是 X_1 取值为 0 和 1 的两个组调整后均值① 的差异。这个差异② 也表现为两个组方程截距项上的不同：方程（5.6）的截距项为 β_0，而方程（5.7）的截距项为 $\beta_0+\beta_1$。根据我们最初的回归模型可知，方程（5.6）和方程（5.7）具有不同的截距项，但对于变量 X_2 它们有着相同的斜率（β_2）。几何图示见图 5.3。

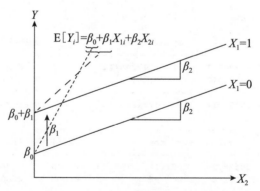

图 5.3 含有协变量的虚拟变量回归

这里我们采用在多元回归这章中学到的假设检验（及其他方法，如 R^2、误差均方根、置信区间等）联合检验 β_1、β_2 与 0 的差别是否统计上显著（F 检验）以及单独检验每个系数与 0 的差别是否统计上显著（t 检验）。如果联合检验的结果有统计显著性，这意味着至少有一个系数是统计上显著的。若 β_1 有统计显著性则表明在控制 X_2 的条件下，

---

① 调整后均值是在控制一个或多个协变量后的预测均值。
② 虚拟变量的系数也称为差分截距系数（更多细节参见 Hamilton，1992）。它同时显示截距上的差异和预测均值的差异。然而，这并不意味着截距等于我们想要预测的均值。预测均值可以是任意的数值，它取决于我们选择代入方程中的变量 X_2 的取值，而根据定义，截距就是当所有变量 X 都为 0 时的预测均值。但是，对于 X_2 取任意值时的 X_1 两个分组预测均值之差将总是等于截距之差。

X_1 的两个组的均值之间存在差异。若 β_2 有统计显著性则表明在控制 X_1 的条件下，X_2 每增加一个单位时 Y 的均值的变化。本例中我们特别关注了 β_1 的显著性（因为我们的主要目的是比较两个组的均值），在其他一些情况下我们可能想要考察在控制虚拟变量（如 X_1）的条件下，X_2 对 Y 的影响。

5.3.1 Stata 示例

以数据集 *flat2.dta* 为例，我们用 Stata 软件估计方程（5.5）中的示例模型。在控制公寓面积的情况下，比较市中心公寓和非市中心公寓平均价格的差异。我们只需要在之前用到的命令的基础上加上变量 *floor_size*：

. reg flat_price centre floor_size

估计的回归模型和估计值如下（Stata 中的输出结果见图 5.4）：

$$\widehat{flat\_price}_i = \hat{\beta}_0 + \hat{\beta}_1 centre_i + \hat{\beta}_2 floor\_size_i \\ = 103\,227 + 72\,920\,centre_i + 5\,170\,floor\_size_i \tag{5.8}$$

如式（5.8）所示，市中心公寓和非市中心公寓调整后（控制了公寓面积）平均价格之间的差异为 $\hat{\beta}_1$，约等于 72 920 美元。注意，在方程（5.4）的双变量回归的情况下（没有控制公寓面积），两个地区公寓平均价格的差异为 106 428 美元。由于方程（5.8）中增加了一个自变量 *floor_size*，$\hat{\beta}_0$ 不再表示[1] 非市中心公寓的平均价格，但为了求出非市中心公寓的平均价格，我们用在第 4 章多元回归中学到的 margins 命令，命令如下：

. margins, at(centre = (0))

用此命令计算出非市中心公寓调整后的平均价格[2] 为 503 285 美元。把 503 285 和 72 920（$\hat{\beta}_1$）相加就自然得到调整后的市中心公寓的平均价格：576 205 美元。可使用同样的 margins 命令求市中心公寓的平均价格来验证这个结果：

. margins, at(centre = (1))

正如你所猜测的那样，可以把上述两条 margins 命令简化成一条命令输入 margins, at(centre=(0 1))。

---

[1] $\hat{\beta}_0$ 现在表示非市中心且面积为 0 平方米的公寓的平均价格。
[2] margins 命令让所有未提及的协变量维持各自的取值，计算预测值，然后再计算平均值。

如图 5.4 所示，斜率系数（平均差异）统计上显著，这再次表明市中心公寓的平均价格比非市中心公寓的平均价格要高。顺便说一下，我们还发现协变量（公寓面积）统计上也显著。图 5.4 中的协变量和其余输出可以按照多元回归分析一章中所述的方式解读，这一规则同样适用于本章后面的章节中讨论的其余示例模型。毕竟，含有多个自变量（不管是连续变量还是虚拟变量）的任何模型在技术上都是多元回归模型。

```
. reg flat_price centre floor_size

      Source |       SS       df       MS              Number of obs =      95
-------------+------------------------------           F(  2,    92) =   76.23
       Model |  2.9010e+12     2  1.4505e+12           Prob > F      =  0.0000
    Residual |  1.7505e+12    92  1.9027e+10           R-squared     =  0.6237
-------------+------------------------------           Adj R-squared =  0.6155
       Total |  4.6515e+12    94  4.9484e+10           Root MSE      =  1.4e+05

  flat_price |      Coef.   Std. Err.      t    P>|t|     [95% Conf. Interval]
-------------+----------------------------------------------------------------
      centre |   72920.12   29657.72     2.46   0.016     14017.33    131822.9
  floor_size |   5170.821   437.8402    11.81   0.000     4301.233    6040.409
       _cons |   103226.5   37305.04     2.77   0.007     29135.45    177317.5
```

图 5.4 含有一个虚拟变量和一个协变量的回归模型的 Stata 输出结果

5.4 含有多个虚拟变量的回归

含有多个虚拟变量（预测变量）的回归直接对应独立的方差分析（ANOVA）。在本节中，我们拓展含一个虚拟变量的回归的思想。在之前含有一个虚拟变量的回归的例子中，我们比较了市中心公寓的平均价格与非市中心公寓的平均价格之间的差异。假设这次我们要比较城市的 4 个不同位置（中心、南部、西部和东部）的公寓的平均价格。这个模型的总体回归函数如下：

$$E[Y_i] = \beta_0 + \beta_1 X_{1i} + \beta_2 X_{2i} + \beta_3 X_{3i} \tag{5.9}$$

这个模型有 3 个虚拟变量，而 1 个被排除在外。模型中包括的虚拟变量分别是 X_1（south），X_2（west）和 X_3（east），排除的虚拟变量是 X_4（centre）。排除变量的选择[①]

[①] 排除变量的选择取决于你将要将其余组与哪个组（参照组）进行比较。原则上，你可以将任何一个虚拟变量作为排除组 / 参照组。无论将哪个虚拟变量作为参考组，你最终都能够从模型的估计中获得完全相同的信息（均值的差异）。

是方便起见。我们总是排除一个由回归模型产生的虚拟变量①的原因是为了避免完全的多重共线性②，它会导致回归系数无法估计③。在回归方程（5.9）中，截距项为排除组（参照组）的均值。我们仍然采用预测的方法，来找出式（5.9）中其余的系数实际表示什么。当 X_1，X_2，$X_3=0$ 时，

$$E[Y_i] = \beta_0 + \beta_1(0) + \beta_2(0) + \beta_3(0) = \beta_0 \qquad (5.10)$$

表示的是市中心公寓的平均价格。

当 $X_1=1$ 且 X_2，$X_3=0$ 时，

$$E[Y_i] = \beta_0 + \beta_1(1) + \beta_2(0) + \beta_3(0) = \beta_0 + \beta_1 \qquad (5.11)$$

表示的是南部公寓的平均价格。

当 $X_2=1$ 且 X_1，$X_3=0$ 时，

$$E[Y_i] = \beta_0 + \beta_1(0) + \beta_2(1) + \beta_3(0) = \beta_0 + \beta_2 \qquad (5.12)$$

表示的是西部公寓的平均价格。

当 $X_3=1$ 且 X_1，$X_2=0$ 时，

$$E[Y_i] = \beta_0 + \beta_1(0) + \beta_2(0) + \beta_3(1) = \beta_0 + \beta_3 \qquad (5.13)$$

表示的是东部公寓的平均价格。

我们可以从方程（5.10）～方程（5.13）中得到所有 4 个组的均值。由于参照组（centre）的均值为 β_0，通过用 3 个纳入组的均值减去 β_0，我们很容易就获得了参照组和每个纳入组的均值之间的差异。

比 较 组 别	均值差异
south 对比 centre	$(\beta_0 + \beta_1) - \beta_0 = \beta_1$
west 对比 centre	$(\beta_0 + \beta_2) - \beta_0 = \beta_2$
east 对比 centre	$(\beta_0 + \beta_3) - \beta_0 = \beta_3$

上面的计算也证实，在估计包含常数项/截距项的回归模型中④，每个虚拟变量的

---

① 进入到回归模型中的虚拟变量的个数总是等于 $g-1$，其中 g 是组别数。
② 我们将在关于回归假设的第 7 章中更深入地讨论多重共线性的这一主题。
③ 对于全部观测，所有虚拟变量的线性组合将等于 1，这将与常数项（对全部观测取值为 1）完全共线。排除一个虚拟变量可以避免这种情况（参见 Dougherty, 2011: 236）。
④ 唯一的情形是在估计没有常数项的回归模型时可以纳入全部 4 个虚拟变量。但是，在这种情况下，所得到的系数仅简单地提供每个组别的均值。因此，我们还必须进一步进行检验来比较这些均值间的差异。

系数表示该虚拟变量取值为1的组与参照组之间的均值的差异。在上面的例子中，β_1表示南部和市中心公寓的平均价格的差异，β_2表示西部和市中心公寓的平均价格的差异，β_3表示东部和市中心公寓的平均价格的差异。此外，当系数为正时，表明纳入组（南部、西部或东部公寓）的均值高于参照组（市中心公寓）的均值，反之亦然。

也可以用图示法展示多个虚拟变量的回归思想。如图5.5所示，理论上每个系数表示一个斜率，但在虚拟变量回归中将其解释为均值的差异而不是斜率。尽管我们只估计一次回归模型（包括所有3个纳入的虚拟变量），但3个不同的图意味着所得到的系数仍然可以被认为是双变量回归，即我们分别比较参照组（市中心公寓）的均值与每个虚拟变量取值为1的（南部、西部和东部公寓）样本的均值。另外，在本例（其他地方也是如此）中，平均来看，市中心公寓的价格要高于其余3个位置，因此，回归系数（β_1、β_2和β_3）的符号自然为负，导致直线向下倾斜。

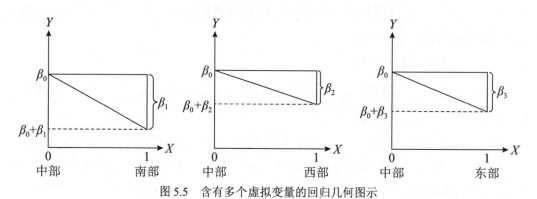

图5.5　含有多个虚拟变量的回归几何图示

由于回归系数反映均值差异，接下来的步骤是检验这些均值差异（β_1、β_2和β_3）与0的差异是否有统计显著性。仍然采用在第4章多元回归中我们学到的假设检验（及其他方法）来联合检验β_1、β_2、β_3与0的差别是否有统计显著性（F检验）以及单独检验每个系数与0的差别是否有统计显著性（t检验）。如果联合检验β_1、β_2、β_3的结果是有统计显著性，这意味着至少有一个系数是有统计意义的（市中心公寓的价格与其他至少一个位置公寓的价格间存在均值差异）。而单个系数显著则最终表明哪一个比较组间的均值存在显著的差别。

5.4.1　Stata 示例

我们仍以数据集 *flat2.dta* 为例，采用 Stata 软件估计式（5.9）中所示的示例模型，对 4 组不同位置公寓的平均价格进行比较。这意味着我们需要根据变量 *location* 创建 4 个虚拟变量，并在估计时排除其中 1 个虚拟变量。使用回归估计中的因子变量可以更有效地做到这点，命令如下：

```
.reg flat_price i.location
```

估计的回归函数和估计值如下（Stata 输出结果见图 5.6）：

$$\widehat{flat\_price}_i = \hat{\beta}_0 + \hat{\beta}_1 south_i + \hat{\beta}_2 west_i + \hat{\beta}_3 east_i \\ = 597\,721 - 172\,350 south_i - 83\,933 west_i - 97\,993 east_i \tag{5.14}$$

这里，Stata 在估计中使用变量 *location* 的第一个类别①作为参照组。$\hat{\beta}_0$ 表示参照组（市中心公寓）的平均价格。$\hat{\beta}_1$、$\hat{\beta}_2$ 和 $\hat{\beta}_3$ 分别反映了市中心公寓与南部、西部和东部公寓之间的平均价格的差异。具体来讲，南部公寓的平均价格比市中心公寓低约 172 350 美元。我们还观察到这种差异统计上显著。此外，西部公寓的平均价格比市中心公寓低约 83 933 美元。然而，这种差异统计上不显著。最后，东部公寓的平均价格比市中心公寓低约 97 993 美元。这种差异恰好没有显著性（由于仅作为示例，此处不做讨论）。

```
. reg flat_price i.location

      Source |       SS           df       MS      Number of obs   =        95
-------------+----------------------------------   F(  3,    91)   =      2.05
       Model |  2.9488e+11         3  9.8294e+10   Prob > F        =    0.1120
    Residual |  4.3566e+12        91  4.7875e+10   R-squared       =    0.0634
-------------+----------------------------------   Adj R-squared   =    0.0325
       Total |  4.6515e+12        94  4.9484e+10   Root MSE        =    2.2e+05

-----------------------------------------------------------------------------------
  flat_price |      Coef.   Std. Err.      t    P>|t|     [95% Conf. Interval]
-------------+---------------------------------------------------------------------
    location |
      south  |  -172350.2   82021.29    -2.10   0.038    -335275.4   -9424.993
       west  |  -83932.71   75896.81    -1.11   0.272    -234692.4    66826.99
       east  |  -97992.95    50751.9    -1.93   0.057    -198805.4    2819.474
             |
       _cons |   597720.6   37524.39    15.93   0.000     523183     672258.2
-----------------------------------------------------------------------------------
```

图 5.6　含有多个虚拟变量的回归模型的 Stata 输出结果

5.4.2　比较纳入组

到目前为止，我们已经能够使用标准回归估计，比较纳入组（南部、西部和东部）

---

① 假如你想知道参照类别是什么，而不是每次都要记住它，你可以输入 `set showbaselevels on, permanently`，然后运行你的估计。

的均值与参照组（市中心）的均值[①]。然而，在某些情况下，我们可能也对比较纳入组间的均值感兴趣。标准回归估计/输出并没有向我们提供此类信息。但我们可以应用以下两种方法来比较纳入组间的均值：改变参照组和线性组合（参见 Gordon，2010）。

改变参照组

你可能已经猜到第一个选择就是每次简单地改变参照组并重新估计相同的回归模型。将 centre 作为参照组，就可检验 centre 与其余组间（south 对 centre、west 对 centre 以及 east 对 centre）的均值差异。接着把 south 作为参照组，产生我们不能从第一次估计中直接得到的两个新的均值比较（west 对 south 和 east 对 south）。最后，把 west 作为参照组，产生我们不能从前面两次估计中获得的另一个均值差异（east 对 west），这也是我们无法从前面两个回归估计中获得的。

第 1 次估计	第 2 次估计	第 3 次估计
参考组	参照组	参照组
centre	south	west
纳入组	纳入组	纳入组
south	centre	centre
west	west	south
east	east	east

现在让我们用 Stata 软件进行估计。通过简单地改变因子变量的基准运算符来实现估计，命令如下[②]：

. reg flat_price ib(2).location, noheader
. reg flat_price ib(3).location, noheader

在这里，ib(2) 表示以第二类别（south）为参照组，而 ib(3) 表示以第三类别（west）作为参照组。两次重新估计的结果如图 5.7 所示。

另外，不需要把第四类别作为参照组来重新估计模型。因为，这两次估计连同默认估计，已经为我们提供了所有可能的成对比较（共有 6 个）。对图 5.7 中系数的解读与对图 5.6 中系数解读是相同的。系数就是所选择的参照组与纳入模型的虚拟组间的均值差异。

[①] 我们所说的"比较均值"是指对均值差异进行统计检验。
[②] noheader 选项会禁止输出回归估计的第一部分（类似 ANOVA 表）。这样做是因为重新估计并不会改变这些信息。

```
. reg flat_price ib(2).location, noheader
```

flat_price	Coef.	Std. Err.	t	P>|t|	[95% Conf. Interval]	
location						
centre	172350.2	82021.29	2.10	0.038	9424.993	335275.4
west	88417.5	98344.59	0.90	0.371	-106932	283767
east	74357.26	80542.46	0.92	0.358	-85630.44	234345
_cons	425370.4	72934.3	5.83	0.000	280495.3	570245.4

```
. reg flat_price ib(3).location, noheader
```

flat_price	Coef.	Std. Err.	t	P>|t|	[95% Conf. Interval]	
location						
centre	83932.71	75896.81	1.11	0.272	-66826.99	234692.4
south	-88417.5	98344.59	-0.90	0.371	-283767	106932
east	-14060.24	74296.18	-0.19	0.850	-161640.5	133520
_cons	513787.9	65971.56	7.79	0.000	382743.5	644832.3

图 5.7 重新估计的回归（含有多个虚拟变量）的 Stata 输出

线性组合

检验纳入组间的均值差异的第二种选择是对系数的线性组合进行 t 检验。线性组合通常是对回归系数进行加减。在方程（5.9）中，任意一对回归系数间的差为我们提供所选择的两组的均值之差：$\beta_1 - \beta_2 = \Delta_1$ 是南部和西部的均值之差；$\beta_1 - \beta_3 = \Delta_2$ 是南部和东部的均值之差；$\beta_2 - \beta_3 = \Delta_3$ 是西部和东部的均值之差。注意，每一个 delta（Δ）度量就是一个线性组合（两个系数相减）。然后我们使用 t 检验来检验 3 个 delta 度量的显著性。为此，如前面的章节做法，我们需要构建一个 t 统计量。你一定还记得，构建 t 统计量的公式可以简单地写成 $t_k = \beta_k / \sigma_{\beta_k}$。但是由于线性组合涉及不止一个系数，我们必须扩展该公式以包括两个回归系数及其相应的标准误。因此，我们的扩展公式是

$$t_\Delta = \frac{\beta_j - \beta_k}{\sigma_{(\beta_j - \beta_k)}}$$

t_Δ 服从自由度为 $n - K$ 的 t 分布，其中

$$\sigma_{(\beta_j - \beta_k)} = \sqrt{\sigma_{\beta_j}^2 + \sigma_{\beta_k}^2 - 2\mathrm{cov}(\beta_j, \beta_k)}$$

利用理论 t 分布表，我们可以查到与我们计算得到的 t 统计量所对应的概率值，从而可以判断两个所选回归系数间的差异是否显著异于 0。如果是，那么我们就可以说所选择的两个组的均值间存在显著不同。

使用 Stata 软件中的 `lincom` 命令很容易实现上述检验。对于 4 个组，我们最多有

6个成对比较,其中3个结果已经由使用第一类别(centre)作为参照组的第一次估计提供。这些对比是南部对市中心、西部对市中心和东部对市中心。对于剩下的3对比较(西部对南部、东部对南部和东部对西部),可以检验以下线性组合[1]:

```
. lincom _b[3.location]-_b[2.location]
. lincom _b[4.location]-_b[2.location]
. lincom _b[4.location]-_b[3.location]
```

如图5.8所示,上述3个命令为我们提供了纳入组间的均值差异、标准误和这些差异的置信区间——在某些情况下,可以提供有用的额外信息。如果你喜欢,你可以检查用 lincom 命令得到的均值差异(见图5.8)和通过改变参照组[2]重新估计(见图5.7)得到的均值差异。例如,第一个 lincom 估计计算的 west 和 south 公寓的平均价格间的差约为88 418美元,差异没有统计显著性。这与我们在图5.7中以 south 为参照组进行重新估计得到的结果完全相同。

```
. lincom _b[3.location]- _b[2.location]
 ( 1)  - 2.location + 3.location = 0

  flat_price |   Coef.   Std. Err.    t    P>|t|   [95% Conf. Interval]
         (1) |  88417.5   98344.59   0.90   0.371   -106932     283767

. lincom _b[4.location]- _b[2.location]
 ( 1)  - 2.location + 4.location = 0

  flat_price |   Coef.   Std. Err.    t    P>|t|   [95% Conf. Interval]
         (1) | 74357.26   80542.46   0.92   0.358   -85630.44    234345

. lincom _b[4.location]- _b[3.location]
 ( 1)  - 3.location + 4.location = 0

  flat_price |   Coef.   Std. Err.    t    P>|t|   [95% Conf. Interval]
         (1) | -14060.24  74296.18  -0.19   0.850   -161640.5    133520
```

图 5.8 线性组合检验结果

---

[1] 每个纳入的虚拟变量由估计中的系数标签表示(例如,2.location 表示 south)。为了获得这些信息,我们需要在 Stata 中输入命令 reg,coeflegend。
[2] 作为重新估计和线性组合方法的替代选择,我们可以通过输入 pwcompare location, effects 来获得完全相同的信息。pwcompare 命令的优点是,可以通过简单添加 mcompare(scheffe) 选项对多重比较进行调整。

5.5 含有多个虚拟变量和一个协变量的回归

含有多个虚拟变量和一个协变量[①]的回归直接对应独立的协方差分析(ANCOVA)。让我们继续上一节的例子,在这个例子中我们将公寓价格对地理位置(市中心、南部、西部和东部)进行回归。但这一次,我们将回归模型扩展,加入一个额外的协变量 *floor_size*——衡量公寓的面积(单位:平方米),得到的回归模型如下:

$$\mathrm{E}[Y_i] = \beta_0 + \beta_1 X_{1i} + \beta_2 X_{2i} + \beta_3 X_{3i} + \beta_5 X_{5i} \tag{5.15}$$

与方程(5.9)相同,方程(5.15)中包括虚拟变量 X_1(*south*),X_2(*west*)和 X_3(*east*),但不包括虚拟变量 X_4(*centre*)。此外,该模型中还包括协变量 X_5(*floor_size*)。那么,在考虑 X_5 的情况下(保持其恒定),方程(5.15)中虚拟变量系数的含义如下:

当 $X_1, X_2, X_3 = 0$ 时,

$$\mathrm{E}[Y_i] = \beta_0 + \beta_1(0) + \beta_2(0) + \beta_3(0) + \beta_5 X_{5i} = \beta_0 + \beta_5 X_{5i} \tag{5.16}$$

当 $X_1 = 1, X_2, X_3 = 0$ 时,

$$\mathrm{E}[Y_i] = \beta_0 + \beta_1(1) + \beta_2(0) + \beta_3(0) + \beta_5 X_{5i} = \beta_0 + \beta_1 + \beta_5 X_{5i} \tag{5.17}$$

当 $X_2 = 1, X_1, X_3 = 0$ 时,

$$\mathrm{E}[Y_i] = \beta_0 + \beta_1(0) + \beta_2(1) + \beta_3(0) + \beta_5 X_{5i} = \beta_0 + \beta_2 + \beta_5 X_{5i} \tag{5.18}$$

当 $X_3 = 1, X_1, X_2 = 0$ 时,

$$\mathrm{E}[Y_i] = \beta_0 + \beta_1(0) + \beta_2(0) + \beta_3(1) + \beta_5 X_{5i} = \beta_0 + \beta_3 + \beta_5 X_{5i} \tag{5.19}$$

如方程(5.17)~方程(5.19)所示,虚拟变量的系数仍然反映每个纳入组与参照组的均值间的差异。然而,这些均值现在是在控制协变量 X_5 之后得到的调整均值。4 个组别的方程中有着不同的截距:方程(5.16)的截距等于 β_0,方程(5.17)的截距等于 $\beta_0 + \beta_1$,方程(5.18)的截距等于 $\beta_0 + \beta_2$ 以及方程(5.19)的截距等于 $\beta_0 + \beta_3$。但是如回归模型所示,这 4 个方程中 X_5 仍然有着相同的斜率系数(β_5)。

如果几何图示含有多个虚拟变量和一个协变量的回归模型,就只需在图 5.3 中简单添加两条额外的平行线。所有的回归线显示负向的关系。原因很简单,*centre* 作为参照组,而我们预期其平均价格比纳入模型中的其他三组更高。此外,对于假设检验(F 检验和 t 检验),我们直接用多元回归这章学到的方法。

[①] 模型中的协变量既可以是连续变量,也可以是虚拟变量。

5.5.1 Stata 示例

现在让我们来估计方程（5.15），在控制额外的协变量 floor_size 的条件下，比较 4 个不同位置公寓的平均价格。在 Stata 中，加上协变量即可，命令如下：

```
. reg flat_price i.location floor_size
```

估计的回归函数和估计值如下（参见图 5.9 中的 Stata 输出）：

$$\widehat{flat\_price}_i = \hat{\beta}_0 + \hat{\beta}_1 south_i + \hat{\beta}_2 west_i + \hat{\beta}_3 east_i + \hat{\beta}_4 floor\_size_i$$
$$= 165\,997 - 182\,491 south_i - 79\,204 west_i - 45\,982 east_i + 5\,295 floor\_size_i \quad (5.20)$$

```
. reg flat_price i.location floor_size

      Source |       SS       df       MS              Number of obs =      95
-------------+------------------------------           F(  4,    90) =   42.35
       Model |  3.0377e+12     4  7.5942e+11           Prob > F      =  0.0000
    Residual |  1.6138e+12    90  1.7931e+10           R-squared     =  0.6531
-------------+------------------------------           Adj R-squared =  0.6376
       Total |  4.6515e+12    94  4.9484e+10           Root MSE      =  1.3e+05

------------------------------------------------------------------------------
  flat_price |      Coef.   Std. Err.      t    P>|t|     [95% Conf. Interval]
-------------+----------------------------------------------------------------
    location |
       south |  -182490.9   50203.81    -3.64   0.000    -282229.5   -82752.28
        west |  -79203.74    46450.5    -1.71   0.092    -171485.8    13078.29
        east |  -45981.88   31343.61    -1.47   0.146    -108251.4    16287.69
             |
   floor_size|   5295.314   428.1549    12.37   0.000     4444.709    6145.918
       _cons |   165996.8   41784.01     3.97   0.000     82985.57      249008
------------------------------------------------------------------------------
```

图 5.9 含有多个虚拟变量和一个协变量的回归的 Stata 输出结果

如图 5.9 所示，我们直接看到 3 个不同位置（南部、西部和东部）公寓和市中心公寓调整后（控制了公寓面积）的平均价格的差异。这些均值差异分别由 $\hat{\beta}_1$、$\hat{\beta}_2$、$\hat{\beta}_3$ 表示。由于在方程（5.20）中增加了一个额外自变量 floor_size，图 5.9 中的 $\hat{\beta}_0$ 不再代表参照组（市中心公寓）的平均价格[①]。但是，通过使用这章前面学到的 margins 命令，我们很容易就能求得市中心（以及其他地方）公寓的平均价格[②]：

```
. margins, at(location = (1 2 3 4)) noatlegend
```

[①] $\hat{\beta}_0$ 现在表示当公寓面积为 0 平方米时，市中心公寓的平均价格。
[②] noatlegend 选项不再输出结果的第一部分。

或者更有效的命令：

`. margins location, noatlegend`

这个命令将提供城市中所有 4 个位置公寓的估计平均价格（见图 5.10）。

如同上一节的做法，我们可以用重新估计的方法或 `lincom` 命令来检验纳入回归模型中的变量间的均值差异。

```
. margins, at(location=(1 2 3 4)) noatlegend

Predictive margins                              Number of obs   =       95
Model VCE    : OLS

Expression   : Linear prediction, predict()
```

	Margin	Delta-method Std. Err.	t	P>|t|	[95% Conf. Interval]	
_at						
1	575686.8	23033.96	24.99	0.000	529925.9	621447.8
2	393195.9	44711.61	8.79	0.000	304368.5	482023.4
3	496483.1	40398.9	12.29	0.000	416223.6	576742.6
4	529705	21052.85	25.16	0.000	487879.8	571530.1

图 5.10 `margins` 命令给出的估计均值

5.6 含有两组不同虚拟变量的回归

含有两组不同的虚拟变量集合（如两个分类变量）的回归直接对应独立的两因素方差分析（two-way ANOVA）[①]。假如我们想把方程（5.9）中公寓价格对地理位置（中心、南部、西部和东部）的回归进行扩展，加入一个额外的分类变量（*energy_efficiency*），它包含 3 个类别（1=*best*、2=*mediocre* 以及 3=*poor*）。在此种情况下，由于有两个分类变量，我们需要创建两组不同的虚拟变量集合，一个用于 *location*，另一个用于额外的分类变量 *energy_efficiency*。新的回归模型如下：

$$E[Y_i] = \beta_0 + \beta_1 X_{1i} + \beta_2 X_{2i} + \beta_3 X_{3i} + \beta_6 X_{6i} + \beta_7 X_{7i} \tag{5.21}$$

模型中包括变量 X_1（*south*）、X_2（*west*）和 X_3（*east*），且排除虚拟变量 X_4

---
① 被称为两因素方差分析的原因是我们有两个分类自变量。

（centre）。此外，模型还包括我们为变量 *energy efficiency* 创建的 3 个虚拟变量中的两个，即 X_6（*mediocre*）和 X_7（*poor*），X_5（*best*）被指定为参照组，并被排除在模型外。

在这种情况下方程（5.21）中虚拟变量的系数其具体含义如下所述。

当 X_1，X_2，X_3，X_6，$X_7 = 0$ 时，

$$\mathrm{E}[Y_i] = \beta_0 + \beta_1(0) + \beta_2(0) + \beta_3(0) + \beta_6(0) + \beta_7(0) = \beta_0 \tag{5.22}$$

表示位于市中心（*centre*）且能源效率好（*best*）的公寓的平均价格水平。

当 $X_1 = 1$，X_2，X_3，X_6，$X_7 = 0$ 时，

$$\mathrm{E}[Y_i] = \beta_0 + \beta_1(1) + \beta_2(0) + \beta_3(0) + \beta_6(0) + \beta_7(0) = \beta_0 + \beta_1 \tag{5.23}$$

表示位于南部（*south*）且能源效率好（*best*）的公寓的平均价格水平。

当 $X_2 = 1$，X_1，X_3，X_6，$X_7 = 0$ 时，

$$\mathrm{E}[Y_i] = \beta_0 + \beta_1(0) + \beta_2(1) + \beta_3(0) + \beta_6(0) + \beta_7(0) = \beta_0 + \beta_2 \tag{5.24}$$

表示位于西部（*west*）且能源效率好（*best*）的公寓的平均价格水平。

当 $X_3 = 1$，X_1，X_2，X_6，$X_7 = 0$ 时，

$$\mathrm{E}[Y_i] = \beta_0 + \beta_1(0) + \beta_2(0) + \beta_3(1) + \beta_6(0) + \beta_7(0) = \beta_0 + \beta_3 \tag{5.25}$$

表示位于东部（*east*）且能源效率好（*best*）的公寓的平均价格水平。

当 $X_6 = 1$，X_1，X_2，X_3，$X_7 = 0$ 时，

$$\mathrm{E}[Y_i] = \beta_0 + \beta_1(0) + \beta_2(0) + \beta_3(0) + \beta_6(1) + \beta_7(0) = \beta_0 + \beta_6 \tag{5.26}$$

表示位于市中心（*centre*）且能源效率中等（*mediocre*）的公寓的平均价格水平。

当 $X_7 = 1$，X_1，X_2，X_3，$X_6 = 0$ 时，

$$\mathrm{E}[Y_i] = \beta_0 + \beta_1(0) + \beta_2(0) + \beta_3(0) + \beta_6(0) + \beta_7(1) = \beta_0 + \beta_7 \tag{5.27}$$

表示位于市中心（*centre*）且能源效率差（*poor*）的公寓的平均价格水平。

如方程（5.23）～方程（5.27）所示，每个虚拟变量的系数表示截距项与该虚拟变量取值为 1 的样本的均值间的差异。例如，$\beta_1 = (\beta_0 + \beta_1) - \beta_0$ 表示市中心且能源效率好的公寓与南部且能源效率好的公寓间平均价格的差异。其余系数可做类似解读。

同样，我们可以采用多元回归这章中的方法（F 检验、t 检验）来整体检验上述模

型以及单个系数的显著性。正如第 4 章"多元回归"中所提到的，我们还可以把 F 检验的理念推广，用来检验回归模型中一组系数的显著性。这种方法其实更适用于我们包含多个分类变量的基于虚拟变量的回归模型。假如我们不仅关注完整模型的整体显著性，还想检验变量 *energy_efficiency* 或变量 *location* 是否各自显著。由于这两个变量由两组不同的虚拟变量集合来表示，我们需要通过互相控制来联合检验每一组虚拟变量的系数集合是否联合显著。为此，我们构造一个 F 统计量：

$$F = \frac{(\text{RSS}_R - \text{RSS}_{UR})/P}{\text{RSS}_{UR}/(n-K)} \tag{5.28}$$

其服从自由度 $df_1 = P$ 和 $df_2 = n-K$ 的 F 分布，其中 RSS_R 和 RSS_{UR} 分别表示有约束和无约束模型的残差平方和，P 是约束条件的个数，n 是观测个数，K 是参数的个数。

如果想检验变量 *energy_efficiency* 的显著性，则无约束模型为包括所有 5 个虚拟变量的完整模型，而有约束模型为仅包括变量 *location* 的 3 个虚拟变量的模型。之所以称为有约束模型是因为在此暗含假设变量 *energy_efficiency* 对价格没有任何影响（$H_0: \beta_6 = \beta_7 = 0$）。由于这两个系数等于零，约束条件的个数自然是 2。如果 F 检验的结果是显著的，则在控制变量 *location* 的条件下，我们倾向于接受备择假设，即 *energy_efficiency* 有影响。

此外，还可以使用线性组合方法（用于检验纳入虚拟变量组间的差异）来检验含有两个分类变量的回归模型中不同组别的均值间的差异。

尽管迄今为止我们只将回归模型限定在两个分类变量（等同于两因素方差分析），但很容易推广到加入其他的协变量。这种思想同样适用于含有一个虚拟变量和一个协变量以及含有多个虚拟变量和一个协变量的情况。毕竟，任何包括多个自变量（不管是连续变量，还是分类变量）的模型都是一个多元回归模型。因此，我们可以简单地运用第 4 章中的知识进一步评估这些基于虚拟变量的模型的多个方面，正如本章中已进行的分析。

5.6.1　Stata 示例

方程（5.21）中所示模型的自变量包括两个分类变量，即 *location* 和 *energy_efficiency*。这里 *location* 变量仍然包括 4 个类别（市中心、南部、西部和东部），

energy_efficiency 包括 3 个类别（好、中和差）。现在我们要将 *flat_price* 与 *location* 和 *energy_efficiency* 进行回归。由于这两个自变量都是分类变量，我们在 Stata 命令中将有两个因子变量（factor variables）：

. reg flat_price i.location i.energy_efficiency

估计的回归函数和估计值如下（见图 5.11 中 Stata 输出结果）：

$$\widehat{flat\_price}_i = \hat{\beta}_0 + \hat{\beta}_1 south_i + \hat{\beta}_2 west_i + \hat{\beta}_3 east_i + \hat{\beta}_6 mediocre_i + \hat{\beta}_7 poor_i$$
$$= 743\,601 - 199\,209 south_i - 102\,148 west_i - 133\,096 east_i \quad (5.29)$$
$$- 112\,341 mediocre_i - 198\,577 poor_i$$

在图 5.11 中，每个虚拟变量的系数表示截距项和该虚拟变量取值等于 1 的样本的均值间的差异。例如，199 209 美元表示市中心且能源效率好的公寓的平均价格与南部且能源效率好的公寓的平均价格间的差异。其余系数也可作类似解读。

```
. reg flat_price i.location i.energy_efficiency

      Source |       SS       df       MS              Number of obs =      82
-------------+------------------------------           F(  5,    76) =    2.16
       Model |   5.1228e+11     5   1.0246e+11         Prob > F      =  0.0669
    Residual |   3.5993e+12    76   4.7360e+10         R-squared     =  0.1246
-------------+------------------------------           Adj R-squared =  0.0670
       Total |   4.1116e+12    81   5.0761e+10         Root MSE      =  2.2e+05

------------------------------------------------------------------------------
   flat_price |      Coef.   Std. Err.      t    P>|t|     [95% Conf. Interval]
-------------+----------------------------------------------------------------
     location |
       south |  -199208.5   85099.86    -2.34   0.022    -368699.6   -29717.43
        west |  -102147.8   82903.83    -1.23   0.222      -267265    62969.53
        east |    -133096   57940.96    -2.30   0.024    -248495.4   -17696.59
             |
energy_efficiency |
     mediocre |  -112340.8   77756.19    -1.44   0.153    -267205.7    42524.08
         poor |  -198576.9   85724.61    -2.32   0.023    -369312.3   -27841.56
             |
        _cons |   743600.9   87636.03     8.49   0.000     569058.7    918143.2
------------------------------------------------------------------------------
```

图 5.11　含有两个多分类变量的回归的 Stata 输出结果

此外，使用前面介绍的 F 检验程序，我们还可以对由两个分类变量分别创建的虚拟变量集合的系数进行联合检验。这种检验将告诉我们分类变量对公寓价格是否有显著影响。在 Stata 中很容易做到，命令如下：

```
. testparm i.location
. testparm i.energy_efficiency
```

如图 5.12 所示，F 检验结果表明，给定检验水准 α 为 0.1，我们可以认为两个分类变量（在控制彼此的相互影响之后）对 *flat_price* 有显著影响。

也可以使用重新估计的方法或 `lincom` 命令来检验图 5.11 中默认显示之外的其余不同分组之间的均值差异。

```
. testparm i.location

 ( 1)  2.location = 0
 ( 2)  3.location = 0
 ( 3)  4.location = 0

       F(  3,    76) =     2.55
            Prob > F =    0.0620

. testparm i.energy_efficiency

 ( 1)  2.energy_efficiency = 0
 ( 2)  3.energy_efficiency = 0

       F(  2,    76) =     2.84
            Prob > F =    0.0644
```

图 5.12　F 检验结果

5.7　总结

在本章中，我们详细说明用来比较均值差异的虚拟变量回归法就等同于传统的方差分析法。借助 Stata 软件，这个方法比传统的方差分析法更加灵活和强大。我们相信理解虚拟变量的回归方法为更好地理解包含连续变量和分类变量组合的统计建模提供良好的基础。就 Stata 软件而言，我们建议读者进一步深入学习 `lincom`、`test`、`testparm`、`margins` 和 `pwcompare` 等命令的更多功能。

关键术语

- 二分类（Dichotomous）：分类变量包含两个组。
- 多分类（Polytomous）：分类变量包含两个以上的组。
- 虚拟变量（Dummy variable）：取值为 0 和 1 的二分类变量。

- 独立 *t* 检验（Independent t-test）：两个独立组别的均值检验。
- 方差分析（ANOVA）：两个以上独立组别的均值检验。
- 协方差分析（ANCOVA）：控制协变量的两个以上独立组别的均值检验。
- 参照组（Reference group）：排除在回归模型以外的分组。
- 均值差异（Mean difference）：由回归系数表示的组间均值的差异。
- 纳入组（Included groups）：与参照组比较的分组。
- *F* 检验（*F*-test）：回归模型中一组系数的假设检验。
- pwcompare：Stata 软件中配对比较的命令。
- lincom：Stata 软件中线性组合的命令。

问题

1. 什么是虚拟变量？
2. 什么是虚拟变量回归技术？
3. 为什么我们可以用回归方法来比较均值？
4. 构建一个虚拟变量回归模型，该模型需要包含 2 个分类变量（每个分类变量各自包含 3 个类别或组别）和 1 个连续变量。
5. 用例子解释 margins 命令的作用。

延伸阅读

Hardy, M.A. (1993) *Regression with Dummy Variables*. London: Sage.

正如书名所示，此书就虚拟变量回归模型提供了一个简短却详细的说明，可作本章内容的补充。

Williams, R. (2012) Using the margins command to estimate and interpret adjusted predictions and marginal effects. *Stata Journal*, 12(2), 308-331.

这是一篇非常好的文章，介绍了 margins 命令在不同情况下（包括虚拟变量回归）的运用。我们在本书的多个章节中都用到了 margins 命令。

参考文献

Dougherty, C. (2011) *Introduction to Econometrics* (4th edn). Oxford: Oxford University Press.

Gordon, R.A. (2010) *Regression Analysis for the Social Sciences* (4th edn). Abingdon: Routledge.

Hamilton, L.C. (1992) *Regression with Graphics: A Second Course in Applied Statistics*. Belmont, CA: Duxbury Press.

Hardy, M.A. (1993) *Regression with Dummy Variables*. London: Sage.

6.1　交互/调节效应

6.2　乘积项方法

6.3　总结

关键术语

问题

延伸阅读

参考文献

回归中的交互/调节效应

析因方差分析和析因协方差分析

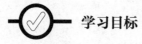

学习目标

- 理解统计学交互 / 调节效应
- 理解交互模型的技术细节
- 理解回归模型与析因方差分析的联系
- 理解中心化、标准化和原始数据在交互模型中的使用
- 学习建立交互模型并使用 Stata 估计

本章我们首先解释交互 / 调节效应的概念。接着，我们介绍常用于检测两因素交互模型的乘积项方法（product-term approach）。为了更深入地理解交互作用，我们将详细介绍不同类型的交互模型：连续型预测变量与连续型调节变量间的交互，连续型预测变量和二分类调节变量间的交互，二分类预测变量与二分类调节变量间的交互作用，以及连续预测变量与多分类调节变量间的交互作用。① 然后介绍如何使用 Stata 来估计这些交互模型。正如本章标题所示，这里介绍的交互作用方法很容易用于析因方差分析 / 协方差分析模型。

6.1 交互 / 调节效应

社会学家通常基于某个自变量对因变量的效应不会随着其他自变量的变化而变化这一假设来建立统计学模型。更确切地说，自变量的系数被认为在另一个自变量的不同水平上是完全相同的。然而，线性相加模型在某些情况下并不满足这一假定，得到的结论也不够细致，甚至是错误的。因此，方法论研究中一直在强调非相加统计学模型（也称交互模型）的重要性。线性相加模型中我们检验主效应，而非相加模型中我们主要检验交互 / 调节效应（见图 6.1）。顺便提一句，交互作用和调节效应的指定是可以互换的。当第三个变量（调节变量 X_1）影响自变量 X_2 和因变量 Y 之间的关系时，交互就发生了。交互 / 调节效应表示在调节变量取值不同时，自变量系数的大小和 / 或方向发生显著变化。一些现实生活中的例子可以很好地解释交互 / 调节效应。

---

① 其他著述（Gordon, 2010; Jaccard 和 Turrisi, 2003; Mitchell, 2012; Pardoe, 2006）也采用类似分析方法。

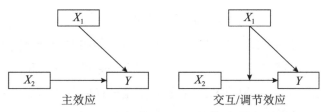

图 6.1　相加模型和非相加模型示例

例如,组织心理学家发现,威权领导方式对于员工效率的影响在无经验和有经验的员工中存在差异:威权领导对于无经验员工比有经验员工的效率影响更强大且是正向效应。此例中,威权领导是预测变量①,效率是因变量,员工状态(无经验/有经验)是调节变量。还有一个例子,政治学家研究发现,移民态度对于右翼政治观点的影响,在低失业率年份(1990 年)和高失业率年份(1991 年)中存在差异。更确切的说法是,相比于高失业率年份,低失业率年份的移民态度对于右翼政治的观点具有更强的负面影响。这里,就业率的年份(1990 年 vs. 1991 年)是调节变量。因此研究者声称年份会调节移民态度对于右翼政治观点的效应。第三个例子,市场营销学者发现,公司的形象会调节媒体报道对于购买产品意愿的效应。换言之,如果人们更肯定公司的形象,那么媒体报道对于顾客购买该公司产品的效应会增加。

再回想一下第一个例子,这里有一个分类调节变量(有无经验的员工)。第二个例子也是分类调节变量。不同的是,这里的调节变量包含的是两个时间点。第三个例子中,是连续调节变量(形象,这里用评分来表示)。这些例子说明交互作用模型中分类变量和连续变量都可作为调节变量。

下面,我们介绍线性回归中的乘积项方法,社会学家常使用这一方法在线性回归中检测统计学交互/调节效应(Jaccard and Turrisi,2003)。②

6.2　乘积项方法

乘积项方法就是通过将假设有交互作用的两个变量相乘($X_1 \times X_2$)来产生新变量 X_3,将这个新变量③ X_3 和其组成项 X_1 和 X_2 一起纳入回归模型:

---

① 我们将效应被调节的变量称为预测变量/自变量,调节效应的变量称为调节变量。但在实践中这些变量都是回归模型中的预测变量/自变量。
② Jaccard 和 Turrisi(2003)是我们在撰写本章时从中获益最多的参考资料。
③ 新变量通常被称作交乘项或交互项。

$$E[Y_i] = \beta_0 + \beta_1 X_{1i} + \beta_2 X_{2i} + \beta_3 X_{1i} X_{2i} \tag{6.1}$$

乘积项方法的示意图见图 6.2。为了方便说明，图 6.2 中指定 X_1 为调节变量，X_2 为预测变量。然而，我们可容易地互换两者的位置且仍采用相同乘积项方程。换言之，不管调节变量是 X_1 还是 X_2，乘积项 X_1X_2 的解释都是一样的。实际上，哪个变量是调节变量只是由研究者的假设来决定的。

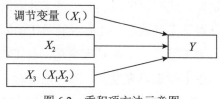

图 6.2　乘积项方法示意图

为了更好地理解有乘积项估计的非相加模型的结果的解释，我们先回顾一下相加模型（无乘积项）中系数的解释。图 6.2 所示的相加模型可以表示为

$$E[Y_i] = \beta_0 + \beta_1 X_{1i} + \beta_2 X_{2i} \tag{6.2}$$

方程（6.2）中我们只对 X_1 和 X_2 对 Y 的主效应感兴趣。直观地说，β_1 反映的是在 X_2 的所有水平上 X_1 对 Y 的"平均"效应（确切地说，是 X_1 变化的效应）。所以我们假定 β_1 在 X_2 的不同水平上是恒定的。更正式的表述为，β_1 表示当 X_2 不变时 X_1 增加一个单位，Y 均值的变化量；而 β_2 表示当 X_1 不变时 X_2 增加一个单位，Y 均值的变化量。

但是，非相加模型（6.1）中，β_1 和 β_2 不再表示主（非条件）效应，而是反映所谓的简单主（条件）效应。β_1 表示当 X_2 等于 0 时 X_1 对于 Y 的效应，而 β_2 表示当 X_1 等于 0 时 X_2 对于 Y 的效应。更重要的是，β_3 表示 X_1 增加一个单位时 Y 对 X_2 的斜率系数的变化值。相反，如果我们选择 X_2 作为调节变量，β_3 表示 X_2 增加一个单位时 Y 对 X_1 的斜率系数的变化值。从数学上来看，这两种解释都是合理的。

模型（6.1）说明了一个重要的观点，在我们看来，发表的研究结果中常常忽视或忽略报告交互分析的结果。也就是说，两个连续型变量之间的交互作用的形式常被假定是线性的。但是，在某些情况下，自变量对于因变量的效应并不一定是线性模式。例如，研究者可能会假定员工在工厂喝咖啡的摄入量对生产率的影响随员工换班前的睡眠时间呈线性增加。但是，这只会发生在睡眠时间最多 8 小时的情况下，超过这个范围可能是相反的情况。本例中的交互效应可能是非线性的，这超出了本书的范围。

交互模型中，乘积项/交互项的系数常用于检验交互效应的线性形式。我们采用在线性回归章节中学到的相同假设检验方法来检验乘积项的系数与 0 的差异是否统计上显著。以（6.1）为例，原假设为 $\beta_3 = 0$，如果 β_3 显著异于 0，那么我们就可以说 X_1 的确调节了 X_2 与 Y 之间的关系。那么，β_3 没有统计显著性就说明不存在线性交互效应，但并不是说变量之间没有交互。因此，在这种情况下，研究者应当谨慎以免作出草率的结论。交互项系数的检验方法同样适用于我们在下面的小节中讨论的所有交互模型。

现在我们看一下如何用 Stata 在数据集 *workout.dta* 中生成两个变量（*health* 和 *age*）的乘积/交互项，并将其纳入回归模型。方法一是使用 generate 命令：

. gen healthage = health*age

然后我们将新变量 *healthage*（即变量 *health* 与 *age* 的交互）加入回归模型：

. reg whours health age healthage

尽管这样生成交互项并估计回归模型的方式很简便，但 Stata 还提供了另一种更便捷的方式。Stata 中，我们并不需要像上面那样实际产生变量（*healthage*）就可以直接估计交互模型，命令如下：

. reg whours c.health c.age c.health#c.age

我们认为在两个预测变量前面插入因子变量操作符 c. 以代表连续型变量是一个很好的做法，尽管实际上我们并不需要这样做。我们接着生成所谓的虚拟交互项（数据集中不显示）——通过将两个预测变量（前面带有 c.）用二元操作符结合起来（数学上的相乘）以指定两者间的简单交互。上面的命令可以进一步简化为以下命令，其中二元操作符 ## 表示全因子交互：

. reg whours c.health##c.age

当在交互模型中有分类变量（二分类或多分类），我们就在分类变量前加上因子变量操作符 i.。使用二元操作符（而不是生成乘积项）对交互模型的估计进一步允许后估计命令，使交互模型的解释更容易且更准确。随后的内容将会证明这一点。

6.2.1 一个连续预测变量与一个连续调节变量间的交互

我们将通过解释一个连续预测变量与一个连续调节变量间的统计学交互背后的逻辑来展开讨论。设想一下，我们假定健康动机（避免健康问题）对于锻炼小时数的效应会随着年龄的增加而增加。该模型的总体回归方程如下：

$$E[Y_i] = \beta_0 + \beta_1 X_{1i} + \beta_2 X_{2i} + \beta_3 X_{3i}$$
$$= \beta_0 + \beta_1 X_{1i} + \beta_2 X_{2i} + \beta_3 X_{1i} X_{2i} \quad (6.3)$$

这里，X_1 表示预测变量（health），X_2 表示调节变量（age），$E[Y]$ 表示 Y 的均值。Y 是一个月内锻炼小时。age 的单位是岁，health 是用 6 分量表测量的（1= 不重要，6= 重要）。β_1 表示 age 等于 0 时 health 的系数，① 而 β_2 表示 health 等于 0 时 age 的系数。最后，β_3 表示的是 age 增加一个单位时 health 的系数变化量。

基于（6.3）的预测方法，我们可以进一步计算当调节变量 age 取不同值时 health 的简单主（条件）效应②，这或许出于实际和 / 或理论原因而感兴趣。假设我们关注 20、30、40、50 和 60 的人的 health 的简单主效应。当 $X_2 = 20$ 时，

$$E[Y_i] = \beta_0 + \beta_1 X_{1i} + \beta_2(20) + \beta_3(X_{1i} \times 20)$$
$$= (\beta_0 + 20\beta_2) + (\beta_1 + 20\beta_3)X_{1i} \quad (6.4)$$

当 $X_2 = 30$ 时，

$$E[Y_i] = \beta_0 + \beta_1 X_{1i} + \beta_2(30) + \beta_3(X_{1i} \times 30)$$
$$= (\beta_0 + 30\beta_2) + (\beta_1 + 30\beta_3)X_{1i} \quad (6.5)$$

当 $X_2 = 40$ 时，

$$E[Y_i] = \beta_0 + \beta_1 X_{1i} + \beta_2(40) + \beta_3(X_{1i} \times 40)$$
$$= (\beta_0 + 40\beta_2) + (\beta_1 + 40\beta_3)X_{1i} \quad (6.6)$$

当 $X_2 = 50$ 时，

$$E[Y_i] = \beta_0 + \beta_1 X_{1i} + \beta_2(50) + \beta_3(X_{1i} \times 50)$$
$$= (\beta_0 + 50\beta_2) + (\beta_1 + 50\beta_3)X_{1i} \quad (6.7)$$

当 $X_2 = 60$ 时，

$$E[Y_i] = \beta_0 + \beta_1 X_{1i} + \beta_2(60) + \beta_3(X_{1i} \times 60)$$
$$= (\beta_0 + 60\beta_2) + (\beta_1 + 60\beta_3)X_{1i} \quad (6.8)$$

本质上，方程（6.4）～方程（6.8）的每个方程都对应一个简单线性回归。以（6.4）为例，$(\beta_0 + 20\beta_2)$ 为截距项而 $(\beta_1 + 20\beta_3)$ 表示年龄为 20 岁时 health（X_1）的简单主（条件）

---

① 由于变量 age 的取值区间并不包含 0，可能让你感到困扰。在这种情况下，对 health 的系数进行解释自然没有意义。但是，如果我们对变量 age 进行中心化，那么 β_1 表示当 age 取值为其均值时 health 的系数。这同样也适用于 β_2。本章后面章节会论及中心化。
② 如果你难以理解这些方程，不妨假定全部系数都等于 1，然后重读这些方程后面的文字。

效应。类似地,我们也可以得到年龄取其他值时的截距和简单主效应。还有很重要的一点,age 每增加 10 个单位,health 的简单主效应的变化值为 $10\beta_3$。而当 age 每增加 1 个单位,health 的简单主效应的变化值为 β_3。这证实了本章前面提到的线性交互效应的概念。

Stata 示例

我们用 Stata 基于 *workout.dta* 数据集估计式(6.3)的统计模型。我们想检验 health 对 whours 的效应是否会依赖于 age 而变化。该检验源自我们的假设,年龄越大的人锻炼越频繁以保持健康。我们采用回归方法来估计模型,包括因变量(whours)、组成项(health 和 age)以及乘积项(health×age),在 Stata 中输入以下命令:

. reg whours c.health c.age c.health#c.age

估计的回归函数和估计值如下(Stata 输出结果见图 6.3):

$$\begin{aligned}\widehat{whours}_i &= \widehat{\beta}_0 + \widehat{\beta}_1 health_i + \widehat{\beta}_2 age_i + \widehat{\beta}_3 (health \times age)_i \\ &= 27.6 - 1.8 health_i - 0.48 age_i + 0.06 (health \times age)_i\end{aligned} \quad (6.9)$$

```
. reg whours c.health c.age c.health#c.age

      Source |       SS       df       MS              Number of obs =     210
-------------+------------------------------           F(  3,   206) =    5.48
       Model |  808.220699     3   269.4069            Prob > F      =  0.0012
    Residual |  10119.7031   206  49.1247724           R-squared     =  0.0740
-------------+------------------------------           Adj R-squared =  0.0605
       Total |  10927.9238   209  52.2867168           Root MSE      =  7.0089

------------------------------------------------------------------------------
      whours |      Coef.   Std. Err.      t    P>|t|     [95% Conf. Interval]
-------------+----------------------------------------------------------------
      health |  -1.796974   1.361392    -1.32   0.188    -4.481022    .8870748
         age |  -.4756232    .191777    -2.48   0.014    -.8537204   -.097526
c.health#~ge |   .0639482   .0368331     1.74   0.084    -.00867     .1365665
       _cons |    27.6244   6.912041     4.00   0.000     13.99699    41.25181
------------------------------------------------------------------------------
```

图 6.3 两个连续变量的交互模型的 Stata 输出结果

从图 6.3 和方程(6.9)中可见,$\widehat{\beta}_1$ 表示当 age=0 时 health 的系数,$\widehat{\beta}_2$ 表示 health=0 时 age 的系数。然而,除非在估计前将这两个变量中心化,否则这样解释参数就没有什么意义。我们主要关注的是交互模型中 $\widehat{\beta}_3$ 的检验。$\widehat{\beta}_3$ 表示 age 每增加一个单位,health 对于 whours 的效应(系数)增加 0.06。对应的 p 值还说明这种改变(增加)具有统计显著性($p<0.1$)。

设想一下,出于某些实际/理论原因,我们对 16、26、36、46、56、66 和 76 岁的人群 health 对于 whours 的简单主(条件)效应的计算感兴趣。为此,我们可以输入以下命令:

```
. margins, dydx(health) at(age=(16(10)76))
```

这里，dydx 表示 Y 变化量与 X 变化量的比值。16 和 76 间的（10）为增量。你可以根据自己的分析目的设定不同的数值。[①]Stata 输出结果见图 6.4。age 为 16、26、36 时 health 对于 whours 的效应没有统计学差异，意味着健康动机并不会影响这些人的锻炼小时数。而其余年龄组的效应有统计学差异（$p < 0.1$）。此外，我们清楚地看到，age 每增加 10 个单位，这种效应的幅度确实在增加。比方说，年龄为 76 岁时，health 每增加一个单位，他们每月用于锻炼的时间平均增加 3 个小时。

```
. margins, dydx(health) at(age=(16(10)76))

Average marginal effects                    Number of obs    =       210
Model VCE    : OLS

Expression   : Linear prediction, predict()
dy/dx w.r.t. : health

1._at        : age             =         16
2._at        : age             =         26
3._at        : age             =         36
4._at        : age             =         46
5._at        : age             =         56
6._at        : age             =         66
7._at        : age             =         76

------------------------------------------------------------------------
             |            Delta-method
             |    dy/dx   Std. Err.      t    P>|t|   [95% Conf. Interval]
-------------+----------------------------------------------------------
health       |
         _at |
          1  | -.7738018  .8284528   -0.93   0.351   -2.407135   .8595316
          2  | -.1343195  .5564723   -0.24   0.810   -1.231431   .9627917
          3  |  .5051629  .452023     1.12   0.265   -.3860216  1.396347
          4  |  1.144645  .6085426    1.88   0.061   -.0551248  2.344415
          5  |  1.784128  .8986986    1.99   0.048    .0123013  3.555954
          6  |  2.42361   1.231394    1.97   0.050   -.0041401  4.85136
          7  |  3.063092  1.57998     1.94   0.054   -.0519124  6.178097
------------------------------------------------------------------------
```

图 6.4 简单主效应的 Stata 输出结果

我们可以使用如下命令进一步可视化交互效应，产生如图 6.5 所示的更加直观的结果：

```
. margins, at(health=(1(1)6) age=(16(10)76))
```

（结果略）

[①] 你也可以插入 age 的均值，此时得到的是在 age 取均值时 health 的简单主效应。这种做法会使得在估计前对变量进行中心化操作没有太大必要。

```
. marginsplot, noci x(health) recast(line)
```

上面的 margins 命令计算年龄取值为 16、26、36、46、56、66 和 76 时 health 全部 6 个取值下 Y 均值。每个年龄有 6 个算出的 Y 均值。marginsplot 命令将每个年龄组的 6 个 Y 均值连成直线。例如,年龄为 76 岁的直线是最陡的且呈正相关关系。确切来说,这条线也证实了我们的数值结果,即年龄为 76 岁时 health 对于 whours 有最强的且是正向的效应。其他线条的解释同理。

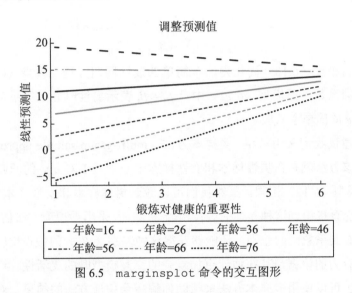

图 6.5 marginsplot 命令的交互图形

6.2.2 一个连续预测变量与一个虚拟调节变量间的交互

现在介绍另一种类型的交互模型,包含一个连续预测变量和一个虚拟调节变量。在这种情况下,我们假定年龄对于锻炼小时数的效应依赖于性别。总体回归方程变为

$$\begin{aligned}E[Y_i] &= \beta_0 + \beta_1 X_{1i} + \beta_2 X_{2i} + \beta_3 X_{3i} \\ &= \beta_0 + \beta_1 X_{1i} + \beta_2 X_{2i} + \beta_3 X_{1i} X_{2i}\end{aligned} \tag{6.10}$$

这里,X_1 表示预测变量(age),X_2 表示虚拟调节变量(gender),而 $E[Y_i]$ 表示 Y 的均值。Y 为一个月内锻炼小时数。age 的单位是岁,gender 包含女性(编码为 0)和男性(编码为 1)两类。β_1 表示女性时 age 的系数,β_2 表示 age=0 时 gender 的系数。① 最后,β_3 表示男性和女性间 age 的斜率系数的差别。或者,可以这样解释,当 X_2 取值

---

① 在此,你同样可以考虑对 age 进行中心化以得到对 β_2 有意义的解释。

增加一个单位，由 0（女性）变成 1（男性）时，age 的系数的变化值为 β_3。这种变化是增加还是减少取决于 β_3 的符号。

同前文类似，这次基于模型（6.10）采用的预测方法，我们可以计算女性（0）和男性（1）age 的简单主（条件）效应。当 $X_2=0$ 时，

$$\begin{aligned}E[Y_i] &= \beta_0 + \beta_1 X_{1i} + \beta_2(0) + \beta_3(X_{1i} \times 0) \\ &= \beta_0 + \beta_1 X_{1i}\end{aligned} \quad (6.11)$$

当 $X_2=1$ 时，

$$\begin{aligned}E[Y_i] &= \beta_0 + \beta_1 X_{1i} + \beta_2(1) + \beta_3(X_{1i} \times 1) \\ &= (\beta_0 + \beta_2) + (\beta_1 + \beta_3)X_{1i}\end{aligned} \quad (6.12)$$

这里我们将模型（6.10）简化为两个简单的线性回归方程。模型（6.11）中，β_1 表示女性时 age 的系数，而模型（6.12）中，$\beta_1 + \beta_3$ 表示男性时 age 的系数，这其实就是不同性别下 age 的简单主效应。

你可能会建议我们采用多组 / 多样本方法（multi-group/sample approach）来检验上述交互效应，该方法就是在男性样本和女性样本中分别做 Y 对 age 的回归，本质上与模型（6.11）和模型（6.12）相同。虽然我们可以看到男性样本和女性样本中系数的差别，但是我们并不能直接得到这种差别的假设检验。①然而，采用乘积项方法估计交互模型时，我们不仅能够看到系数间的差别，还能够获得这种差别（β_3）的假设检验。使用乘积项方法的更加强有力的论据是其在估计更加复杂的交互模型时的灵活性。说到这里，出于教学目的，你也可以使用多样本方法来帮助你解释乘积项方法的结果，对很多人而言，后者似乎很复杂。这个建议也适用于本章后面介绍的其他类型的交互模型。

Stata 示例

在第二个示例模型（6.10）中，我们想明确地检验 age 对 whours 的效应是否在性别间有差别。我们可以输入如下命令来估计模型（数据集为 workout.dta）

```
. reg whours c.age i.gender c.age#i.gender
```

估计的回归函数（Stata 输出结果见图 6.6）如下：

$$\begin{aligned}\widehat{whours}_i &= \hat{\beta}_0 + \hat{\beta}_1 age_i + \hat{\beta}_2 gender_i + \hat{\beta}_3(age \times gender)_i \\ &= 13.1 - 0.03 age_i + 10.6 gender_i - 0.21(age \times gender)_i\end{aligned} \quad (6.13)$$

---

① 事实上，我们用 Stata 估计后命令也能轻松完成多样本回归系数差异的假设检验，但是使用其他标准的统计软件可能很难（甚至无法）完成这项任务。

由图 6.6 和式（6.13）可见，$\hat{\beta}_1$ 表示 gender=0 时 age 的系数。由于女性的编码是 0，我们可以说，对女性而言，age 对 whours 的系数（效应）减少了 0.03。$\hat{\beta}_2$ 表示 age=0 时 gender 的系数。然而，除非我们在估计前将 age 中心化，不然系数的解释没有意义。$\hat{\beta}_3$ 表示男性和女性间的 age 的斜率系数的差别，也就是说 age 对 whours 的系数（效应）男性比女性低 0.21 个单位。相关的 p 值表示这种差异具有统计显著性。我们注意到不管是男性还是女性 age 的系数都是负的，这说明 age 对 whours 的效应在这两组都是下降的。但是男性下降的程度更大。

```
. reg whours c.age i.gender c.age#i.gender

      Source |       SS       df       MS              Number of obs =     210
-------------+------------------------------           F(  3,   206) =    8.49
       Model | 1202.50438        3   400.834794        Prob > F      =  0.0000
    Residual | 9725.41943      206   47.2107739        R-squared     =  0.1100
-------------+------------------------------           Adj R-squared =  0.0971
       Total | 10927.9238      209   52.2867168        Root MSE      =   6.871

------------------------------------------------------------------------------
      whours |      Coef.   Std. Err.      t    P>|t|     [95% Conf. Interval]
-------------+----------------------------------------------------------------
         age |  -.0317262   .0546461    -0.58   0.562    -.1394635    .0760111
             |
      gender |
         men |   10.61049   3.25435      3.26   0.001     4.19439    17.02659
             |
 gender#c.age|
         men |  -.2135282   .0789673    -2.70   0.007    -.3692158   -.0578406
             |
       _cons |   13.09677   2.290885     5.72   0.000     8.580188   17.61336
------------------------------------------------------------------------------
```

图 6.6　一个连续变量和一个虚拟变量的交互模型的 Stata 输出结果

从图 6.6 显示的信息中我们可以直接计算出男性 age 的简单主效应。我们也可以使用 margins 命令，结果见图 6.7：

`. margins, dydx(age) at(gender = (0 1))`

或者

`. margins gender, dydx(age)`

由图 6.7 可见，男性 age 对 whours 的系数为 -0.25 且统计上显著。我们也能看到女性对应的系数（-0.03，没有统计显著性），这点我们已经从图 6.6 中知道。正如我们所预料的那样，两个系数的差异就是 $\hat{\beta}_3$。

```
. margins, dydx(age) at(gender=(0 1))

Average marginal effects                        Number of obs    =    210
Model VCE      : OLS

Expression     : Linear prediction, predict()
dy/dx w.r.t.   : age

1._at          : gender         =         0
2._at          : gender         =         1
```

	dy/dx	Delta-method Std. Err.	t	P>|t|	[95% Conf. Interval]	
age _at 1 2	-.0317262 -.2452544	.0546461 .0570056	-0.58 -4.30	0.562 0.000	-.1394635 -.3576435	.0760111 -.1328652

图 6.7 简单主效应的 Stata 输出结果

同前所述，我们输入以下命令可视化交互效应，结果见图 6.8：

. margins, at(age=(20(10)60) gender=(0 1))

（结果略）

. marginsplot, noci x(age) recast(line)

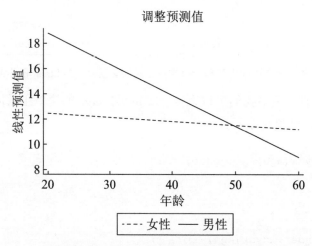

图 6.8 marginsplot 命令的交互图形

前面已解释过上述命令背后的逻辑，现在我们关注的是图 6.8 中交互的图形解释。正如我们所看到的，男性和女性的直线都是负向的。但是，男性的直线更陡，这再一次说明对男性而言，age 对 whours 的效应更强。

6.2.3 一个虚拟预测变量与一个虚拟调节变量间的交互

现在我们来解释一个虚拟预测变量与一个虚拟调节变量间的统计学交互的背后机制。我们假设性别对锻炼小时数的效应依赖于婚姻状态。总体回归方程如下：

$$\begin{aligned} E[Y_i] &= \beta_0 + \beta_1 X_{1i} + \beta_2 X_{2i} + \beta_3 X_{3i} \\ &= \beta_0 + \beta_1 X_{1i} + \beta_2 X_{2i} + \beta_3 X_{1i} X_{2i} \end{aligned} \tag{6.14}$$

这里，X_1 表示虚拟预测变量值（*gender*），X_2 表示虚拟调节变量（*marital status*），$E[Y_i]$ 表示 Y 的均值，Y 为一个月内锻炼小时数。而 *gender* 包含女性（编码为0）和男性（编码为1）两类，婚姻状态（*marital status*）包含已婚（0）和单身（1）两类。β_1 表示已婚者中 *gender* 的系数，β_2 表示女性中 *marital status* 的系数。最后 β_3 表示已婚者和单身者间 *gender* 系数的差别。

同样，基于（6.14）的预测方法，我们计算已婚（0）和单身（1）中 *gender* 的简单主（条件）效应。当 $X_2 = 0$ 时，

$$\begin{aligned} E[Y_i] &= \beta_0 + \beta_1 X_{1i} + \beta_2(0) + \beta_3(X_{1i} \times 0) \\ &= \beta_0 + \beta_1 X_{1i} \end{aligned} \tag{6.15}$$

当 $X_2 = 1$ 时，

$$\begin{aligned} E[Y_i] &= \beta_0 + \beta_1 X_{1i} + \beta_2(1) + \beta_3(X_{1i} \times 1) \\ &= (\beta_0 + \beta_2) + (\beta_1 + \beta_3) X_{1i} \end{aligned} \tag{6.16}$$

因此，（6.15）中 β_1 表示已婚者 *gender* 的系数，而（6.16）中 $\beta_1 + \beta_3$ 表示单身者 *gender* 的系数。

Stata 示例

第三个示例模型（6.14）中，我们考察虚拟预测变量（*gender*）和虚拟调节变量（*marital status*）之间的交互。这次的目的是检验已婚者和单身者 *gender* 对 *whours* 的效应是否不同。为了在 Stata 中估计这种交互模型（数据集为 *workout.dta*），命令如下：

```
. reg whours i.gender i.marital i.gender#i.marital
```

估计的回归函数（Stata 输出结果见图 6.9）如下：

$$\begin{aligned} \widehat{whours}_i &= \hat{\beta}_0 + \hat{\beta}_1 gender_i + \hat{\beta}_2 marital_i + \hat{\beta}_3 (gender \times marital)_i \\ &= 11.5 + 0.56 gender_i + 0.70 marital_i + 3.47 (gender \times marital)_i \end{aligned} \tag{6.17}$$

由图 6.9 和式（6.17）可见，$\hat{\beta}_1$ 表示 marital=0 时 gender 的系数。因为已婚者编码为 0，所以我们可以说就已婚者而言，男性比女性多锻炼 0.56 个小时。该系数（差异）并没有统计显著性。$\hat{\beta}_2$ 表示 gender=0 时 marital 的系数。因为女性编码为 0，所以我们可以说就女性而言，单身者比已婚者多锻炼 0.70 个小时。该系数（差异）也没有统计显著性。而 $\hat{\beta}_3$ 表示单身者中，男性比女性多锻炼 3.47 个小时，该系数（差异）有统计显著性（$p<0.1$）。

```
. reg whours i.gender i.marital i.gender#i.marital

      Source |       SS       df       MS              Number of obs =     210
-------------+------------------------------           F(  3,   206) =    4.55
       Model |  678.978763     3  226.326254           Prob > F      =  0.0041
    Residual |  10248.945    206  49.7521604           R-squared     =  0.0621
-------------+------------------------------           Adj R-squared =  0.0485
       Total |  10927.9238   209  52.2867168           Root MSE      =  7.0535

----------------------------------------------------------------------------------
          whours |      Coef.   Std. Err.      t    P>|t|     [95% Conf. Interval]
-----------------+----------------------------------------------------------------
          gender |
             men |   .5609594   1.392495     0.40   0.687    -2.184409    3.306328
                 |
         marital |
          single |   .6956962   1.274683     0.55   0.586    -1.817401    3.208794
                 |
  gender#marital |
      men#single |    3.47811   2.02265     1.72   0.087    -.5096378    7.465859
                 |
           _cons |   11.5443    .7935831   14.55   0.000     9.979718    13.10889
----------------------------------------------------------------------------------
```

图 6.9　两个虚拟变量交互模型的 Stata 输出结果

注意，使用以下命令我们可以直接得到单身者和已婚者性别的系数（与前文类似）：

`. margins, dydx(gender) at(marital=(0 1))`

结果见图 6.10。

同样，我们使用类似的命令可视化交互效应，即

`. margins, at(gender=(0 1) marital=(0 1))`

（结果略）

`. marginsplot, noci x(gender) recast(line)`

```
. margins, dydx(gender) at(marital=(0 1))

Conditional marginal effects                    Number of obs   =        210
Model VCE      : OLS

Expression     : Linear prediction, predict()
dy/dx w.r.t.   : 1.gender

1._at          : marital         =           0

2._at          : marital         =           1
```

	dy/dx	Delta-method Std. Err.	t	P>|t|	[95% Conf. Interval]	
1.gender _at 1 2	.5609594 4.03907	1.392495 1.466994	0.40 2.75	0.687 0.006	-2.184409 1.146823	3.306328 6.931316

图 6.10　简单主效应的 Stata 输出结果

结果见图 6.11。正如我们所看到的，上方表示单身者的直线，比下方表示已婚者的直线更陡，这强调了数值结果，即单身者中男女间的 Y 均值差异比已婚者大。

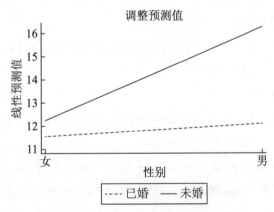

图 6.11　marginsplot 命令的交互图形

6.2.4　一个连续预测变量和一个多分类调节变量间的交互

这一部分，我们将考察一种相对复杂的交互模型，包含一个连续预测变量和一个三分类调节变量。例如，我们假定年龄对锻炼时间的效应依赖于受教育程度。因为受教育程度包含三类（中学/高中、大学、大学以上），我们将产生三个虚拟变量[①]，其中两个与 age 有交互，另一个作为参照组。我们的回归模型中包括所有的组成部分和交互项，

---
① 正如我们在第 5 章中关于虚拟变量回归的部分所介绍的那样，未纳入交互模型中的虚拟变量是参照组（中学/高中学历）。

方程如下:

$$\begin{aligned} E[Y_i] &= \beta_0 + \beta_1 X_{1i} + \beta_2 X_{2i} + \beta_3 X_{3i} + \beta_4 X_{4i} + \beta_5 X_{5i} \\ &= \beta_0 + \beta_1 X_{1i} + \beta_2 X_{2i} + \beta_3 X_{3i} + \beta_4 X_{1i} X_{2i} + \beta_5 X_{1i} X_{3i} \end{aligned} \quad (6.18)$$

这里,X_1 表示连续预测变量(age),X_2 表示第一个虚拟变量(university),X_3 表示第二个虚拟变量(more than university),$E[Y]$ 表示 Y 的均值。Y 为一个月内锻炼的小时数。β_1 表示 secondary/high school 教育 age 的系数。β_2 表示当 age=0 时 university 和 secondary/high school 教育间 Y 均值的差异①。β_3 表示当 age=0 时 more than university 和 secondary/high school 教育间 Y 均值的差异。β_4 表示 university 和 secondary/high school 教育之间 age 系数的差异。β_5 表示 more than university 和 secondary/high school 教育之间 age 系数的差异。

现在我们来计算 3 个受教育程度(secondary/high school、university 和 more than university)中 age 的简单(条件)主效应。当 X_2=0 且 X_3=0 时,

$$\begin{aligned} E[Y_i] &= \beta_0 + \beta_1 X_{1i} + \beta_2(0) + \beta_3(0) + \beta_4(X_{1i} \times 0) + \beta_5(X_{1i} \times 0) \\ &= \beta_0 + \beta_1 X_{1i} \end{aligned} \quad (6.19)$$

当 X_2=1 且 X_3=0 时,

$$\begin{aligned} E[Y_i] &= \beta_0 + \beta_1 X_{1i} + \beta_2(1) + \beta_3(0) + \beta_4(X_{1i} \times 1) + \beta_5(X_{1i} \times 0) \\ &= (\beta_0 + \beta_2) + (\beta_1 + \beta_4) X_{1i} \end{aligned} \quad (6.20)$$

当 X_2=0 且 X_3=1 时

$$\begin{aligned} E[Y_i] &= \beta_0 + \beta_1 X_{1i} + \beta_2(0) + \beta_3(1) + \beta_4(X_{1i} \times 0) + \beta_5(X_{1i} \times 1) \\ &= (\beta_0 + \beta_3) + (\beta_1 + \beta_5) X_{1i} \end{aligned} \quad (6.21)$$

如前所述,(6.19)中 β_1 表示 secondary/high school 教育 age 的系数。(6.20)中,$\beta_1 + \beta_4$ 表示 university 教育 age 的系数。最后,(6.21)中 $\beta_1 + \beta_5$ 表示 more than university 教育 age 的系数。

虽然(6.18)中 β_4 和 β_5 的假设检验是检验各自的交互效应,但是我们需要检验总的交互效应的显著性。我们可以通过简单地拓展 F 检验的思路来检验一组系数的显著性。因为本模型中包含两个交互系数(β_4 和 β_5),我们需要检验这两个系数是否同时显著不同于 0。为此,我们构建一个 F 统计量 [见第 5 章式(5.28)],它服从于 $df_1=p$ 和 $df_2=n-K$ 的 F 分布,这里 RSS_R 和 RSS_{UR} 分别是限制性模型和非限制性模型的残差平方和,p 是限制参数个数,n 是观测数,K 是参数的个数。

非限制性模型表示全模型包括所有的组成项(X_1, X_2, X_3)和乘积项(X_4, X_5),

---

① 我们可以中心化变量 age,从而得到对回归系数更有意义的解释。

而限制性模型只包括 3 个组成项（X_1, X_2, X_3）。我们称其为限制性模型的原因是我们假定乘积/交互项的系数为 0（$H_0: \beta_4 = \beta_5 = 0$）。因为我们限定了这两个参数等于 0，所以限制参数的个数自然就等于 2。如果 F 检验[①] 的结果显示统计上显著，那么我们就接受备择假设，即存在总的交互效应。

Stata 示例

在（6.18）的最终模型中，我们检验 *age* 对 *whours* 的效应是否依赖于受教育程度。本例与包含一个虚拟调节（*gender*）的例子非常相似。只不过本例中我们用一组虚拟变量来表示多分类变量，即 3 个学历水平。我们使用 Stata 估计模型（*workout.dta* 数据集）：

. reg whours c.age i.educ c.age#i.educ

估计的回归函数（Stata 输出结果见图 6.12）如下：

$$\widehat{whours}_i = \hat{\beta}_0 + \hat{\beta}_1 age_i + \hat{\beta}_2 univ_i + \hat{\beta}_3 m\_univ_i + \hat{\beta}_4 (age \times univ)_i + \hat{\beta}_5 (age \times m\_univ)_i$$
$$= 23 - 0.22 age_i - 10.46 univ_i - 13.36 m\_univ_i + 0.20 (age \times univ)_i + 0.26 (age \times m\_univ)_i$$

(6.22)

如图 6.12 和方程（6.22）所示，β_1 表示中学/高中学历的 *age* 的系数。也就是说，在中学/高中学历中，*age* 每增加一个单位，*whours* 平均下降 0.22 个单位。β_2 和 β_3 分别表示当 *age*=0 时 *university* 和 *secondary/high school* 学历间，*more than university* 和 *secondary/high school* 学历间 Y 均值的差异。然而，除非我们将 *age* 中心化，否则系数解释就没有意义。

现在着重解释乘积项系数。我们知道，β_4 表示大学学历和中学/高中学历间年龄系数的差异。确切地说，年龄每增加一个单位，大学学历比中学/高中学历平均增加约 0.20 *whours*。这种差异有统计显著性。β_5 表示大学以上学历和中学/高中学历间年龄系数的差异。这就意味着年龄每增加一个单位，大学以上学历比中学/高中学历平均增加 0.26 *whours*。这种差异也有统计显著性。如果我们想检测 *university* 与 *more than university* 学历之间 *age* 系数的差异，那么我们建议将参照组（*secondary/high school*）更改为另外两类即可。

[①] 我们通常使用层次回归自动生成 F 统计量及相应的 p 值，而不是运行两个单独的回归，获得 F 统计量，然后找到相应的 p 值。层次回归包括一个包含组成项的块和一个包含组成项和乘积项的第二个块。

```
. reg whours c.age i.educ c.age#i.educ

      Source |       SS       df       MS              Number of obs =     210
-------------+------------------------------           F(  5,   204) =    6.27
       Model |  1455.73963     5  291.147926           Prob > F      =  0.0000
    Residual |  9472.18418   204  46.4322754           R-squared     =  0.1332
-------------+------------------------------           Adj R-squared =  0.1120
       Total |  10927.9238   209  52.2867168           Root MSE      =  6.8141

------------------------------------------------------------------------------
      whours |      Coef.   Std. Err.      t    P>|t|     [95% Conf. Interval]
-------------+----------------------------------------------------------------
         age |  -.2190014   .0579104    -3.78   0.000    -.3331811   -.1048217
             |
        educ |
  university |  -10.46198   4.363082    -2.40   0.017    -19.06449   -1.859459
more than university |  -13.36174   4.018536    -3.33   0.001    -21.28493   -5.438548
             |
   educ#c.age |
  university |   .2014475   .102947      1.96   0.052    -.001529    .404424
more than university |   .2564962   .0985739    2.60   0.010     .062142    .4508504
             |
       _cons |   23.00372   2.148345    10.71   0.000     18.76791    27.23953
------------------------------------------------------------------------------
```

图6.12 一个连续性变量和一个多分类变量的交互模型的Stata输出结果

我们用Stata计算3个受教育程度（*secondary/high school*、*university*和*more than university*）的age的简单主效应。这些结果（见图6.13）也进一步验证了交互项系数的解释。

```
. margins, dydx(age) at(educ=(1 2 3))
```

或

```
. margins educ, dydx(age)
```

```
. margins, dydx(age) at(educ=(1 2 3))

Average marginal effects                        Number of obs     =        210
Model VCE    : OLS

Expression   : Linear prediction, predict()
dy/dx w.r.t. : age

1._at        : educ            =           1
2._at        : educ            =           2
3._at        : educ            =           3

------------------------------------------------------------------------------
             |            Delta-method
             |      dy/dx   Std. Err.      t    P>|t|     [95% Conf. Interval]
-------------+----------------------------------------------------------------
age          |
         _at |
          1  |  -.2190014   .0579104    -3.78   0.000    -.3331811   -.1048217
          2  |  -.0175539   .0851144    -0.21   0.837    -.1853707    .1502629
          3  |   .0374948   .0797696     0.47   0.639    -.1197838    .1947734
------------------------------------------------------------------------------
```

图6.13 简单主效应的Stata输出结果

我们可以输入以下命令可视化交互效应，结果见图6.14。

```
. margins, at(age=(20(10)60) educ=(1 2 3))
```

（结果略）

```
. marginsplot, noci x(age) recast(line)
```

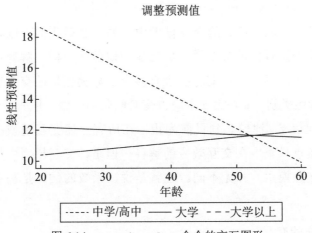

图 6.14　marginsplot 命令的交互图形

如图 6.14 所示，*secondary/high school* 的直线是最陡的，且是负向关系。这也支持了图 6.13 中得到的数值结果，即年龄越大，锻炼越少。*university* 和 *more than university* 的直线仅仅表明这两组中年龄对锻炼时间的重要性更高。

最后一件事（但在实践中往往是第一件事）就是检验总的交互作用是否统计上显著。为此，我们在回归估计后输入如下命令：

```
. test (2.educ#c.age 3.educ#c.age)
```

或者

```
. testparm i.educ#c.age
```

结果见图 6.15。F 检验的结果显示统计上显著，这说明存在总的交互效应。该结果也恰巧证实了交互作用模型中各自系数的解释。

```
. test (2.educ#c.age 3.educ#c.age)

 ( 1)  2.educ#c.age = 0
 ( 2)  3.educ#c.age = 0

       F(  2,   204) =    4.06
            Prob > F =  0.0186
```

图 6.15 总的交互效应假设检验

值得一提的是，在以上所有的交互模型中，如有必要我们可以将调节变量看作预测变量或者将预测变量看作调节变量。然后我们像前面一样，解释得到的系数并计算感兴趣的简单主效应。再者，在上述的含有多个二分类变量的交互模型中，如有必要我们可以改变[1]参照类别（如在第 5 章虚拟变量回归中所做）并重新估计模型以获得我们所感兴趣的其他信息 / 比较。到目前为止，在所有上述交互模型中，我们故意不包括任何协变量使焦点只集中在交互效应的解释上。但是，交互模型中如果包含协变量，与相加模型（非交互模型）并无不同。也就是说，系数的估计是基于考虑协变量后的调整系数[2]。

显著 vs 不显著的交互

截至目前，我们隐含假定乘积 / 交互项统计上显著。但如果交互统计上不显著呢？这个问题的答案实际上与回归模型中包含 / 排除一个预测变量的答案并无不同。所以，如果你事先（数据收集前）假设显著的交互，那么交互即使不显著也应当包含在回归模型中。但是，大部分人认为，在社会科学（尤其是非实验性）研究中交互通常是事后（数据收集之后）检测的。这种情况下，我们建议排除不显著的交互以获得一个统计学上简洁的不太复杂的回归模型。再者，在交互模型中我们通常建议关注交互项和简单（条件）效应的解释而不是构成交互项的变量的主效应[3]。

中心化和标准化

到目前为止，我们有意只采用原始（未经变换的）数据来深入理解交互作用。回想

---

[1] 当然，我们也可以用线性组合方法。但是为了简便，在此我们不再展开这种方法的理论细节（在第 5 章关于虚拟变量回归的部分中可找到相关的分析）。
[2] 在包含分类变量的交互回归模型中加入协变量等价于析因协方差分析（factorial ANOCOVA）。
[3] 顺便指出，由于 ANOVA 采用效应编码（effect coding），其估计得到的交互模型仍会提供组成项的主效应，而回归采用的是虚拟变量编码（dummy coding），因此会提供简单主效应。

一下，交互模型中预测变量的系数反映了调节变量取值为 0 时的斜率（效应），反之亦然。但是这样的解释在调节变量 / 预测变量不可能取值为 0 时是没有意义的。解决这个问题的一种方法是将调节变量 / 预测变量中心化。理论上，你可以在任意点上中心化变量，但是最常用的是在其均值处中心化。也就是说，我们用每个观测值减去调节 / 预测变量的均值。然后，我们用中心化后的数据估计交互模型时，预测变量的系数反映的是调节变量取值为均值时的斜率。因此，中心化的主要优点是易于解释。顺便提一下，交互项的系数并不会受到这种变换的影响。作为均值中心化的另一种选择，你仍然可以使用基于原始数据的方程来获得如交互模型中所做的调节 / 预测变量在感兴趣的任意值（包括均值）上的斜率。毕竟，在均值处估计的系数本身是一个简单效应。

另一种有时会使用的变换方法就是 z 得分变换。这种变换与中心化很类似，但标准化变量时，我们用变量的取值减去均值后再除以标准差。和中心化数据的交互模型一样，调节 / 预测变量的系数仍然反映取值为 0 时的斜率。由于 0 是 z 变换后变量的均值，系数将反映调节 / 预测变量在均值处的斜率。与中心化方法中以原始尺度解释不同，标准化方法中系数要从标准差角度来解释。标准化方法的解释类似于多元回归分析中的解释。

是应该采用原始数据、中心化数据还是标准化数据，我们对这个问题的回答是，除非有特殊的原因要求选择中心化[①]或标准化数据，否则我们通常建议采用原始数据，并在变量的原始尺度上解释结果系数。这种方法为研究者提供了灵活性（如使用预测方程），同时也为作出更为实际的解释提供了基础。当调节 / 预测变量是一个分类变量时，这就更有意义，因为此时没有合理的理由中心化或标准化该变量。

6.3 总结

本章我们详细介绍了如何构建、估计和解释交互模型。本章涉及的示例都局限于两因素交互模型。但是，两因素交互模型的思想为弄清楚三因素交互模型提供了坚实基础。尽管我们采用线性回归来检测交互效应，类似的思路也适用于（稍作调整）logistic 回归、结构方程和其他本书未涉及的方法（如 Poisson 回归、生存分析等）。此外，交互作用

---

① Jaccard 和 Turrisi（2003）也指出，不管是用中心化数据还是原始数据，交互项系数的假设检验和置信区间的结果是相同的。交互项 / 乘积项与组成项之间的多重共线性并不会成为问题。更大的问题是组成项之间存在多重共线性，第 7 章回归假设部分会对此进行分析。

模型为理解多水平建模提供了跳板。我们还展示了如何用 Stata 出色的特性来估计并理解这些相当复杂的模型。

 关键术语

- 交互效应（Interaction effect）：改变两个变量间关系的第三个变量。
- 析因方差分析（Factorial ANOVA）：包含交互项的方差分析。
- 析因协方差分析（Factorial ANCOVA）：包含交互项的协方差分析。
- 相加模型（Additive model）：假定系数为常数的模型。
- 非相加模型（Non-additive model）：系数随调节变量变化的模型。
- 两因素交互（Two-way interaction）：两个预测变量间的交互。
- 乘积项（Product-term）：两个预测变量间的乘积。
- 多样本方法（Multi-sample approach）：在多个样本中估计 X 对 Y 的效应。
- 调节变量（Moderator）：改变两个其他变量间关系的变量。
- 预测变量（Predictor）：自变量。
- 中心化（Centring）：变量的均值变换为 0。
- 简单主效应（Simple main effects）：调节变量特定取值时 X 对 Y 的效应。

问题

1. 解释我们何时／为什么使用交互模型。
2. 举例说明什么是统计学交互／调节。
3. 构建并估计包含一个虚拟预测变量和一个连续性调节变量的交互模型。

延伸阅读

Jaccard, J. and Turrisi, R. (2003) *Interaction Effects in Multiple Regression* (2nd edn). London: Sage.

正如书名所示，这是一本详细阐述多元回归模型交互效应的书，包含更多的细节和例子。

参考文献

Gordon, R.A. (2010) *Regression Analysis for the Social Sciences* (4th edn). Abingdon:Routledge.

Jaccard, J. and Turrisi, R. (2003) *Interaction Effects in Multiple Regression* (2nd edn). London: Sage.

Mitchell, M.N. (2012) *Interpreting and Visualizing Regression Models Using Stata.* CollegeStation, TX: Stata Press.

Pardoe, I. (2006) *Applied Regression Modeling: A Business Approach.* Hoboken, NJ: John Wiley& Sons.

7.1 正确设定模型

7.2 残差的假设

7.3 强影响点

7.4 总结

关键术语

问题

延伸阅读

参考文献

线性回归的假设与诊断

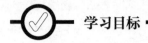 学习目标

- 理解 OLS 回归的假设
- 学会如何用 Stata 软件检验非线性、异方差、误差项分布和其他假设
- 理解如何处理违背假设的情况

所有形式的回归分析都必须满足某些假设。如果不能满足，那么我们就不能相信模型的估计是正确的。普通最小二乘回归是我们估计的中心方法，当它的假设满足时，它就不能再改进了。然而，在许多情况下，假设条件没有得到满足，如我们的数据是嵌套的，或者因变量不是连续型的。回归诊断主要问题是我们是否过度简化以及我们的假设是否合理。在本章中，我们将引导读者了解 OLS 回归的假设，演示如何使用 Stata 软件检验这些假设，以及如何处理违背这些假设的情况。

通常认为最小二乘法是德国数学家卡尔·弗里德里希·高斯（Karl Friedrich Gauss）提出的。1821 年，他提出了关于普通最小二乘估计量的定理：如果满足某些假设条件，最小二乘估计量是最优线性无偏估计量。1900 年，该定理被安德烈·马尔科夫（Andrei Markov）重新发现，现在它被称为高斯-马尔科夫定理（the Gauss-Markov theorem）。高斯-马尔科夫条件包括误差项条件均值为零、误差项具有相同的方差、不同观测的误差不相关、误差与 X 变量不相关。

除了高斯-马尔科夫条件外，还有一些其他假设需要满足。这些假设包括模型设定正确、解释变量彼此间相关性不能太高以及残差服从正态分布。本章我们将指导你完成所有这些假设，并在 Stata 中演示方法来检验模型是否遵循这些假设。此外，我们还将研究强影响观测（influential cases）。

首先从分析 Y 和 X 变量的频数分布入手，识别潜在的问题，如变量分布是偏态的、平坦的还是尖峰的等。正态分布的变量通常使得误差项也服从正态分布且强影响观测较少。因此，为了避免回归假设出现问题，明智的做法是在分析开始的时候就对变量进行重新编码和变换（更多相关信息请参阅第 13 章）。此外，如果因变量是不连续的（或近似连续的），我们将不得不研究其他类型的回归分析而不是最小二乘法（见第 8 章）。

> **最初的高斯-马尔科夫假设**
> 1. 误差项的条件均值为零（见第 7.2.1 节）
> 2. 误差项具有相同的方差（见第 7.2.2 节）
> 3. 误差是不相关的（见第 7.2.3 节）
>
> **额外的假设**
> 4. 模型设定正确（见第 7.1.1、7.1.2 和 7.1.3 节）
> 5. 不存在多重共线性（见第 7.1.4 节）
> 6. 残差服从正态分布（见第 7.2.4 节）

7.1 正确设定模型

我们可以将回归假设分为两部分：一部分是关于最小二乘模型的设定；另一部分是关于残差的假设。如果未能包括理论上重要的变量，包括了不相关的变量，或者真实的效应是非线性却被建模为线性关系时，就会发生所谓的模型设定错误（model specification error）。如果我们通过加入新变量来改进我们的模型，应该检验加入变量是否对模型有显著的改进。如果两个模型之间的区别是一个解释变量，我们可以使用 t 检验（并查看新变量的 p 值）。然而，如果增加了多个变量（或交互项或平方项），则应该采用 F 检验（更多相关内容参见第 4 章）。Stata 会先估计受约束的模型并保存估计结果，然后再估计无约束的模型并保存估计结果，最后，查看 F 检验是否有统计显著性：

```
. reg Y X1 X2 X3 X4 X5
. test X4 X5
```

7.1.1 所有有关的 X 变量，而没有无关的

我们提出的第一个假设是，应该包括所有有关的 X 变量，而不包括无关的 X 变量。这首先是一个理论问题。也就是说，你应该注意识别那些预期会影响因变量的变量。理想情况下，所有这些都应该包含在模型中。然而，数据的限制使这一个假设难以满足。你不应该包括你没有理论或逻辑理由的 X 变量。一个原因是，在进行假设检验时面临着不确定性。譬如，如果我们接受结果中 5% 的不确定性（95% 置信区间），通过随意包含解释变量和由不必要的变量"控制"的其他系数，会增加产生虚假的显著结果的风险。

Stata 中 `linktest` 命令可以在任何单方程估计之后运行（在第 8 章中也会用到该命令）。该检验用来查看我们的模型是否存在错误设定，即是否使用了变量的错误形式或者模型中是否应包括一些额外的自变量。简言之，该检验给出了一个回归，其包括两个自变量：`_hat`（线性预测值）——如果我们有一个好模型，则 `_hat` 应该是 Y 的一个好的预测变量；`_hatsq`（线性预测值的平方）——如果我们的模型正确设定，则 `_hatsq` 就不应该有统计显著性。构成检验的是后一个变量：如果变量 `_hatsq` 的系数有统计显著性，那么 `linktest` 是统计上显著的（这意味着我们忽略了重要变量和/或模型没有被正

确设定）。我们使用数据集 *ESSGBdiagnostics.dta* 进行回归分析，拟用解释变量 *age*、*woman*（0～1）、*political_interest*（1～4）和 *religious*（0～10）来解释法律制度信任感的原因（0～10）：

```
. quietly regress trstlgl age woman political_interest religious
. linktest
```

检验的输出结果如图 7.1 所示。很明显，该模型不是一个很好的模型（因为 _hat 没有统计显著性），但是不能说存在模型误设问题（因为 _hatsq 也没有统计显著性）。

Source	SS	df	MS				
Model	535.277594	2	267.638797		Number of obs =	1902	
Residual	10020.7077	1899	5.27683396		F(2, 1899) =	50.72	
					Prob > F =	0.0000	
					R-squared =	0.0507	
					Adj R-squared =	0.0497	
Total	10555.9853	1901	5.55285917		Root MSE =	2.2971	

trstlgl	Coef.	Std. Err.	t	P>|t|	[95% Conf. Interval]	
_hat	2.224391	1.591641	1.40	0.162	-.8971575	5.34594
_hatsq	-.1155341	.1498937	-0.77	0.441	-.4095077	.1784395
_cons	-3.211569	4.200487	-0.76	0.445	-11.44962	5.026485

图 7.1 `linktest` 命令的 Stata 输出结果

如果模型存在遗漏变量问题，可以用 Stata 中的 `ovtest` 命令。该命令可对遗漏变量进行两个版本的 Ramsey（1969）回归设定错误的检验：

```
. quietly regress trstlgl age woman political_interest religious
. estat ovtest

       Ramsey RESET test using powers of the fitted values of trstlgl
             Ho:  model has no omitted variables
                  F(3, 1894) =      0.98
                  Prob > F   =      0.4000
```

检验没有统计显著性意味着我们维持没有遗漏变量的原假设，也就是说，根据这个检验，我们的模型是好的。

然而，通过像 `ovtest` 或 `linktest` 这样的诊断检验并不意味着我们已经设定了最好的可能模型，无论是在统计上还是在实质上。我们只能将此解释为我们的模型已经通过了数据拟合的最小统计门槛。ovtest 命令不应该被解释为对未使用的遗漏变量的检验，而是对已使用变量错误设定的检验。linktest 也不是一个可以检测遗漏变量偏差的"魔法"检验。尽管通过了上述诊断检验，但在下面的章节中，我们将研究如何改进现有模型。

此外，还有一个假设，即 X 变量的测量没有误差。这关系到数据的可靠性。测量误差将导致有问题变量的关系被低估，并可能高估模型中其他解释变量。标准回归模型假设方程中的变量不存在测量误差。

7.1.2 线性

线性假设是指在保持所有其他 X 变量不变的条件下，变量 X_i 每增加一个单位，Y 均值的变化是一个常数。无论 X_i 的水平如何，Y 的变化（正或负）都是相同的（X_i 从 3 到 4，还是从 7 到 8，Y 的变化是相同的）。但在现实世界中，情况往往并非如此。Y 的变化可能取决于 X_i 的水平（例如，当 X_i 从 3 到 4，Y 的变化是正的，而当 X_i 从 45 到 46，Y 的变化是负的）。在这种情况下，我们说这种关系是非线性的。换句话说，我们的自变量和因变量之间的关系根据情形（特定 X 变量的水平）的变化而变化（见图 7.2）。如果一个模型在函数形式上设定错误，那么其斜率系数可能会给出对现实的错误描述。

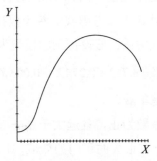

图 7.2　非线性（曲线）关系

如果我们将非线性关系建模为线性关系，将面临回归系数不正确、标准误有偏以及 t 统计量和 F 统计量无效等风险。非线性关系的可能性应当最先出现在对变量效应的理论工作中。假设 X-Y 之间关系是线性的合理吗，或者可能是曲线的？我们可以通过绘制 Y 和 X 变量的散点图来判断非线性。

有一个拐点的曲线关系

为了建立一条曲线的非线性关系模型，我们可以在回归中包括变量的平方项。例如，要研究年龄（X）和受教育年限（Y）之间的关系，预期这种关系是曲线关系。原因是，一般来说，预期年龄越大的人会接受更多的教育（除了那些通常缺少上学机会的老一辈）。为了建立这种曲线关系，在分析中同时包括年龄和年龄的平方项（age*age）（见表 7.1），把后一个变量定义为 age^2。

表 7.1 年龄和年龄的平方

age （年 龄）	age^2 （年龄的平方）	increase in age （年龄的增加）	increase in age^2 （年龄平方的增加）
20	400	—	—
30	900	10	500
40	1600	10	700
50	2500	10	900
60	3600	10	1100
70	4900	10	1300
80	6400	10	1500

在表 7.1 中，年龄从 20 岁到 30 岁的增加与从 30 岁到 40 岁的增加相同，以此类推。但年龄的平方项每年增加的会越来越多，所以年龄越大，效应也就越大。因此，原始变量的值越大，其平方项的效应就越大。考虑我们希望根据年龄的函数来预测受教育年限的回归，我们将效应建模成曲线关系。假设得到的模型为：

$$Y = 8.712 + 0.274X - 0.003X^2 \tag{7.1}$$

其中 Y 是受教育年限，X 是年龄。

首先，我们注意到 age 的系数为正，且远大于 age^2 的系数，age^2 的系数相当小。也就是说，对于年轻人来说，age 有很大的正向效应，而 age^2 则有较小的负向效应。然而，随着年龄的增长，age^2 的效应会逐渐变大，并且在达到一定的年龄之后，将会超过 age 的效应。这可以通过一些简单的预测来说明。让我们分别预测 3 个值：20 岁、40 岁和 70 岁。对于年龄 $X = 20$，

$$Y = 8.712 + 0.274X - 0.003X^2 = 8.712 + 0.247 \times 20 - 0.003 \times 20^2 = 12.45 \text{ 年}。$$

对于年龄 $X = 40$，

$$Y = 8.712 + 0.274X - 0.003X^2 = 8.712 + 0.247 \times 40 - 0.003 \times 40^2 = 13.79 \text{ 年}。$$

对于年龄 $X = 70$，

$$Y = 8.712 + 0.274X - 0.003X^2 = 8.712 + 0.247 \times 70 - 0.003 \times 70^2 = 11.30 \text{ 年}。$$

我们可以通过求导来找到一个图的确切顶点或最低点（该点年龄的效应会改变方向）。在这里，我们对顶点感兴趣，但是同样的方程也可以用来找到最低点。

对于

$$f(x) = ax^2 + bx + c \tag{7.2}$$

其中 ax^2 是平方项，bx 是原始变量，c 是常数（截距）项，顶点出现在

$$x = \frac{-b}{2a} \tag{7.3}$$

将回归方程（7.1）中的数字代入，我们得到

$$x = \frac{-0.247}{-0.006} = 41.16$$

图的顶点在 41.16，这是受教育年限最高所对应的年龄。

Stata 中曲线建模

回到数据集 *ESS5GBdiagnostics.dta*，我们想解释法律制度信任感的原因：

```
. regress trstlgl age woman political_interest religious
```

Source	SS	df	MS		Number of obs	=	1902
					F(4, 1897)	=	25.18
Model	532.142701	4	133.035675		Prob > F	=	0.0000
Residual	10023.8426	1897	5.28404986		R-squared	=	0.0504
					Adj R-squared	=	0.0484
Total	10555.9853	1901	5.55285917		Root MSE	=	2.2987

trstlgl	Coef.	Std. Err.	t	P>|t|	[95% Conf. Interval]	
age	-.0045918	.0028796	-1.59	0.111	-.0102393	.0010557
woman	-.3239065	.108797	-2.98	0.003	-.5372809	-.1105321
political_interest	.4534565	.0581223	7.80	0.000	.3394662	.5674468
religious	.0892736	.0217054	4.11	0.000	.0467046	.1318426
_cons	4.172909	.2254221	18.51	0.000	3.730808	4.615011

图 7.3　探索法律制度信任感的 Stata 输出结果

图 7.3 中的结果表明，年龄 *age* 的效应是负的，且统计上不显著。然而我们不确定

模型是否正确，因为可能已经违反了线性假设。如果怀疑年龄的效应不是线性的，那么应该对此进行检查。我们用 lowess 命令来考察年龄（age）和信任感（trust）之间的双变量关系的形状。这会创建一个新变量——基于年龄对信任感的局部加权回归的预测值。lowess 命令很有用，因为它能很好地展示数据①。该命令主要用来探索数据，结果见图 7.4。

```
. lowess trstlgl age, nograph gen(yhatlowess)
. line yhatlowess age, sort
```

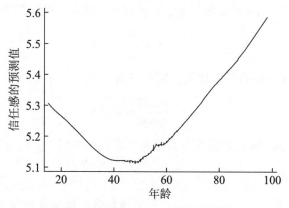

图 7.4　年龄和信任之间的关系

从图 7.4 中可以看出，变量间为凸型（convex）曲线关系，应该在回归中对此进行建模。对于像年龄这样的连续度量（具有许多值），最佳方式是在模型中包括一个二次（平方）项。这可以通过使用交互运算符 ##，将年龄与年龄相乘来完成。② 此外，我们需要通过 c.age 来指定 age 是一个连续变量（而不是分类变量，这是默认值）。还可以通过生成一个名为 age2 的新变量（generate age2 = age×age），并将其纳入回归中，将产生完全相同的结果。然而，这种方法不能用 margins 这个估计后命令（post-estimation command）来绘制关系图。相反，我们用交互运算符并包含其他解释变量：

```
. regress trstlgl c.age##c.age woman political_interest religious
```

---

① lowess 的替代是 lpoly，它执行局部多项式回归并显示平滑值。
② ## 给出因子交互项（age + age×age），而单个 # 将产生单个交互项（age×age）。在大多数情况下，我们对前者感兴趣。

```
      Source |       SS       df       MS              Number of obs =    1902
-------------+------------------------------           F(  5,  1896) =   21.84
       Model |  574.94511      5  114.989022           Prob > F      =  0.0000
    Residual | 9981.04017   1896  5.26426169           R-squared     =  0.0545
-------------+------------------------------           Adj R-squared =  0.0520
       Total | 10555.9853   1901  5.55285917           Root MSE      =  2.2944

------------------------------------------------------------------------------
      trstlgl |      Coef.   Std. Err.      t    P>|t|     [95% Conf. Interval]
-------------+----------------------------------------------------------------
          age |  -.0467456   .0150601    -3.10   0.002    -.0762818   -.0172095
   c.age#c.age |   .0004126   .0001447     2.85   0.004     .0001288    .0006964
        woman |  -.3257212    .108595    -3.00   0.003    -.5386995    -.112743
political_interest |  .4723812   .0583918    8.09   0.000     .3578623      .5869
    religious |   .0864412   .0216875     3.99   0.000     .0439074    .1289751
        _cons |   5.074485   .3880667    13.08   0.000     4.313403    5.835568
------------------------------------------------------------------------------
```

（*age*的效应；*age*×*age*的效应）

图 7.5　包括年龄平方项的 Stata 输出结果

从图 7.5 的输出结果中可以看出，两个年龄项都是有统计显著性的，说明存在凸型（U 形）曲线关系。如果原变量的系数是负的，平方项是正的，那么我们很可能有一个凸形关系。如果相反，我们很可能处理的是一个凹型（倒 U 形）关系。例外情况是形状更像是一个倒 J 或一个反 J（如果两项有着相同的符号）。下面我们用 margins 命令绘制效应图，得到图 7.6：

. margins, at(age=(15(1)98))

. marginsplot

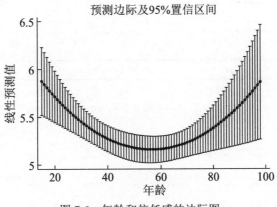

图 7.6　年龄和信任感的边际图

在社会科学中遇到的最常见的曲线关系可以通过包含平方项来解决，如上述例子中的做法。即使平方项没有显著性，我们可将这两项视为一个重要变量，从而对一个不包括年龄和年龄平方项的模型与一个包括这两项的模型进行 F 检验。如果显示模型有显著改进，则选择包括平方项。此外，读者需要切记，包括太多的多项式项（如 $age \times age \times age$）可能会导致更高的多重共线性和更大的标准误。因此，在社会科学模型中标准是限定一个多项式项。

当存在统计学交互时，也可以建立曲线关系模型。可以包括交互项以及平方交互项。本例同样可以像检验年龄的非线性影响一样来检验是否存在年龄和性别对信任的交互效应。

要做到这一点，我们需要既包括 $age \times woman$ 项，也包括 $age \times age$ 和 $age \times age \times woman$ 项。可以生成这些变量并将其包括在回归模型中：

```
. generate woman_age = age*woman
. generate age2 = age*age
. generate age2_woman = age*age*woman
. regress trstlgl woman age woman_age age2 age2_woman political_interest religious
```

但是，我们将坚持使用 `margins` 命令（结果完全相同，如图 7.7 所示）：

Source	SS	df	MS		Number of obs	=	1902
					F(7, 1894)	=	15.64
Model	576.785799	7	82.3979713		Prob > F	=	0.0000
Residual	9979.19948	1894	5.26884872		R-squared	=	0.0546
					Adj R-squared	=	0.0511
Total	10555.9853	1901	5.55285917		Root MSE	=	2.2954

trstlgl	Coef.	Std. Err.	t	P>|t|	[95% Conf. Interval]	
age	-.0373657	.0236385	-1.58	0.114	-.0837259	.0089946
c.age#c.age	.0003313	.0002306	1.44	0.151	-.0001209	.0007836
1.woman	.0910325	.7326664	0.12	0.901	-1.345885	1.52795
woman#c.age 1	-.0161969	.0305791	-0.53	0.596	-.0761692	.0437754
woman#c.age#c.age 1	.0001389	.0002951	0.47	0.638	-.0004399	.0007178
political_interest	.4723383	.0584197	8.09	0.000	.3577645	.5869122
religious	.0870871	.0217246	4.01	0.000	.0444804	.1296938
_cons	4.831897	.577209	8.37	0.000	3.699865	5.963929

（标注：age 的效应；$age \times age$ 的效应；woman 的效应；$age \times woman$ 的效应；$age \times age \times woman$ 的效应）

图 7.7　使用边际、交互项和平方项的效应的回归结果

```
. regress trstlgl c.age##c.age##i.woman political_interest religious
```

注意,要写成 c.age(因为 *age* 是连续变量)和 i.woman(因为 *woman* 是分类变量)。输出结果读起来有些复杂,但你必须使用与解释连续变量和分类变量之间简单交互时相同的原则(见第 6 章)。男性和女性都受到 *age* 和 c.age#c.age 的影响,但只有女性受到 *woman*、woman#c.age 以及 woman#c.age#c.age 的影响。表中显示,提出的交互并不显著,但我们仍然可以绘制效应图(见图 7.8):

```
. margins, at(age=(15(1)98) woman=(0 1))
. marginsplot
```

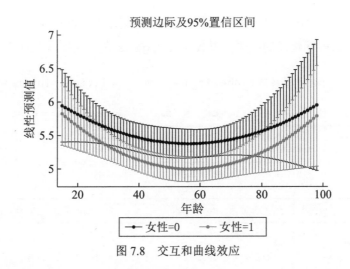

图 7.8 交互和曲线效应

有两个拐点的曲线

我们可能会遇到关系中有两个拐点的数据。在这种情况下,可以包括 *age*、*age*×*age* 和 *age*×*age*×*age* 项。如果要探讨年龄与受访者的幸福感之间的关系,因变量 *happy* 的取值范围为 0 ~ 10,遵循与前面相同的过程,采用 lowess 命令:

```
. lowess happy age, nograph gen(yhatlowess2)
. line yhatlowess2 age, sort
```

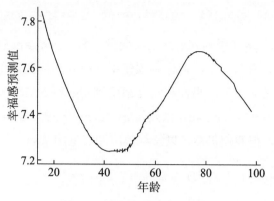

图 7.9 两个拐点的曲线效应

图 7.9 显示,在受访者的年龄和幸福感之间的双变量关系中存在两个拐点。图 7.10 所示为两变量关系进行建模的结果,并使用 margins 命令绘图(见图 7.11):

```
. regress happy c.age##c.age##c.age woman political_interest religious
```

Source	SS	df	MS		Number of obs	=	1,968
					F(6, 1961)	=	10.45
Model	210.540198	6	35.0900329		Prob > F	=	0.0000
Residual	6583.70167	1,961	3.35731855		R-squared	=	0.0310
					Adj R-squared	=	0.0280
Total	6794.24187	1,967	3.45411381		Root MSE	=	1.8323

happy	Coef.	Std. Err.	t	P>|t|	[95% Conf. Interval]	
age	-.2012868	.0417848	-4.82	0.000	-.2832341	-.1193395
c.age#c.age	.0038114	.0008525	4.47	0.000	.0021396	.0054832
c.age#c.age#c.age	-.000022	5.39e-06	-4.08	0.000	-.0000326	-.0000114
woman	.0022172	.0857334	0.03	0.979	-.1659208	.1703553
political_interest	.0661554	.0456159	1.45	0.147	-.0233053	.1556161
religious	.0921023	.0170106	5.41	0.000	.0587415	.125463
_cons	9.961683	.6295115	15.82	0.000	8.727102	11.19627

图 7.10 使用边际和立方项效应的回归结果

```
. margins, at(age=(15(1)98)
. marginsplot
```

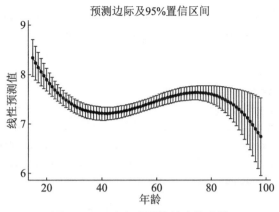

图 7.11 两个拐点曲线效应的建模

使用虚拟变量构建非线性模型

为了平方一个变量，它需要有几个连续的值。有时，我们处理的变量有曲线效应，但解释变量只有很少的取值，因此，通过虚拟变量对这种关系建模可能是个好主意。例如，如果我们研究受访者在政治左右倾向的尺度（*lrscale*，取值 0～10，值越大表示受访者越右倾）上的自我定位与受访者完成全日制教育时的年龄之间的关系，我们可能会发现没有统计上显著的线性效应（见图 7.12）：

```
. regress edagegb woman religious lrscale

      Source |       SS           df       MS      Number of obs   =      1,616
-------------+----------------------------------   F(3, 1612)      =       1.34
       Model |  45.6492119         3  15.216404    Prob > F        =     0.2585
    Residual |  18252.4789     1,612  11.3228777   R-squared       =     0.0025
-------------+----------------------------------   Adj R-squared   =     0.0006
       Total |  18298.1281     1,615  11.3301103   Root MSE        =     3.3649

------------------------------------------------------------------------------
     edagegb |      Coef.   Std. Err.      t    P>|t|     [95% Conf. Interval]
-------------+----------------------------------------------------------------
       woman |  -.0430257   .1704685    -0.25   0.801    -.377389    .2913375
   religious |   .0568193   .0343665     1.65   0.098    -.0105884    .124227
     lrscale |  -.0567907   .0447401    -1.27   0.205    -.1445455    .0309641
       _cons |   17.50897   .2981823    58.72   0.000     16.9241    18.09383
------------------------------------------------------------------------------
```

图 7.12 左右倾向对教育的效应

图 7.12 显示，受访者越右倾，那么他／她离开教育的年龄就越低，但是关系没有统计显著性。一个合理假设是，被访者将自己定义为属于政治倾向中性的人将比具有极端

政治倾向的人接受更多的教育——换句话说，曲线效应。我们可以通过包括 *lrscale* 的平方项或引入政治极端倾向的虚拟变量来建模①：

```
. regress edagegb woman religious c.lrscale##c.lrscale
. margins, at(lrscale=(0(1)10))
. marginsplot, noci
. generate Dleft = (lrscale < 3) if !missing(lrscale)
. generate Dcentre = (lrscale > 2 & lrscale < 8) if !missing(lrscale)
. generate Dright  = (lrscale > 7) if !missing(lrscale)
. regress edagegb woman religious Dleft Dright
```

7.1.3 可加性

在上一节（和第 6 章）中，对非线性交互效应建模时我们简要谈到了可加性问题（additivity）。可加性假设意味着无论其他 X 变量的值如何，X_i 每增加一个单位，Y 的变化是相同的。如果一个 X 变量的斜率随另一个 X 变量的值而不同（如图 7.13 所示），就违反了可加性假设。这个问题可以通过包含由两个相关的 X 变量构成的交互项来解决。统计学交互在第 6 章中有详细的解释。

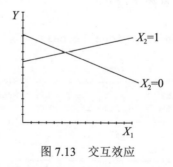

图 7.13　交互效应

7.1.4 不存在多重共线性

这个假设意味着同一模型中的两个 X 变量不能高度相关，并且一个 X 变量不能被模型中其他 X 变量的线性组合完美地解释。如果相关性超过 0.8 就会出现问题，例如系数不容易解释，并且变量间会窃取彼此的解释力。这会导致标准误过低，难以判断不

---

① 如果类别数目是合理的，可以用下面的方式检验非线性：regress edagegb woman religion i.lrscale。

同解释变量的相对重要性。问题的本质是模型中不应该包括多个测量相同现象（统计上或理论上）的 X 变量。多重共线性问题的最佳解决方法是了解其原因并加以消除。你应该剔除其中一个变量（如果它们测量的是相同的现象，这对模型没有太大的损失），或者在可能的情况下将这些变量合成为一个测度或指标。后一种选择对个体的社会科学数据特别重要，在此类数据中一连串的问题针对同一种潜在现象。我们可以通过信度分析（Cronbach's alpha[①] 和因子分析，参见第 11 章）来检验量表构建的可能性。

我们可以依次让每个 X 变量作为因变量，其他所有的 X 变量作为自变量并进行回归来检验多重共线性问题。基于回归取 $1-R^2$，得到所谓的容忍度值（tolerance value）。如果容忍度值低于 0.2，则存在多重共线性的问题。并没有一个明确的规则说明取值多少构成严重的多重共线性（例如，如果模型中包含了交互项、平方项以及构成它们的变量，那么我们可以接受较低的容忍度值）。然而，多重共线性可能是模型问题的一种症状，比如在同一模型中包括人均国内生产总值（GDP）和人类发展指数（Human Development Index，HDI）（因为 HDI 包含人均国民总收入）。如果是这种情况，很显然我们必须剔除两个变量中的一个。在其他情况下，有人会主张由于多重共线性主要带来和样本量太小一样的结果（这意味着它会产生较大的标准误），可以继续进行回归。尽管存在这样的主张，一般规则还是尽量避免容忍度值低于 0.2（存在交互项或多项式的模型除外）。

我们可以在回归之后运行 estat vif 命令得到方差膨胀因子（variance inflation factor，VIF）和容忍度值。如果任何一个变量的 VIF 值大于 5，则可能存在多重共线性问题。VIF 与容忍度值测量的是同一件事（容忍度值 = 1 / VIF），但关注后者，因为对它的解释更加直观。vif 命令只能在线性回归之后运行，因此，在 logistic 回归（或任何其他模型）的情况下，可以先将模型作为线性模型运行，然后检验多重共线性（见图 7.14）：

```
. quietly regress trstlgl age woman political_interest religious
. estat vif
```

[①] 克朗巴哈 alpha 的命令是 `alpha v1 v2 v3`。如果量表信度系数 > 0.7，则认为用所选择的变量（假定它们测量相同的潜在因子，参见第 11 章）来构建量表是可以接受的。

```
    Variable |      VIF       1/VIF

   religious |     1.07      0.935108
       woman |     1.04      0.959921
 political_~t|     1.04      0.962326
         age |     1.03      0.968541

    Mean VIF |     1.05
```

图 7.14　容忍度值

对于多重共线性的更详细的检查，我们可以在运行回归之后检查方差 - 协方差矩阵：①

. estat vce

如果模型中包括平方项或交互项，自然会存在多重共线性。这可能是我们不得不接受的问题，因为它带来更好的模型（满足线性和可加性的假设）。但除此以外，我们在接受多重共线性时需要特别小心。

7.2　残差的假设

这部分将讨论回归假设中的经典高斯 - 马尔科夫假设以及误差服从正态分布的假设。如同 7.1 节，我们将介绍每个假设，解释它背后的逻辑以及如何进行检验。

7.2.1　误差项的条件均值为零

给定自变量的任何取值，误差项 ε_i 的均值为 0，或者说：

$$E(\varepsilon_i \mid X_1,\cdots, X_n) = 0 \tag{7.4}$$

此假设意味着实际数据点和回归线之间的距离是随机的（一些点在线的上方，而另一些点在线的下方），并且均值 / 期望值为 0。换句话说，线上方的所有数据点到回归线的总距离应该与线下方的所有数据点到回归线的总距离相同（见图 7.15）。

由于最小二乘法的性质，样本中总是满足这一假设。因此，没有必要对此进行直接检验。如果我们有一个非零的误差均值并且拟合最小二乘模型，那么非零均值将被常数项吸收掉，模型中残差的均值会为 0。然而，在这种情况下，OLS 不再是最优估计量。也就是说，

---

① 也可以绘制矩阵图进行可视化识别：graph matrix trstlgl age woman political_interest religious。

我们的参数不能代表总体参数（即使模型满足 $E(\varepsilon_i | X_1, \cdots, X_n) = 0$）。这可能是由于 X 变量不是严格外生的，因为解释变量应与误差项不相关，在同方差检验或自相关检验时可以发现这一问题（见 7.2.2 节和 7.2.3 节）。

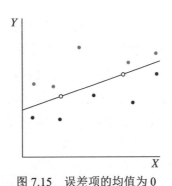

图 7.15　误差项的均值为 0

7.2.2　同方差

同方差（Homoscedasticity）即假设误差项具有相同的方差，或者用公式表示为

$$\mathrm{var}(\varepsilon_i | X_1, \cdots, X_n) = \sigma_u^2, \quad 0 < \sigma_u^2 < \infty \tag{7.5}$$

这个假设对于将样本的结果有效推广至总体来说是很重要的。同方差意味着个体的残差的方差必须相同，无论预测值如何（见图 7.16）。例如，如果模型对 Y 值较低的人的预测值比 Y 值较高的人好（反之亦然），就违背了该假设，说明存在异方差。换句话说，结果变量的方差在预测变量的所有取值水平上都是稳定的。异方差（意味着不具备同方差）的存在将使模型标准误的估计产生偏差。

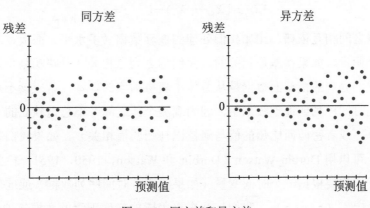

图 7.16　同方差和异方差

Stata 中有两种方法用于检查异方差。首先，我们可以检查残差对预测值的散点图：

```
. quietly regress trstlgl age woman political_interest religious
. rvfplot
```

理想情况下，这样的图形中不应该显示出任何模式。通常，模型都会有一定程度的异方差，但问题是我们是否认为这有问题。为了获得异方差大小的数值度量（及其是否有显著性），可以运行 Breusch‑Pagan（1979）或者 Cook‑Weisberg（1983）异方差检验。该检验利用残差平方的均值来估计 Y 的方差。我们对模型中的残差是同方差的原假设进行卡方检验，所以如果 p 值小于 0.05，意味着存在异方差问题：

```
. estat hettest

Breusch-Pagan / Cook-Weisberg test for heteroskedasticity
        Ho: Constant variance
        Variables: fitted values of trstlgl

        chi2(1)      =      0.00
        Prob > chi2  =    0.9707
```

我们看到 `Prob>chi2` 的值远大于 0.05，据此可以得出结论，模型没有异方差问题。如果我们遇到异方差问题，一个解决方法是使用稳健标准误（robust standard errors）（如第 10 章所述）。

7.2.3 不相关的误差

这个假设表明，不同观测的残差是不相关的，残差和 X 变量间也是不相关的：

$$\mathrm{E}(\varepsilon_i\varepsilon_j\mid X_1,\cdots,X_n)=0,\quad i\neq j \tag{7.6}$$

如果观测之间相互依赖，比如我们处理的嵌套数据（多水平、面板、时间序列），就会违背这个假设。如果误差是相关的，我们称之为自相关（反映观测个体之间的关联性）。如果我们处理的横截面数据是从总体中随机抽取的样本，这应该不是问题。但是它可以发生在时间序列或地理数据中，因为观测个体之间并不总是独立的（如去年的值影响今天的值，或者密西西比州的值与阿拉巴马州的值相关）。如果我们有时间或地理嵌套的数据，可以用 Durbin-Watson（Durbin 和 Watson，1950，1951）检验。为了进行这个检验，我们需要根据一个时间变量（如果我们有时间序列数据）或地理变量对数据进行"时间设定"（`tsset`）。我们打开来自美国的年度观测的数据集 *Durbin_Watson*。

dta，然后进行外国直接投资与人均 GDP、GDP 增长和存在冲突的回归：

```
. tsset year
. quietly regress FDI GDPperCapita GDPGrowth incidence
. estat dwatson
```

第三行输出以下结果：

```
. estat dwatson
Durbin-Watson d-statistic(  4,     27) = .8928362
```

模型中检验统计量 d 是 27 个观测值和 4 个参数的函数。检验需要两个界值：d_L（下界）和 d_U（上界），查看 Durbin-Watson 检验的界值表，发现 d_L = 1.18 且 d_U = 1.65，检验统计量为 0.893，小于两个界值，因此，拒绝没有正自相关（有相关误差的问题）的原假设。如果检验统计量介于 d_L 和 d_U 之间，则检验结果是不确定的。有关序列相关检验的更多讨论，请参见第 10 章。

7.2.4 正态分布误差

正态分布误差的假设对于小样本数据进行有效的统计推断来说是必要的：

$$\varepsilon_i \sim N(0, \sigma^2)，对于所有 i \tag{7.7}$$

然而，因变量或残差的高度偏态分布往往是有问题的。误差服从正态分布不是 OLS 回归是最优线性无偏估计量的必要假设，但它可能导致无效的 t 统计量和 F 统计量（特别是对小样本数据来说），并且会降低 OLS 回归的效率。

为了检查残差，我们必须在运行回归之后保存残差。我们打开数据集 *ESSGBdiagnostics.dta*：

```
. quietly regress trstlgl age woman political_interest religious
. predict res, residual
```

我们已经将残差保存为一个变量，然后运行 histogram 命令，显示正态分布曲线（见图 7.17）：

```
. histogram res, normal
```

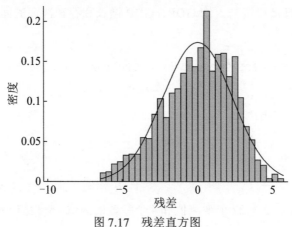

图 7.17 残差直方图

还可以查看偏度（skewness）和峰度（kurtosis）值。对于完美正态分布，偏度应为 0，峰度应为 3（有关更多信息，请参见第 13 章）（见图 7.18）：

```
. summarize res, detail
```

```
                         Residuals

      Percentiles      Smallest
 1%    -5.638871      -6.445363
 5%    -4.200909      -6.307609
10%    -3.121597      -6.266284       Obs                1902
25%    -1.515425      -6.258616       Sum of Wgt.        1902

50%      .2627242                     Mean           2.05e-09
                       Largest        Std. Dev.      2.296286
75%     1.704694       5.242521
90%     2.778896       5.42769        Variance       5.272931
95%     3.397863       5.627698       Skewness      -.3750581
99%     4.379029       5.714409       Kurtosis       2.677971
```

图 7.18 残差的汇总统计

从图 7.17 的图以及图 7.18 的统计量中可以看出，模型的残差近似正态分布。使用 sktest 命令，可以检验偏度值和峰度值是否与正态分布的值有统计上显著的差异①。

	Skewness/Kurtosis tests for Normality			joint	
Variable	Obs	Pr(Skewness)	Pr(Kurtosis)	adj chi2(2)	Prob>chi2
res	1,902	0.0000	0.0008	45.19	0.0000

---

① sktest 使用卡方分布将偏度和峰度值与正态分布进行比较的检验。

该检验结果是有统计显著性的（这意味着我们的残差显著不同于正态分布）。然而，我们无须太过看重这个检验结果，有两个原因。首先，大样本数据（$N=1\ 902$）有助于检验有统计显著性；其次，大样本使正态分布误差不再那么重要。这里，更应该看图7.17中的残差直方图，以及偏度和峰度值，推断不存在非正态分布误差的问题。

除了 sktest 检验，还有 Shapiro-Wilk 正态性检验 swilk（针对 $N<2000$ 的情况）和 Shapiro-Francia 正态性检验 sfrancia（针对 $N<5000$ 的情况）。

7.3 强影响点

许多有强影响的观测（influential observations，强影响点）就是我们所称的"异常值"（outliers），也就是说，观测在一个或多个变量（可能是 X 和 Y）上有异常值，或者在几个变量上有异常组合。我们可以区分具有异常值的观测和对模型结果有很大影响的观测（但在许多情况下，我们讨论的是相同的观测）。如果它的移除在很大程度上改变了回归结果，则它可被描述为是有强影响的。这些异常值会影响斜率系数、标准误和 R^2 的计算。

我们将讨论度量观测影响的3个不同指标：杠杆作用（leverage，不同解释变量值的异常组合）、DFBETA（每个观测对每个 X 变量的影响）和库克距离（Cook's distance，每个观测对整个模型的影响）。

7.3.1 杠杆作用

杠杆作用告诉我们 X 变量值的异常组合对结果的影响潜力。我们用帽子（hat）统计量来计算协变量模式的杠杆作用，其范围从 $1/N$ 到 1。大的帽子统计量值表明 X 变量的模式远离平均协方差模式。给定杠杆值的观测对回归线的影响取决于其 Y 值（因为杠杆作用是 X 变量对模型潜在影响的度量）。如果 Y 值与其余样本的模式一致，则删除该观测不会实质性改变回归线。然而，如果 Y 值远低于或远高于一般模式，则删除该观测后，回归线会发生实质性改变（另见 Hamilton，1992：131）。

打开2011年各国横断面的数据集 *Influential_units.dta*，首先，我们进行回归分析来解释对数变换后的一个国家的外国直接投资与人均GDP、GDP增长、战争发生和种族分化之间的函数关系。然后，预测帽子统计量，绘制箱形图，并根据国家名称标记异常值（见图 7.19）：

```
. quietly regress lnFDI GDPperCapita GDPGrowth incidence ethfrac
. predict h if e(sample), hat
. graph box h, mark(1, mlab(ccode))
```

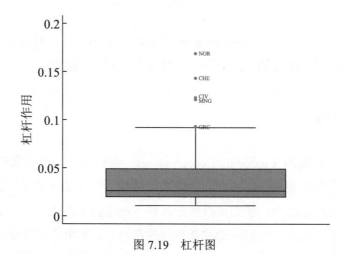

图 7.19　杠杆图

从图 7.19 中可以看出，挪威是我们模型中最具潜在影响力的国家。根据 Huber（1981），应避免杠杆值大于 0.5，0.2 和 0.5 之间的值是有风险的。原因是太多的样本信息来自那些观测。低于 0.2 的值被认为是安全的。本例中，没有国家被认为是有风险的。尽管如此，我们可以检查删除挪威是否对模型有实质性的影响（不应该有，因为杠杆值小于 0.2）。

```
. regress lnFDI GDPperCapita GDPGrowth incidence ethfrac
. regress lnFDI GDPperCapita GDPGrowth incidence ethfrac if ccode != "NOR"
```

7.3.2　DFBETA

dfbeta 命令计算运行回归后选定变量的 DFBETA 值。这是每个观测对每个回归系数的影响的度量。更具体地说，它告诉我们模型中包含/排除给定观测时，回归系数之间的差异。更明确地说，它告诉我们回归系数会有多少个标准误的差异。如果观测的报告值为正，则该单位把系数向上拉；如果值为负，则该单位把系数向下拉。DFBETA 的绝对值越大，特定观测的影响就越大。我们运行回归，保存 4 个解释变量的每个 DFBETA 值，绘制每一个变量的箱形图，并在相关标识变量后标记观测：

```
. quietly regress lnFDI GDPperCapita GDPGrowth incidence ethfrac
. dfbeta GDPperCapita GDPGrowth incidence ethfrac
. graph box _dfbeta_1 _dfbeta_2 _dfbeta_3 _dfbeta_4, marker(1,
mlab(ccode)) marker(2, mlab(ccode)) marker(3, mlab(ccode)) marker(4,
mlab(ccode))
```

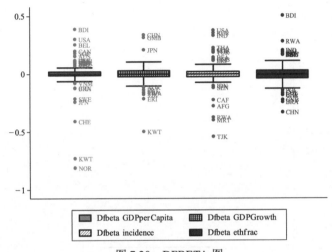

图 7.20　DFBETA 图

从图 7.20 中可以看到，不同的 X 变量有着不同的异常观测。根据 Belsley 等（1980），判断 DFBETA 值是否太大有一些准则。首先，他们建议，如果一个单位的值大于 2，那么它对特定变量的影响太大。然而，一个好的策略是绘制箱形图（如图 7.20 所示），看看是否有任何观测突出——可能在一个以上的解释变量上（如 BDI，代表孟加拉国）。然后，我们去除奇怪的观测运行新模型，看看结果是否有实质性的变化。

7.3.3　库克距离

库克距离用于衡量一个观测对整个模型的影响。它随着标准化残差和杠杆作用的大小而增大。根据 Hamilton（1992），有两种方法可以识别异常影响点。首先，如果库克距离大于 1，我们可以使用绝对截断点。其次，可以使用样本量调整的截断点，库克距离大于 $4/N$ 为强影响点。回归中，$4/N = 4/192 = 0.0208$。

```
. quietly regress lnFDI GDPperCapita GDPGrowth incidence ethfrac
. predict cooksd if e(sample), cooksd
```

```
. graph box cooksd, mark(1, mlab(ccode))
```

图 7.21 箱形图识别出挪威（NOR）和科威特（KWT）是对回归模型产生影响最大的观测。为了确定哪些观测的库克距离高于样本量调整的截断点，运行以下命令，结果见图 7.22：

```
. gsort -cooksd
. list ccode cooksd if cooksd> 4/_N & e(sample)
```

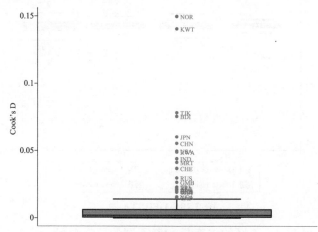

图 7.21 库克距离图

	ccode	cooksd
1.	NOR	.1497058
2.	KWT	.1403551
3.	TJK	.078076
4.	BDI	.0755098
5.	JPN	.0602023
6.	CHN	.0553728
7.	USA	.0495966
8.	RWA	.0488876
9.	IND	.0439449
10.	MRT	.0412257
11.	CHE	.0367208
12.	RUS	.0296731
13.	GMB	.0265119
14.	ERI	.0229048
15.	BFA	.0224502
16.	AFG	.0213804

图 7.22 强影响点

我们建议采用绝对截断点 1，而不是样本量调整的截断点。但是，可以尝试删除一个或两个强影响点，然后再运行回归。研究中的一个常见策略是运行两个单独的模型，并把其中一个放到附录中（哪一个模型应该是主要模型也是一个理论问题）。尽管某些观测对模型有很大的影响，但它们也是数据资料的一部分（关于强影响点的更多内容，参见第 13 章）。如果异常值是由于坏数据（如打孔错误或纯粹错误的数据），那么可以将其删除；除此以外，两个单独的模型更有意义。

7.4 总结

在本章中，我们解释了普通最小二乘回归的假设，以及如何使用 Stata 检验这些假设。我们考察了与模型设定相关的假设、与残差相关的假设，以及如何检测强影响点。我们特别关注参数中的线性假设以及如何为非线性关系建模。

我们还创建了一个名为 regcheck 的命令包，它用一个简单的命令就检查所有的回归假设（包括在 7.3 节中介绍的强影响观测）。此软件包可以通过以下方式安装：

. ssc install regcheck

完成回归分析之后，运行 regcheck 命令会产生关于模型同方差、多重共线性、残差正态性、模型设定正确性、函数形式合理性以及强影响点等的假设的输出。打开数据集 *ESS5GBdiagnostics.dta*，然后运行下面的命令：

. quietly regress trstlgl age woman political_interest religious
. regcheck

 关键术语

- 高斯 - 马尔科夫条件（Gauss-Markov conditions）：一组由卡尔 F. 高斯和安德烈·马尔科夫提出的回归假设。
- 曲线性（Curvilinearity）：X 和 Y 之间的一种关系，X 增加一单位对 Y 的影响随着 X 取值的不同而不同。
- 同方差（Homoscedasticity）：这意味着无论预测值如何，误差项具有恒定的方差。
- 自相关（Autocorrelation）：这是指相

同变量的值在不同观测之间的相关性，通常与自相关残差有关。
- 库克距离（Cook's distance）：这是对给定观测对最终运行回归模型影响的度量。

问题

1. 普通最小二乘回归的假设是什么？
2. 列举非线性关系建模的两种方法。
3. 我们用什么指标来检验观测对给定解释变量的影响？

延伸阅读

Berry, W.D. (1993) *Understanding Regression Assumptions*. Newbury Park, CA: Sage.

作为 Sage 出版社"社会科学中定量应用丛书"中的一本，该书介绍了回归假设，并深入剖析每个假设的实质含义。

Fox, J. (1991) *Regression Diagnostics*. Newbury Park, CA: Sage.

作为 Sage 出版社"社会科学中定量应用丛书"中的一本，这本书涵盖了回归诊断的不同检验。

Hamilton, L.C. (1992) *Regression with Graphics: A Second Course in Applied Statistics*. Belmont, CA: Duxbury.

"对回归的批评"一章对假设给出了一个很好的解释，比入门水平难些，但没有数学背景的读者仍然是可以理解的。

参考文献

Belsley, D.A., Kuh, E. and Welsh, R.E. (1980) *Regression Diagnostics: Identifying Influential Data and Sources of Collinearity*. New York: John Wiley & Sons.

Breusch, T.S. and Pagan, A.R. (1979) A simple test for heteroskedasticity and random coefficient variation. *Econometrica*, 47(5), 1287-1294.

Cook, R.D. and Weisberg, S. (1983) Diagnostics for heteroskedasticity in regression. *Biometrika*, 70(1), 1-10.

Durbin, J. and Watson, G.S. (1950) Testing for serial correlation in least squares regression, I. *Biometrika*, 37(3-4), 409-428.

Durbin, J. and Watson, G.S. (1951) Testing for serial correlation in least squares regression, II. *Biometrika*, 38(1-2), 159-179.

Hamilton, L.C. (1992) *Regression with Graphics: A Second Course in Applied Statistics*. Belmont, CA: Duxbury Press.

Huber, P.J. (1981) *Robust Statistics*. New York: John Wiley & Sons.

Ramsey, J.B. (1969) Tests for specification errors in classical linear least squares regression analysis. *Journal of the Royal Statistical Society, Series B*, 31(2), 350-371.

8.1 什么是 logistic 回归?

8.2 logistic 回归的假设

8.3 条件效应

8.4 诊断

8.5 多类 logistic 回归

8.6 有序 logistic 回归

8.7 总结

关键术语

问题

延伸阅读

参考文献

logistic 回归

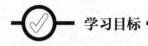

学习目标

- 理解 logistic 回归的原理
- 正确解释 logistic 回归的结果，包括条件效应
- 理解如何对两个以上类别的分类因变量建模
- 理解如何对有序因变量建模

普通最小二乘（OLS）回归前提条件是因变量是连续的。然而，有时研究者想要研究是否存在某种现象，这意味着因变量仅有两个值。如果用普通最小二乘法，将面临几个问题：首先，X 和 Y 之间不是线性关系；其次，存在异方差；最后，预测值落在 [0, 1] 区间之外的风险。因此，如果我们研究的是一个二分类因变量，选择的方法是 logistic 回归。在本章中，我们将引导读者了解 logistic 回归的基础知识，以及在 Stata 中如何进行操作并解释它。我们还将研究如何处理具有两个以上类别的因变量和有序变量。

这种方法可以追溯到 Pierre-François Verhulst（1838）对法国、比利时、埃塞克斯和俄罗斯的人口增长曲线的展示，后来他将其命名为 logistic 函数（Verhulst，1845）。如今，研究者用这个函数来研究只有两个值的因变量。也可以对多于两个值的分类变量进行回归分析（多类回归，multinomial regression），或者对多于两个值且按逻辑排序的分类变量进行回归分析（有序 logit 回归，ordered logit regression）。这两种方法都是 logistic 回归的变体，会在本章后面介绍。

logistic（或 logit）回归模型给出了在给定解释变量的值时，因变量等于 1（而不是 0）的计算概率。①logit 模型是用极大似然法估计，而不是最小二乘法。② 极大似

---

① 数值是任意，本身并不重要。重要的是这些样本落入两个类别中的哪一类。logistic 模型类似于 probit 模型。这些方法的主要区别在于对模型误差项分布的假设。在实践中，这两种模型都表现很好，并且常常得出相同的结论。

② 极大似然估计（Maximum likelihood estimation，MLE）是由罗纳德·费舍尔爵士（Sir Ronald Fischer）提出的（1912,1922）。费舍尔在 1912 年提出了他的"绝对准则"的数值程序，并最终在 1922 年得到极大似然法。几年前，弗朗西斯·埃奇沃斯（Francis Edgeworth，1908）提出了类似的想法。极大似然估计可以被描述为使观测到样本的可能性最大化的假设的总体值。在 OLS 回归模型中，它与 OLS 是相同的；然而，对于分类因变量，它有助于计算 $Y=1$ 的可能性如何随解释变量的不同值而变化。关于 MLE 背后逻辑的介绍，参见 Wonnacott 和 Wonnacott（1990：564-578）。MLE 优于 OLS 的原因是，当我们处理二分类因变量时，同方差、线性和正态性的假设被违反，最小二乘估计将是无效的，并且通常会产生超出 0～1 范围的估计。

然估计给出了模型参数的估计。换句话说，我们估计的参数是最有可能生成我们数据的参数。

8.1 什么是 logistic 回归?

在线性回归中，参数估计告诉我们 X 变化一个单位引起因变量 Y 变化的多少。另一方面，在 logit 回归中，我们估计 X 每变化一个单位引起 $Y=1$ 的优势（*odds*）的自然对数变化的多少。[①]$P(Y=1)$ 表示因变量 Y（二分类，0-1）等于 1 的概率。Y 不等于 1 的概率是 $P(Y \neq 1) = P(Y=0) = 1 - P(Y=1)$。

然而，我们必须经过一些步骤才能得出概率的直观概念。如果我们采用 OLS 回归对 $Y=1$ 的概率进行建模，得到的预测值可能小于 0 或大于 1。为了得到线性函数，我们采用 $Y=1$ 的优势的自然对数。优势是表达概率的另一种（不太直观的）方式。[②]$Y=1$ 的优势 (φ) 是：

$$\varphi(Y=1) = \frac{P(Y=1)}{1-P(Y=1)} \tag{8.1}$$

优势范围从 0（当 $P(Y=1)=0$ 时）到 ∞（无穷大，当 $P(Y=1)=1$ 时）。因为这不会在模型中产生线性函数，所以通过计算优势的自然对数得到 logit：

$$L = \ln \varphi = \ln\left(\frac{P}{1-P}\right) \tag{8.2}$$

logit 范围从 $-\infty$（当 $P(Y=1)=0$ 时）到 $+\infty$（当 $P(Y=1)=1$ 时）。当我们在 logit 模型的公理化定义中使其线性时，它和参数之间的关系依然是线性的（见图 8.1）。

在 OLS 回归中，系数告诉我们自变量增加一个单位因变量会变化多少。然而，在 logistic 回归中，直接解释并不如此直观，因为 logit(L)[③] 显示了自变量一步变化引起优势（$Y=1$）的自然对数的变化。此外，概率变化的影响依赖于你在总预测 logit（由截距和所有 X 变量的 logit 计算）上的位置而不同。换句话说，一个 X 变量的影响取决于其

[①] 一个数的自然对数是它以数学常数 e（2.718 28…）为底的对数。例如，10 的自然对数是 2.302 6，因为 $10 = e^{2.3026} = 2.71828^{2.3026}$。

[②] $Y=1$ 的优势是 $Y=1$ 的概率与 $Y=0$ 的概率之比。

[③] 记住，我们用术语 logit(L) 表示两件事：每个 X 变量的 logit 和总 logit——从回归预测一个单位在 logit 上的总得分。

他 X 变量的得分。logistic 模型的方程可以写成：

$$L_i = \beta_0 + \beta_1 X_{1i} + \beta_2 X_{2i} + \beta_3 X_{3i} + \cdots + \beta_{k-1} X_{k-1,i} \tag{8.3}$$

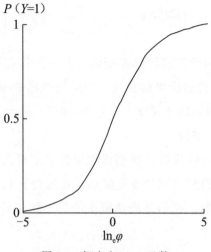

图 8.1　概率和 logit 函数

其中 logit（总 logit）是 X 变量的线性函数，k 是模型中参数的个数（常数项和所有 X 变量）。如图 8.1 所示，logit 的范围从 $-\infty$ 到 $+\infty$。我们使用这个 logit 是因为它不可能直接预测概率。但是我们可以计算总 logit 并将其转换为概率。由于概率是 S 形，而 logit 是线性形状，logit 的变化（X 变量的影响）对概率不同的影响取决于在 logit 尺度上所处的位置（见图 8.2）。

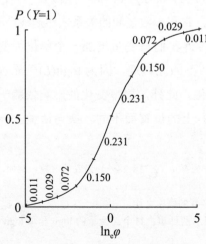

图 8.2　概率和 logit 函数（影响的不同）

这也可以通过计算不同的总 logit 值和相应概率（$Y=1$）的表来说明（见表 8.1）。可以看到如果 $L=0$，那么 $p=0.5$；如果 $L>0$，那么 $p>0.5$；如果 $L<0$，那么 $p<0.5$。将计算出的 logit（从给定值的回归方程）转换为优势，然后再将优势转换为更直观的概率相对容易。首先，我们从 logit(L) 转换为优势：

表 8.1 logit 和概率

logit	概 率
5	0.993
4	0.982
3	0.953
2	0.881
1	0.731
0	0.500
−1	0.269
−2	0.119
−3	0.047
−4	0.018
−5	0.007

$$\varphi(Y=1) = e^L = e^{\beta_0 + \beta_1 X_{1i} + \beta_2 X_{2i} + \beta_3 X_{3i} + \cdots + \beta_{k-1} X_{k-1,i}} \tag{8.4}$$

然后我们把优势转换为概率（p）：

$$p = \frac{\varphi}{1+\varphi} \tag{8.5}$$

我们也可以跳过第一步，直接从 logit 计算概率：

$$p = \frac{1}{1+e^{-L}} \tag{8.6}$$

因此，对于 logit 为 −2.4，我们有

$$p = \frac{1}{1+e^{-(-2.4)}} = 0.083$$

对于 logit 为 3.1，

$$p = \frac{1}{1+e^{-3.1}} = 0.957$$

在 Stata 输出中，我们还可以输出优势比（odds ratio，OR）而不是 logit 系数。这是 logit 的指数，告诉我们如果 X 变量（无论它是分类还是连续变量）增加一个单位后优势（$Y=1$）的变化：

$$\text{OR} = \frac{X\text{变化一个单位后的优势}}{\text{原来的优势}} \quad (8.7)$$

OR 为 1.000 意味着没有变化（该变量没有影响）。如果 OR 为 1.240，意味着自变量每增加一个单位，$Y=1$ 的优势将增加 24%。如果 OR 为 0.83，则意味着它减少 17%。因此，OR 的值偏离 1 越远，关系越强。

8.1.1 假设检验

当拒绝原假设（说明两个测量现象之间没有关系）时，犯错的概率会在系数表中以 p 值显示。p 值越接近 0，越能肯定我们可以不拒绝一个为真的原假设而接受备择假设。在 logistic 回归中，检验原假设有几种方法。[①] 一种是似然比检验用于比较两个模型，被认为是评价单个变量统计上显著的最佳方法（Menard，2002）。在这个检验中，我们比较两个 logistic 回归模型，一个有被检验的变量，另一个没有。似然比检验的缺点是计算时间较长。

然而，Stata 输出提供了各个系数的 z 统计量：

$$z = \left(\frac{b_1}{\text{SE}(b_1)}\right) \quad (8.8)$$

z 统计量是参数估计与其标准误之比[②]，也被称为 Wald 统计量（Wald，1943）。它在形式上类似于线性回归中的 t 统计量（Hosmer 等，2013），但服从标准正态分布，其平方服从卡方（χ^2）分布。Wald 检验的一个缺点是，如果系数 b 很大，标准误就会膨胀，从而增加了犯第二类错误的机会[③]。

对数似然（log-likelihood，LL）可类比最小二乘回归中的 F 检验（见第 4 章）。LL

[①] 在统计软件 SPSS 中，Wald 统计量被报告为 z^2，服从卡方分布。
[②] 如果 $n > 30$，检验统计量的分布近似服从正态分布，与之相反，t 统计量服从 t 分布。
[③] 不拒绝错误的原假设。

是 logistic 模型中选择参数的标准。Stata 会在 logistic 回归输出中显示对数似然。它是一个负值，这个负值越接近 0，对因变量的预测就越好。为了进行检验，还必须将对数似然乘以 −2。−2LL 为正，值越大，对因变量的预测就越差。我们用似然比检验来比较两个 logistic 模型。① 这里我们看在相同数据资料上估计的两个模型（理想情况下，这两个模型应当具有相同的样本量 N）的对数似然差：

$$\chi_h^2 = -2(LL_{k-h} - LL_k) \tag{8.9}$$

这里，LL_{k-h} 是具有较少参数的模型（有约束）的 LL 值，LL_k 是更大的模型（无约束）的 LL 值。h 是两个模型之间参数个数的差。如果两个模型没有差异的原假设是正确的，则计算的检验统计量将近似服从自由度为 h 的卡方（χ^2）分布。如果该数字大于卡方表中的相应的数字，那么大的模型比小的模型有显著的改进。看一个模型是否比另一个有显著的改进的一个简单方法是使用 logtest 命令：

. ssc install logtest
. logtest, m1(Y X1 X2) m2(Y X1 X2 X3)

在 OLS 回归中，R^2 衡量模型的整体拟合程度（见第 4 章）。logistic 回归中也可以计算 R^2。但由于这依赖于 Wald 统计量，因此它不是一个精确的度量。学者对于什么是 logistic 回归中类似 R^2 的好指标有过热烈的讨论，并且提出了几种测量。但应该谨慎对待这些，因为不建议将 R^2 用于比较非嵌套模型。哪种 R^2 测量最适合 logistic 回归，没有达成一致意见。Stata 显示 McFadden（1974）提出的伪 R^2（pseudo R^2）。这个度量是将截距模型的对数似然作为总平方和，而把全模型的对数似然作为误差平方和。似然比则表示我们的模型相对于空模型的改进。对于使用相同数据的两个模型，具有更高似然的模型的 R^2 更高。

8.2 logistic 回归的假设

在 logistic 回归中，必须满足 4 个假设。如果满足，则 logit 参数的极大似然估计应该是无偏且充分的。这些假设如下：

- 必须正确设定模型；也就是说 Y 的 logit 是 X 变量的线性函数。在某些情况下，

---

① 我们可以用这个来检验单变量的显著性。如果只有一个变量构成了两个模型之间的差异，就可以做到这一点。如果 N 很小或 logit 很大，则特别建议使用似然比检验。

需要变换与 logit 没有线性关系的 X 变量（更确切地说，因变量不是解释变量的 logit 的线性函数）。这方面的一个例子是，如果预期的关系是曲线的，那么除了原始的 X 变量之外，X 变量的平方项将是合适的，以确保线性。
- 模型中没有遗漏重要变量，且没有包括不必要的变量。这更多地体现为一个理论问题：模型和因果关系需要建立在坚实的理论基础上。
- 每个观测需要独立于其他观测。关于如何处理嵌套数据请参阅第 9 章和第 10 章。
- 没有一个解释变量是其他 X 变量的线性函数，否则将导致多重共线性。后一点不是模型假设，但它是一个重要的可估计性要求。为了检验这一点，我们可以得到每个 X 变量的容忍度值（参见第 7 章）。

除了这些假设，强影响的观测也会给 logistic 回归带来问题。这同样适用于 X 变量值的异常组合的情况。在大样本中，这通常不是主要关注点。在 logistic 回归中可以使用 Pregibon（1981）的 $\Delta\hat{\beta}$ 影响统计量来检验潜在的强影响观测。这测量了删除观测以及具有相同协变量模式的观测后估计参数的标准化变化。大的 $\Delta\hat{\beta}$ 值表示给定模式有着重要的影响（大于 1 被认为是大的）。

区分度（discrimination）也是 logistic 回归相关的问题。它指预测因变量的能力。当给定 X 值，我们得到 Y 值的一个完美的或几乎完美的预测时，它就出现了。当单元格计数为零（完全分离）时，即所有或接近所有给定的 X 值在 Y 上有相同的值时，就会出现这种情况。如果研究政治意识形态对支持革命可能性的影响，我们可能面临如表 8.2 所示的数据。

表 8.2 区 分 度

	For revolution（支持革命）	Against revolution（反对革命）
Conservative（保守主义者）	0	28
Liberal（自由主义者）	11	30
Socialist（社会主义者）	22	11

这里我们看出，如果你是自由主义者，支持革命的优势是 11/30=0.367。如果你是保守主义者，相应的优势是 0/28=0。如果把自由主义者作为参照组，保守主义者的优势比为 0/0.367=0。这意味着系数变为 $-\infty$，我们会在 Stata 中收到警告消息，保守主义者将被剔除出模型。如果保守主义者中只有一个支持革命，我们仍然会有区分度问题。这

将导致大的标准误和不确定的估计。

如果有区分度的问题,一种解决方法是以一种有意义的方式对自变量重新编码(在本例中,可以编码为社会主义者和非社会主义者)。区分度适用于分类变量,而不是连续或有序变量。

与区分度问题相关的是因变量的分布问题。正如我们所看到的,logit 估计值的正确性不仅取决于样本量,还取决于 X 和 Y 变量值特定组合情况的数量。因变量的偏态分布很容易导致问题。最好是因变量有一个 50/50 的分布而不是 95/5。在对罕见事件数据(如比 1/99 更偏的分布)的分析中,如果 $Y=1$ 的观测值少于 200 个,则系数是有偏的。这可以通过使用 *ReLogit* 软件(King 和 Zeng,2001)或精确 logistic 回归命令 `exlogistic` 来解决。

8.2.1 Stata 示例

本例数据来自欧洲社会调查(European Social Survey),打开名为 *Logistic_ESS5.dta* 的数据集。该数据集包括 2 422 名英国受访者,因变量为 *vote*,表示在上次全国大选中受访者是投票(1)还是没有投票(0)。首先检查 Y 变量的分布:

```
. tabulate vote
```

vote	Freq.	Percent	Cum.
0	650	28.01	28.01
1	1,671	71.99	100.00
Total	2,321	100.00	

图 8.3　投票的频率

图 8.3 显示,我们的变量是值为 0 和 1 的二分类①,具有可靠的 N(2 321 名受访者)和良好的分布(28%/72%)。

下一步是在 Stata 中运行 logistic 回归模型,包括 3 个自变量 *woman*(0～1)、*age* 和 *political_interest*(1～4,取值越大表示受访者对政治越感兴趣)。首先使用 logit 命令运行我们的模型:

---

① 就 Stata 而言,变量是 0/1 比它有两个类别更重要。0/1/2/3 变量在 logistic 回归中仍然执行为 0/(1 2 3),但 1/2 变量将不会执行,因为它将被解释为 0/(1 2),所有结果都将是阳性的。

```
. logit vote woman age political_interest

Logistic regression                      Number of obs   =      2312
                                         LR chi2(3)      =    398.91
                                         Prob > chi2     =    0.0000
Log likelihood =  -1171.111              Pseudo R2       =    0.1455
```

（logit系数 标注 指向 Coef. 列；McFadden伪R^2 标注 指向 Pseudo R2）

vote	Coef.	Std. Err.	z	P>|z|	[95% Conf. Interval]	
woman	.2435153	.1034002	2.36	0.019	.0408547	.4461759
age	.0376749	.0029557	12.75	0.000	.0318817	.043468
political_interest	.7592987	.0561794	13.52	0.000	.649189	.8694084
_cons	-2.772451	.2125682	-13.04	0.000	-3.189077	-2.355825

图 8.4　投票可能性的 Logistic 回归

图 8.4 表明，分析中共有 2 312 个观测（用成列删除法处理缺失值），对数似然为 −1 171.111。后者可用于使用 −2LL 检验比较不同的模型（见方程（8.9））。输出中还给出了系数（logits）、标准误、标准化系数、p 值和 logits 95% 置信区间。与 OLS 回归不同，不能直接解释 logits（因为它们表示 X 每增加一个单位，$Y=1$ 的优势的自然对数是如何变化的）。即便如此，还是有一些结果能直接解释。我们可以看到影响的方向（正或负）以及它们是否统计上显著。从结果中看到，女性、老年人和那些对政治感兴趣的人比男性、年轻人和对政治不感兴趣的人更有可能投票。通过查看 p 值或 z 值（越大说明越显著）来比较关系的显著性，推断政治兴趣是模型中统计上最显著的变量。如果 95% 的置信区间没有包含 0，则意味着在 5% 水平上，效应是显著的（换句话说，p 值小于 0.05）。

在 OLS 回归中，系数表明 X 变量每变化一个单位，Y 变量增加或减少多少个单位。为了得到对 logit 的类似的实质性解释，我们必须预测 logit 值，并将 logits 转换为概率。但我们应该记住，logit 的每一步对概率有不同的影响，这依赖于在 logit 尺度上的位置。换句话说，一个变量 X 的影响取决于其他 X 变量的取值（如图 8.2 所示）。

当所有其他变量都设为各自的均值时，通过预测女性和男性的总 logit 来看 *woman* 的效应。输入：

. estat summarize

产生包含在上一个模型中的那些单位的描述性统计量（见图 8.5）。

```
Estimation sample logit              Number of obs =    2312

    Variable         Mean      Std. Dev.       Min         Max

        vote      .7201557     .4490197         0           1
       woman      .5635813     .4960482         0           1
         age      51.08478     18.41821        15          98
  political_~t    2.447232     .9486063         1           4
```

图 8.5 描述性统计量

对于女性（*women* 取值为 1），计算是：

$$L_i = -\beta_0 + \beta_1 X_{1i} + \beta_2 X_{2i} + \beta_3 X_{3i}$$
$$= cons + \beta_1 woman + \beta_2 mean\_age + \beta_3 mean\_polit$$
$$= -2.772451 + (0.2435153 \times 1) + (0.0376749 \times 51.08478) + (0.7592987 \times 2.447232)$$
$$= 1.254$$

对男性，计算是：

$$L_i = -2.772451 + (0.2435153 \times 0) + (0.0376749 \times 51.08478) + (0.7592987 \times 2.447232)$$
$$= 1.010$$

现在我们得到了当所有其他变量取均值时，女性和男性的预测 logits。将 logits 转换为概率的公式是：

$$p = \frac{1}{1+e^{-L}} \tag{8.10}$$

对于女性，概率是

$$p = \frac{1}{1+e^{-1.254}} = 0.778$$

对于男性，概率是

$$p = \frac{1}{1+e^{-1.010}} = 0.733$$

换句话说，*woman* 变量增加一个单位意味着投票的概率增加了 4.5%。

上述计算在 Stata 中更容易完成，而且我们还可以计算 X_2 和 X_3 的影响，其他变量设为各自的均值（包括 *women*）（见图 8.6）：

```
. quietly logit vote woman age political_interest
```

```
. margins, dydx(*) atmeans

Conditional marginal effects                    Number of obs   =       2312
Model VCE    : OIM

Expression   : Pr(vote), predict()
dy/dx w.r.t. : woman age political_interest
at           : woman              =    .5635813 (mean)
               age                =    51.08478 (mean)
               political_~t       =    2.447232 (mean)
```

概率的变化

	dy/dx	Delta-method Std. Err.	z	P>|z|	[95% Conf. Interval]	
woman	.0445349	.0188962	2.36	0.018	.007499	.0815708
age	.0068901	.0005214	13.21	0.000	.0058681	.0079121
political_interest	.1388631	.0099713	13.93	0.000	.1193197	.1584066

图 8.6　用 margins 的 logistic 回归

在图 8.6 中，我们得到了模型中其他变量设为均值时所有变量 X 每一单位变化的概率的变化。这也可以通过命令用图形方式展示：

```
. marginsplot
```

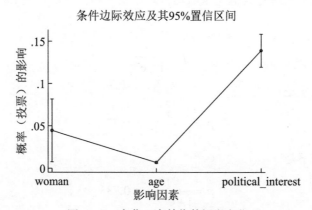

图 8.7　X 变化一个单位的概率变化

如图 8.7 所示，所有 3 个变量的效应都是正的，并且置信区间不包含 0。

我们还可以做同样的分析，只需将其他变量的值改为各自的最小值和最大值（通过写 estat summarize 得到，参考图 8.5）。

```
. quietly logit vote woman age political_interest
. margins, dydx(*) at(woman=(0) age=(15) political_interest=(1))
. marginsplot
```

和

```
. quietly logit vote woman age political_interest
. margins, dydx(*) at(woman=(1) age=(98) political_interest=(4))
. marginsplot
```

我们从输出（未列出）中读到，当将其他变量设为均值时，所有变量的概率变化比它们设为最小值和最大值时更大。

在 Stata 中也可以用 `logistic` 命令。`logit` 和 `logistic` 都采用极大似然估计，产生相同的结果。但 `logistic` 给出的是优势比而不是系数（见图 8.8）：

```
. logistic vote woman age political_interest
```

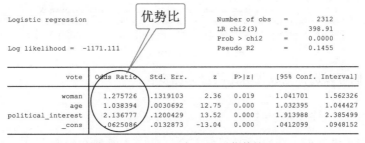

图 8.8 logistic 回归（显示优势比）

优势比为 1.000 等价于系数为 0，而优势比大于 1.000 意味着效应是正的，优势比小于 1.000 则意味着效应是负的。如果 95% 置信区间没有覆盖 1.000，意味着在 5% 的水平上效应是显著的（类似于 logit 输出）。优势比告诉我们，X 增加一个单位，$Y=1$ 的优势增加百分之多少，对于变量 age，我们看到一个人的年龄每增加一岁，优势增加 3.8%（1.038-1.000）。我们也可以通过数学常数 e 的系数次幂得到优势比。因此，对于 woman 的系数（如图 8.4 所示，为 0.243 515 3），我们得到 $e^{0.243\,52}=1.275\,7$。优势比不像概率那样直观，因此为了得到实质性解释，建议将 logits 转换为概率。我们也可以用 `listcoef` 命令来解释优势比。首先，我们必须安装一个名为 "spost13" 的包，其中包含 `listcoef` 命令：

```
. net install spost_ado, from(https://www.indiana.edu/~jslsoc/stata)
```

使用 logit 或 logistic 命令后，我们输入：

```
. listcoef, help
```

help 选项将为我们提供估计的描述（见图 8.9）。

```
logit (N=2312): Factor change in odds

   Odds of: 1 vs 0

                    b         z       P>|z|       e^b     e^bStdX     SDofX
        woman    0.2435     2.355     0.019     1.276     1.128      0.496
          age    0.0377    12.746     0.000     1.038     2.002     18.418
   political_~t  0.7593    13.516     0.000     2.137     2.055      0.949
     constant   -2.7725   -13.043     0.000        .         .          .

         b = raw coefficient
         z = z-score for test of b=0
      P>|z| = p-value for z-test
        e^b = exp(b) = factor change in odds for unit increase in X
    e^bStdX = exp(b*SD of X) = change in odds for SD increase in X
      SDofX = standard deviation of X
```

图 8.9 listcoef 输出

或者，我们可以选择生成优势比的百分比变化：

```
. listcoef, help percent
```

运行 logistic 模型后，通过输入 estat class 查看拟合优度：

```
. quietly logit vote woman age political_interest
. estat class
```

在图 8.10 中，根据最新运行模型，得到的概率至少为 0.50 的观测被预测为发生了事件（在本例中，他们投票了），而其他被预测为没有发生事件（没有投票）。我们看到在投票的 1 665 人中，1 541 人被正确预测，124 人被错误预测。在没有投票的 647 人中，217 人被正确预测，430 人被错误预测。从中我们可以了解到我们的模型错误有多大。

我们还可以生成变量的效应图。在本例中，我们将在 *women* 和 *political_interest* 取各自的最小值、均值和最大值时，对 *age* 绘图（见图 8.11）：

```
. quietly logit vote woman age political_interest
. generate L1 = _b[_cons] + _b[woman]*0 + _b[age]*age + _b[political_
interest]*1
. generate Phat1 = 1/(1+exp(-L1))
. generate L2 = _b[_cons] + _b[woman]*0.5635813 + _b[age]*age + _
b[political_interest]*2.447232
. generate Phat2 = 1/(1+exp(-L2))
. generate L3 = _b[_cons] + _b[woman]*1 + _b[age]*age + _b[political_
interest]*4
. generate Phat3 = 1/(1+exp(-L3))
. graph twoway mspline Phat1 age || mspline Phat2 age || mspline Phat3 age
```

```
Logistic model for vote

              ——— True ———
Classified       D        ~D       Total

    +          1541       430       1971
    -           124       217        341

  Total        1665       647       2312

Classified + if predicted Pr(D) >= .5
True D defined as vote != 0

Sensitivity                    Pr( +| D)    92.55%
Specificity                    Pr( -|~D)    33.54%
Positive predictive value      Pr( D| +)    78.18%
Negative predictive value      Pr(~D| -)    63.64%

False + rate for true ~D       Pr( +|~D)    66.46%
False - rate for true D        Pr( -| D)     7.45%
False + rate for classified +  Pr(~D| +)    21.82%
False - rate for classified -  Pr( D| -)    36.36%

Correctly classified                        76.04%
```

图 8.10　拟合优度

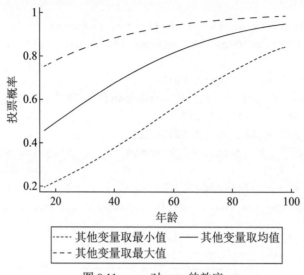

图 8.11 *age* 对 *vote* 的效应

预测给定个体投票概率的一种简单方法是在运行 logit 模型后使用 margins 命令:

. quietly logit vote woman age political_interest
. margins, atmeans

在输出（未列出）中，我们得到 Pr(vote)=0.759。这是最后一次运行模型中一个所有 *X* 变量为均值的"人"的投票概率。我们还可以定义这些变量的取值，例如预测一个对政治相当感兴趣的 27 岁女性的投票概率:

. margins, at(woman = 1 age = 27 political_interest = 3)

这就得到她的预测概率 (*Y*=1) 为 0.683。[①]

8.3 条件效应

logistic 回归中的条件效应与 OLS 回归中的条件效应有许多相似之处。然而，解释却复杂得多。为了解释结果，我们应该将 logits 转换为概率，因此条件效应还取决于并非交互项的 *X* 变量的值。在某些情况下，这可能导致与 logistic 回归表中显示的符号

[①] 我们可以用 margins 命令来说明为什么我们不应该对二分类因变量采用 OLS。如果我们运行回归 regress vote woman age political_interest，然后预测以下人: margins, at(woman=1 age=75 political_interest=4)，我们得到的预测值是 1.105，超出了因变量的 0-1 范围。

和强度不同的实质性结果（Berry 等，2010）。因此，一种好的做法是检验（和图示）logit 尺度不同起点的交互（例如，其他变量设为它们的最小值、均值和最大值），因为我们期望每个观测值不同。

我们可以使用 margins 命令来生成以概率表示的条件效应图（见图 8.12）：

```
. quietly logit vote i.woman##c.age political_interest
. margins, at(age=(15(1)98) woman=(0 1))
. marginsplot
```

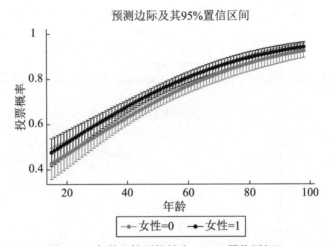

图 8.12　年龄和性别的效应（95% 置信区间）

为了检查这种关系（虽然不显著）是否成立，我们可以图示政治兴趣设为最小值（1）和最大值（4）时的效应：

```
. quietly logit vote i.woman##c.age political_interest
. quietly margins, at(age=(15(1)98) woman=(0 1) political_interest=(1))
. marginsplot, noci recast(line)
. quietly margins, at(age=(15(1)98) woman=(0 1) political_interest=(4))
. marginsplot, noci recast(line)
```

图的检查（见图 8.13 和图 8.14）表明，交互效应在某种程度上依赖于没有包括在交互项中的变量的值。

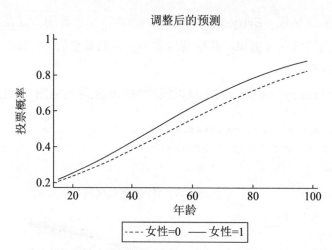

图 8.13 政治兴趣取最小值时的女性（*woman*）和年龄（*age*）的条件效应

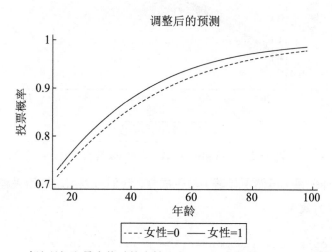

图 8.14 政治兴趣取最大值时的女性（*woman*）和年龄（*age*）的条件效应

8.4 诊断

模型设定正确的假设首先是一个理论问题。然而，Stata 提供了模型设定的检验，称为 link 检验（Pregibon，1980）。`linktest` 命令适用于任何单方程估计命令，包括 `logit` 和 `logistic`：

```
. quietly logit vote woman age political_interest
. linktest, nolog
```

该检验包括两个变量 _hat 和 _hatsq（见图 8.15）。理想情况下，如果它是一个好的模型，则变量 _hat 应该是显著的；如果模型设定正确，_hatsq 不应该是显著的（参见第 7 章）。我们的模型正是这种情况。然而，我们有充分的理由相信，我们可以找到一些其他显著的解释变量来预测投票，而 linktest 并没有对此检验。为此，我们可以在运行模型后使用 estat gof。这将检验在因变量上观察到的 0/1 值是否与预测的 0/1 值相匹配，要么基于数据中协变量模式的数目，要么基于一组分组（通过输入 estat gof, group(10) 得到）①。

```
Logistic regression                             Number of obs   =       2312
                                                LR chi2(2)      =     400.08
                                                Prob > chi2     =     0.0000
Log likelihood = -1170.5297                     Pseudo R2       =     0.1460

------------------------------------------------------------------------------
        vote |      Coef.   Std. Err.      z    P>|z|     [95% Conf. Interval]
-------------+----------------------------------------------------------------
        _hat |   1.086406   .0985975    11.02   0.000     .8931587    1.279654
      _hatsq |  -.0518307   .0478049    -1.08   0.278    -.1455265    .0418651
       _cons |   .0071204   .0681802     0.10   0.917    -.1265103    .1407511
------------------------------------------------------------------------------
```

图 8.15　linktest 的 Stata 输出

显著值意味着我们不得不拒绝我们的模型，而 $p>0.05$ 则意味着模型拟合相当好（见图 8.16）。我们只能将此视作模型选择了好的预测因子的一个信号，这个检验可以帮助我们发现错误设定的模型，但我们还应该使用自身的理论判断。

```
. quietly logit vote woman age political_interest
. estat gof
```

```
Logistic model for vote, goodness-of-fit test

       number of observations =       2312
 number of covariate patterns =        546
           Pearson chi2(542)  =     556.92
                Prob > chi2   =     0.3195
```

图 8.16　estat gof 命令

我们用 vif 命令可以很容易地检验多重共线性。多重共线性表明 X 变量之间存在高度相关。每个 X 变量的容忍度值（1/VIF）是其不与其他 X 变量共享的方差的比例。如果容忍度值低于 0.2，则估计系数变得不稳定。在模型中包含交互项或平方项将导致多

---

① 如果协变量模式的个数接近观测的个数，则建议使用此选项。因为这会使检验有问题（Hosmer, Lemeshow and Sturdivant, 2013: 157-160）。

重共线性,如果它使模型变得更好,我们将不得不接受[①]。在 logit 或 logistic 模型之后不能运行 estat vif 命令,因此转而运行线性回归,然后再运行该命令。

```
. quietly regress vote woman age political_interest
. estat vif
```

Variable	VIF	1/VIF
political_~t	1.02	0.980265
woman	1.02	0.983888
age	1.00	0.995168
Mean VIF	1.01	

图 8.17 estat vif 命令

我们的模型中容忍度值(1/VIF)都大于 0.2(见图 8.17),因此我们推断没有多重共线性问题。

可以通过使用 Pregibon(1981)的 $\Delta\hat{\beta}$ 影响统计量 dbeta 来检验强影响观测。首先,我们对每个单位预测 $Y=1$ 的概率:

```
. quietly logit vote woman age political_interest
. predict p
. predict db, dbeta
. scatter db p
```

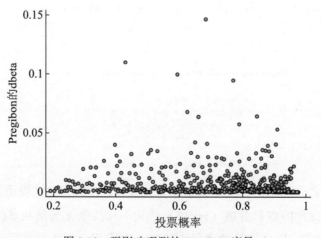

图 8.18 强影响观测的 Pregibon 度量

[①] 如果我们包含均值中心化变量的平方项,则不会增加多重共线性的问题。

图 8.18 显示了删除具有特定模式的所有点后估计参数的变化。可以通过查看识别号和对应的 $\Delta\hat{\beta}$ 值（或者输入 `scatter db p, mlabel(idno)`）来识别对整个模型影响最大的观测样本：

```
. sort db
. browse idno db
```

我们向下滚动找到最具影响模式的点（见图 8.19），这值得进一步考察。

	idno	db
2301	16713322	.1098591
2302	18516919	.1098591
2303	18817596	.1098591
2304	10500950	.1098591
2305	18617107	.1098591
2306	15410655	.1466112
2307	18617123	.1466112
2308	10200372	.1466112
2309	13206225	.1466112
2310	12104108	.1466112
2311	22424773	.1466112
2312	27534892	.1466112
2313	10400780	.
2314	17615148	.

图 8.19　强影响点的 Stata 输出

8.5　多类 logistic 回归

多类回归（multinomial regression）是建立在普通二分类 logistic 回归的基础上，但允许研究者探究具有两个以上类别且类别间没有内在顺序的因变量。这使得可以在同一模型中研究具有两个以上结果的分类因变量。假设我们想研究变量 *party_voted*，该变量表示受访者是否投票给保守党（*Conservative*）、自由民主党（*Liberal Democrat*）、工党（*Labour*）或其他党派（归为一类）。因此，我们有一个 4 个值的名义因变量。图 8.20 显示了它的频率分布。

```
. tab party_voted
```

party_voted	Freq.	Percent	Cum.
Conservative	583	37.40	37.40
Liberal Democrat	342	21.94	59.33
Labour	490	31.43	90.76
Other	144	9.24	100.00
Total	1,559	100.00	

图 8.20 因变量的频率分布

由于该变量有 4 个类别，其中 3 个将与我们选择作为参照类别的一个分别进行比较。在二分类模型中，基准结果 $P(Y=1)$ 与 $1-P(Y=0)$ 相同。但是在具有 3 个或更多可能结果的模型中，结果 $P(Y=1)$ 和 $1-P(Y=0)$ 是不同的。具有 4 个类别因变量的多类模型的方程如下：

$$L_1 = \ln(\frac{P(Y=1)}{P(Y=0)}) = \beta_{01} + \beta_{11}X_1 + \beta_{21}X_2 + \beta_{31}X_3 + \varepsilon_1 \quad (8.11)$$

$$L_2 = \ln(\frac{P(Y=2)}{P(Y=0)}) = \beta_{02} + \beta_{12}X_1 + \beta_{22}X_2 + \beta_{32}X_3 + \varepsilon_2$$

$$L_1 = \ln(\frac{P(Y=3)}{P(Y=0)}) = \beta_{03} + \beta_{13}X_1 + \beta_{23}X_2 + \beta_{33}X_3 + \varepsilon_3$$

从方程（8.11）中我们可以看出，4 个类别中的 3 个类别有不同的 logit 系数。从因变量来看，三组系数解释了投给自由民主党的概率和投给保守党的概率之间的、投给工党的概率和投给保守党的概率之间的以及投给其他政党的概率和投给保守党的概率之间的关系。

为了运行多类 logistic 回归模型，我们使用 mlogit 命令。我们可以通过插入其值作为基准结果来决定哪个类别应作为参照。如果我们不用此选项，因变量的最低值将被用作默认值。我们选择保守党（0），因为它是一个定义明确且大 N 的类别：

. mlogit party_voted woman age political_interest, base(0)

输出见图 8.21。

```
Multinomial logistic regression              Number of obs   =       1556
                                             LR chi2(9)      =      51.43
                                             Prob > chi2     =     0.0000
Log likelihood = -1973.3684                  Pseudo R2       =     0.0129

------------------------------------------------------------------------------
 party_voted |      Coef.   Std. Err.      z    P>|z|     [95% Conf. Interval]
-------------+----------------------------------------------------------------
Conservative |  (base outcome)
-------------+----------------------------------------------------------------
Liberal_Democrat |
       woman | -.0275363   .1406261    -0.20   0.845    -.3031585    .2480858
         age | -.019776    .0039771    -4.97   0.000    -.0275709   -.0119811
political_interest | -.072617   .0799505   -0.91   0.364    -.2293171    .0840831
       _cons |  .7542039   .3344822     2.25   0.024     .0986309    1.409777
-------------+----------------------------------------------------------------
Labour       |
       woman | -.0251884   .1266712    -0.20   0.842    -.2734595    .2230826
         age | -.0127739   .0035614    -3.59   0.000    -.0197541   -.0057936
political_interest | -.1955991   .0710975   -2.75   0.006    -.3349475   -.0562506
       _cons |  1.065986   .3021007     3.53   0.000     .4738791    1.658092
-------------+----------------------------------------------------------------
Other        |
       woman | -.4468886   .1902763    -2.35   0.019    -.8198233   -.0739539
         age | -.013044    .0053657    -2.43   0.015    -.0235606   -.0025274
political_interest | -.4292863   .1046578   -4.10   0.000    -.6344117   -.2241609
       _cons |  .6725144   .4304668     1.56   0.118    -.171185     1.516214
------------------------------------------------------------------------------
```

自由民主党vs.保守党的结果
工党vs.保守党的结果
其他政党vs.保守党的结果

图 8.21 多类 logistic 回归

通过包含 4 个类别 Y 变量，其中 3 个（自由民主党、工党和其他政党）与参考类别（保守党）分别进行比较。例如，女性投票给自由民主党、工党或其他政党的概率比投票给保守党的概率更小。但是，只有其他政党与保守党之间的差异统计上显著。这里也可以用 margins 命令来预测一个人的 $Y=0$、$Y=1$、$Y=2$ 或 $Y=3$ 的概率：

```
. margins, predict(outcome(0))
. margins, predict(outcome(1))
. margins, predict(outcome(2))
. margins, predict(outcome(3))
```

这里，X 变量被设为它们的均值。我们还可以预测具有特定特征的人：

```
. margins, predict(outcome(0)) at(woman=1, age=27, political_interest=3)
. margins, predict(outcome(1)) at(woman=1, age=27, political_interest=3)
. margins, predict(outcome(2)) at(woman=1, age=27, political_interest=3)
. margins, predict(outcome(3)) at(woman=1, age=27, political_interest=3)
```

我们可以用图形来展示结果，但记住，效应会因其他 X 变量的值而不同（与二分类 logistic 回归一样）。在示例中，我们将在保持其他变量在它们的均值时绘制 age 对 4 个备选中的每一个投票的效应（见图 8.22）。为了找到均数，我们输入：

```
. quietly mlogit party_voted woman age political_interest, base(0)
. summarize woman political_interest if e(sample)
```

```
. generate L1m = [1]_b[_cons] + [1]_b[woman]*0.5694087 + [1]_b[age]*age
    + [1]_b[political_interest]*2.647815
. generate L2m = [2]_b[_cons] + [2]_b[woman]*0.5694087 + [2]_b[age]*age
    + [2]_b[political_interest]*2.647815
. generate L3m = [3]_b[_cons] + [3]_b[woman]*0.5694087 + [3]_b[age]*age
    + [3]_b[political_interest]*2.647815
. generate P0m = 1/(1+exp(L1m) + exp(L2m) + exp(L3m))
. generate P1m = exp(L1m) / (1+exp(L1m) + exp(L2m) + exp(L3m))
. generate P2m = exp(L2m) / (1+exp(L1m) + exp(L2m) + exp(L3m))
. generate P3m = exp(L3m) / (1+exp(L1m) + exp(L2m) + exp(L3m))
. graph twoway mspline P0m age || mspline P1m age || mspline P2m age ||
    mspline P3m age
```

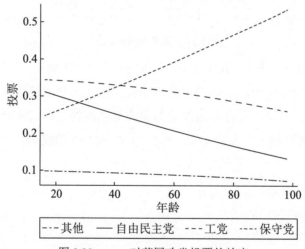

图 8.22 age 对英国政党投票的效应

如果指定 rrr，我们得到的结果是相对风险比以及相应的标准误和置信区间（类似于在 logistic 回归中使用 logistic）：

```
. mlogit party_voted woman age political_interest, base(0) rrr
```

与多类 logistic 回归相关的一个重要假设是"无关选择独立（independence of irrelevant alternatives，IIA）"。其逻辑是，如果在 A 和 B 的选择集中 A 胜过 B，则在引入第三个选择 C 决不能使 B 胜过 A。实质上，这意味着我们的分类因变量（除了互斥之外）还必须是完备的，也就是说，它应该包括所有可能的选择项。这也包括如果一个类别被划分为子类别，进而可能改变结果（我们的"其他政党"选择在理论上就是这种情况）。

为了检验这个，我们可以通过 mlogtest 命令对 IIA 使用 Hausman 检验。该检

验首先拟合包含 Y 的所有选择的全模型。接下来拟合一个剔除了 Y 的一个或多个选择的受约束模型。然后，对前两步获得的系数进行检验（Long 和 Freese，2014）。如果 Hausman 检验统计量 H 是显著的，则意味着违反了 IIA 假设。运行我们的模型后，键入：

```
. mlogtest, hausman
```

```
Hausman tests of IIA assumption (N=1556)

Ho: Odds(Outcome-J vs Outcome-K) are independent of other alternatives

                chi2      df    P>chi2
    Conserva    0.346     8     1.000
     Liberal   -0.041     8       .
      Labour    0.608     8     1.000
       Other   -0.141     8       .

Note: A significant test is evidence against Ho.
Note: If chi2<0, the estimated model does not meet asymptotic assumptions.
```

图 8.23　Hausman 检验的 Stata 输出

图 8.23 显示有两个值是负的，因此，不满足检验的假设。然而，由于用 Hausman 检验的困难，建议在评估 IIA 假设时使用 Hausman 检验的似无关估计（seemingly unrelated estimation，suest）版本①。

为了使用 suest 检验，我们拟合包括所有 4 种选择的多类模型，和拟合剔除一个选择的 3 个受约束的多类模型，然后进行检验。如果 IIA 假设成立，则所有 4 个方程的系数应该相等（Hausman 和 McFadden，1984）。然后我们通过运行 suest 检验来看是否是这种情况。

由于 suest 使用标签作为名称存储估计，我们首先需要确保值标签中没有空格（在该例中，标签"Liberal Democrat"有一个空格）：

```
. label define partynames 0 Conservative 1 LiberalDemocrat 2 Labour 3 Other
. label value party_voted partynames
. tab party_voted
```

然后我们估计 4 个模型：

```
. quietly mlogit party_voted woman age political_interest
. estimates store m1, title(all categories)
. quietly mlogit party_voted woman age political_interest if party_voted !
=1
```

---

① 关于该检验的更多信息，参见 www.stata.com/manuals13/rsuest.pdf。

```
. estimates store m2, title(party_voted != "LiberalDemocrat":party_
voted)
. quietly mlogit party_voted woman age political_interest if party_voted !
=2
. estimates store m3, title(party_voted != "Labour":party_voted)
. quietly mlogit party_voted woman age political_interest if party_voted !
=3
. estimates store m4, title(party_voted != "Other":party_voted)
```

现在运行 suest 检验：

```
. suest m *, noomitted
```

从表（太大无法复制于此，因此省略）中我们看到，不同方程的系数之间没有实质性差异。为了检验假设在不同估计模型中是否得到满足，我们运行不同的选择：

```
. test [m1_LiberalDemocrat = m3_LiberalDemocrat], cons
. test [m1_LiberalDemocrat = m4_LiberalDemocrat], cons
. test [m1_Labour = m2_Labour], cons
. test [m1_Labour = m4_Labour], cons
. test [m1_Other = m2_Other], cons
. test [m1_Other = m3_Other], cons

 ( 1)  [m1_LiberalDemocrat]woman - [m3_LiberalDemocrat]woman = 0
 ( 2)  [m1_LiberalDemocrat]age - [m3_LiberalDemocrat]age = 0
 ( 3)  [m1_LiberalDemocrat]political_interest - [m3_LiberalDemocrat]political_interest = 0
 ( 4)  [m1_LiberalDemocrat]_cons - [m3_LiberalDemocrat]_cons = 0

       chi2(  4) =    5.24
     Prob > chi2 =    0.2632
```

图 8.24　检验 IIA 假设

从结果（在图 8.24 中我们只报告了 6 个检验中的一个）中可以看出，Prob> chi2 的值大于 0.05，我们不能拒绝模型之间系数相等的假设，这意味着模型没有问题（全部 6 个检验都是如此）。

8.6　有序 logistic 回归

虽然对具有几个值的有序变量使用 OLS 回归是很常见的，但当类别之间的实际距离未知时，对因变量建模的正确方法是有序 logistic 回归（ordinal logistic regression）。

与多类回归不同，这些值可从低到高排序。这里我们只得到每个自变量的一个估计。原因是我们假设因变量从一个值到另一个值的转换遵循相同的过程。假设有一个范围从 $-\infty$ 到 $+\infty$ 的潜变量 Y^*，通过我们观察到的变量 Y 来表示。我们观察到的变量提供了关于潜变量的不完全信息（Long 和 Freese，2014）。

假设研究的因变量 *political_interest* 是一个范围从 1 到 4 的有序变量。①

```
. tab political_interest
```

命令 `tab political_interest` 输出图 8.25 所示的结果。

political_interest	Freq.	Percent	Cum.
Not at all interested	522	21.57	21.57
Hardly interested	604	24.96	46.53
Quite interested	1,018	42.07	88.60
Very interested	276	11.40	100.00
Total	2,420	100.00	

图 8.25 因变量的频率分布

因此，假设有一个潜变量 Y^*（$-\infty \sim +\infty$），它由有序变量 Y 表示。换句话说，潜变量被分为 j 个有序类别，其中 $Y_i = m$，如果 $\tau_{m-1} < Y^* < \tau_m$ （$m = 1, \cdots, j$）。本例中 $j = 4$：

$$Y_i = \begin{cases} 1 & \text{如果} \tau_0 = -\infty \leqslant Y_i^* < \tau_1, \\ 2 & \text{如果} \tau_1 \leqslant Y_i^* < \tau_2, \\ 3 & \text{如果} \tau_2 \leqslant Y_i^* < \tau_3, \\ 4 & \text{如果} \tau_3 \leqslant Y_i^* < \tau_4 = \infty \end{cases} \tag{8.12}$$

因此，当潜变量 Y^* 超过一个截断点时，观察到的类别就会发生变化（Long 和 Freese，2014）。因此，我们得到以下回归方程：

$$L = \ln\{P(Y \leqslant m)\} = \tau_m + \beta_1 X_1 + \beta_2 X_2 + \varepsilon \tag{8.13}$$

为了在 Stata 中运行这个模型，我们使用 `ologit` 命令，它产生图 8.26 中的输出：

```
. ologit political_interest woman age
```

---

① 通过输入 `numlabel, add`（然后按回车键），我们可以将数字（除了标签之外）添加到输出中。

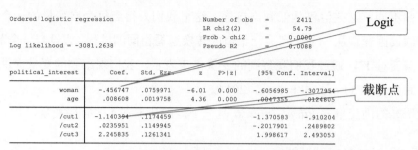

图 8.26 有序 logistic 回归的 Stata 输出

分界点如同截距项，用作计算概率时的起点①。我们得到的是 logit 值（系数），而不是优势比。概率可用与 logistic 回归相同的方式计算，但我们必须为预测选择正确的截断点。我们可以用与多项 logistic 回归相同的方式来预测概率：

```
. margins, predict(outcome(1))
. margins, predict(outcome(2))
. margins, predict(outcome(3))
. margins, predict(outcome(4))
```

在这里，X 变量也被设为它们的均值，我们还可以预测一个有特定特征的人：

```
. margins,predict(outcome(1)) at(woman=1 age=27)
. margins,predict(outcome(2)) at(woman=1 age=27)
. margins,predict(outcome(3)) at(woman=1 age=27)
. margins,predict(outcome(4)) at(woman=1 age=27)
```

我们可以看看解释变量对因变量不同结果的效应：

```
. quietly ologit political_interest woman age
. margins, predict(outcome(1)) at(age=(15(1)98))
. marginsplot
. margins, predict(outcome(2)) at(age=(15(1)98))
. marginsplot
. margins, predict(outcome(3)) at(age=(15(1)98))
. marginsplot
. margins, predict(outcome(4)) at(age=(15(1)98))
. marginsplot
```

---

① 有关截断点的简短解释，请参见 http://www.stata.com/support/faqs/statistics/cut-points/ 。

由于 *age* 在模型中的系数是正的且显著，它对因变量取小值（1 和 2）的可能性有负的影响，对取大值（3 和 4）的可能性有正的影响（见图 8.27）。

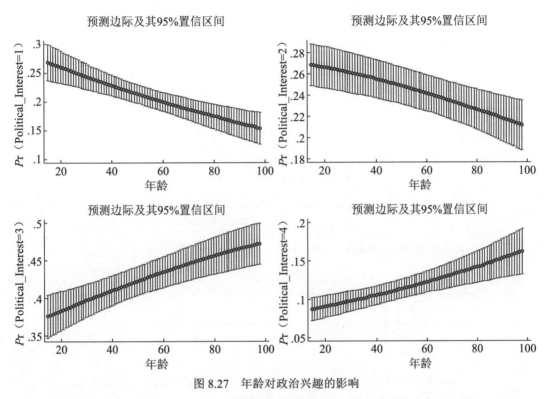

图 8.27　年龄对政治兴趣的影响

有序 logistic 回归需要遵循平行回归假设（parallel regression assumption）。这个假设表明每对结果组之间的关系是相同的。正因如此，模型只有一组系数（否则我们需要对每对结果组之间的关系建立不同的模型）。为了检验这一点，我们可以在运行模型后使用平行回归假设的 Brant 检验（Long 和 Freese，2014）。它既可以检验是否有任何变量违反这个假设，也可以分别检验每个变量的假设。detail 选项为我们提供了一系列二分类 logisic 回归：

```
. quietly ologit political_interest woman age
. brant, detail
```

如果检验是显著的，则表明违反了平行回归假设。所呈现的 logistic 回归显示，首先是类别 1 对 2、3 和 4，然后是类别 1 和 2 对 3 和 4，最后是类别 1、2 和 3 对 4。除了抽样带来变异之外,这些系数(不包括截距)应该相同(Williams,2006)。图 8.28 显示我们的模型和变量都很好(尽管 woman 接近显著)。如果违反了这一假设,我们有可能得到不正确或误导性的结果。一种选择是使用多类 logistic 回归代替。

```
Estimated coefficients from binary logits

 Variable    y_gt_1    y_gt_2    y_gt_3

    woman    -0.330    -0.438    -0.696
             -3.24     -5.25     -5.36
      age    0.009     0.009     0.006
             3.47      4.29      1.80
    _cons    1.033     -0.076    -2.011
             6.94      -0.61     -10.37

                                 legend: b/t

Brant test of parallel regression assumption

             chi2      p>chi2    df

    All      7.01      0.136     4

    woman    5.98      0.050     2
    age      0.89      0.639     2

A significant test statistic provides evidence that the parallel
regression assumption has been violated.
```

图 8.28　平行回归假设

8.7　总结

本章我们展示了如何处理非连续性因变量。我们介绍了 logit、优势和概率等概念,并特别关注概率这一概念。解释 logistic 结果比解释 OLS 回归结果更具挑战性,因此,本章很大一部分都致力于结果的图形表示。我们还讨论了多类 logistic 和有序 logistic 回归。

关键术语

- 二分类 logistic 回归（Binary logistic regression）：这是一个对二分类因变量的估计方法，表示 X 每变化一个单位，$Y=1$ 的优势的自然对数变化多少。
- Logit：$Y=1$ 的优势的自然对数。
- 优势比（Odds ratio）：优势比是 logit 的指数，它告诉我们如果 X 移动一个单位，$Y=1$ 的优势的变化。
- 多类 logistic 回归（Multinomial logistic regression）：该方法是 logistic 回归对具有两个以上无序值的分类因变量的推广。
- 有序 logistic 回归（Ordered logistic regression）：这是对有序因变量的回归模型。

问题

1. 对二分类因变量运行线性回归有哪些问题？
2. logistic 回归的假设是什么？
3. 对于具有两个以上值的分类因变量，应选择哪种方法？

延伸阅读

Hilbe, J.M. (2009) *Logistic Regression Models*. Boca Raton, FL: CRC Press.

本书提供了所有 logistic 模型（包括二分类、比例、有序和分类响应回归）的术语和概念的概述和解释。

Long, J.S. and Freese, J. (2014) *Regression Models for Categorical Dependent Variables using Stata* (3rd edn). College Station, TX: Stata Press.

在本书中，作者向读者介绍了 Stata，以及如何使用程序来处理分类因变量。本书特别关注如何估计和解释这些模型。

Menard, S. (2002) *Applied Logistic Regression Analysis* (2nd edn). Thousand Oaks, CA: Sage.

作为 Sage 出版社"社会科学中定量应用丛书"中的一本，本书让读者对 logistic 建模背后逻辑有一个基本的理解。

参考文献

Berry, W.D., DeMerrit, J.H.R. and Esarey, J. (2010) Testing for interaction in binary logit and probit models: Is a product term essential? *American Journal of Political Science*, 54(1), 248-266.

Edgeworth, F.Y. (1908) On the probable errors of frequency-constants. *Journal of the Royal Statistical Society*, 71(3), 499-512.

Fisher, R.A. (1912) On an absolute criterion for fitting frequency curves. *Messenger of Mathematics*, 41, 155-160.

Fisher, R.A. (1922) On the mathematical foundations of theoretical statistics. *Philosophical Transactions of the Royal Society of London, Series A*, 222, 309-368.

Hausman, J.A. and McFadden, D.L. (1984) Specification tests for the multinomial logit model. *Econometrica*, 52, 1219-1240.

Hosmer, D.W., Lemeshow, S. and Sturdivant, R.X. (2013) *Applied Logistic Regression*. Hoboken, NJ: Wiley.

King, G. and Zeng, L. (2001) Logistic regression in rare events data. *Political Analysis*, 9(2), 137-163.

Long, J.S. and Freese, J. (2014) *Regression Models for Categorical Dependent Variables using Stata* (3rd edn). College Station, TX: Stata Press.

McFadden, D.L. (1974) Conditional logit analysis of qualitative choice behavior. In P. Zarembka (ed.), *Frontiers in Econometrics* (pp. 105-142). New York: Academic Press.

Menard, S. (2002) *Applied Logistic Regression Analysis* (2nd edn). Thousand Oaks, CA: Sage.

Pregibon, D. (1980) Goodness of link tests for generalized linear models. *Applied Statistics*, 29(1), 15-24.

Pregibon, D. (1981) Logistic regression diagnostics. *Annals of Statistics*, 9(4), 705-724.

Verhulst, P.F. (1838) Notice sur la loi que la population suit dans son accroissement [Instructions on the law of growth in populations]. *Correspondance Mathématique et Physique, publiée par A. Quetelet*, 10, 113-121.

Verhulst, P.F. (1845) Recherches mathématiques sur la soi d'accroissement de la population [Mathematical research into the law of population growth increase]. *Nouveaux Mémoires de l' Académie Royale des Sciences et Belles-Lettres de Bruxelles*, 18, 1-42.

Wald, A. (1943) Tests of statistical hypotheses concerning several parameters when the number of observations is large. *Transactions of the American Mathematical Society,* 54, 426-482.

Williams, R. (2006) Generalized ordered logit/partial proportional odds models for ordinal dependent variables. *Stata Journal,* 6(1), 58-82.

Wonnacott, T.H. and Wonnacott, R.J. (1990) *Introductory Statistics* (5th edn). New York: John Wiley&Sons.

9.1　多水平数据

9.2　空模型或截距模型

9.3　方差分解或组内相关

9.4　随机截距模型

9.5　水平 2 解释变量

9.6　logistic 多水平模型

9.7　随机系数（斜率）模型

9.8　交互效应

9.9　三水平模型

9.10　加权

9.11　总结

关键术语

问题

延伸阅读

参考文献

多水平分析

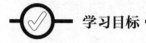

- 理解嵌套数据（nested data）的结构以及为什么要用多水平建模
- 应用 Stata 软件实现不同类型的多水平模型，包括 logistic 模型和三水平模型
- 理解组内相关系数的概念以及如何计算不同水平的方差
- 不同水平上的变量间交互作用的建模

回归模型在社会科学领域占据着重要地位。很多研究者已经深入研究了个体水平的特征如何影响其他个体水平特征，以及国家水平的特征如何影响其他国家水平的特征。本章我们将讨论如何处理层次数据，以及两水平和三水平模型的实现。同时举例说明线性和 logistic 多层次模型，以及数据的权重问题。

Harvey Goldstein（1986）被认为是多水平建模的奠定人之一。1991 年他开发了允许用户运行所谓的两水平和三水平模型的软件。多水平建模的假设是，最低水平（水平1）的单位嵌套在更高水平的单位中，如地区、国家或学校（水平2），见图 9.1。Bryk 和 Randenbush（2002）开发了估计两水平层次线性模型的 HLM 软件，使这种建模的类型备受瞩目。

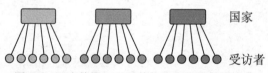

图 9.1 层次数据：一些单位嵌套在其他单位中

多水平建模很快在教育研究中流行起来，学生嵌套在学校班级中，班级又嵌套在学校中。一般回归模型假定各单位间是独立的，但数据间的嵌套违反了这个假设。运行层次模型（另一个名称是多水平）要考虑到这一点。多水平分析的目的是通过考察所有分析水平的信息，来解释在最低水平测量的因变量的方差。这些模型也被称为层次线性模型、随机效应模型和随机系数模型。

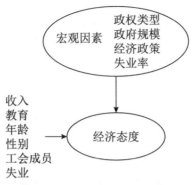

图 9.2 社会现象的多层次数据

使用多水平方法有理论和统计两方面的原因。使用多水平分析的一个理论原因是，当我们探讨层次数据时，我们常常对不同水平的变量效应感兴趣。例如，我们探讨个体的行为，我们可能对个体特征和其所在的学校（或国家，或任何其他水平 2 单位）的解释力都感兴趣，如图 9.2 所示。从理论的角度来看，研究者会关注个体与其周围环境间的关系，如个体是否会受其所在的国家、地区或者学校特征的影响。我们发现，空间距离靠近的观测比空间距离远的观测更相似。因此，来自同一国家的受访者可能比来自不同国家的受访者更相似，因为他们有共同的历史、经历、环境等。许多这些关系尚未被研究，并为崭露头角的社会科学家努力收集新的知识以促成更好的政策和教学铺平了道路。

这种单位的嵌套也暗示了使用多水平建模的统计学原因。这种共同的背景是观测值间依赖的原因。如果个体水平的因变量受到如国家水平的变量的影响，那么最低水平的观测就不是独立的。

另一个特点是多水平建模是对少数定性方法支持者批评的一个很好的统计学回答，即研究这些个体时需考虑其背景。传统的调查研究中，通常认为个体独立于其背景。这实际上是多水平分析的优点之一。通过在回归方程中引入水平 2 的变量，可以考虑到个体所处的背景。

9.1 多水平数据

多水平分析的前提是数据有层次结构。数据最初可以以不同的格式呈现，但进行分析时需要如图 9.3 所示的长型格式呈现（与宽型数据相反，见图 9.4）。①

---

① 长型格式意味着在数据矩阵中，最低水平的每个观测由它自己的行表示。更多关于宽型和长型格式的信息可参阅第 2 章 2.4.5 小节。

country	id	woman	age	GDPcapi~1000
1	1	0	31	43.848
1	2	1	46	43.848
1	3	0	37	43.848
2	1	0	56	6.40315
2	2	0	17	6.40315
2	3	1	40	6.40315
3	1	1	67	65.79007
3	2	1	61	65.79007
3	3	0	31	65.79007
4	1	1	66	29.42791
4	2	0	81	29.42791
4	3	0	80	29.42791
5	1	1	47	18.80566
5	2	1	62	18.80566
5	3	0	59	18.80566
6	1	0	23	40.27525
6	2	1	40	40.27525
6	3	1	28	40.27525
7	1	0	70	56.22658
7	2	1	51	56.22658
7	3	0	33	56.22658

图 9.3 长型数据格式

country	woman1	woman2	woman3	age1	age2	age3	GDPcap~10001	GDPcap~10002	GDPcap~10003
1	0	1	0	31	46	37	43.848	43.848	43.848
2	0	0	1	56	17	40	6.40315	6.40315	6.40315
3	1	1	0	67	61	31	65.79007	65.79007	65.79007
4	1	0	0	66	81	80	29.42791	29.42791	29.42791
5	1	1	0	47	62	59	18.80566	18.80566	18.80566
6	0	1	1	23	40	28	40.27525	40.27525	40.27525
7	0	1	0	70	51	33	56.22658	56.22658	56.22658
8	1	0	1	57	20	73	14.26401	14.26401	14.26401
9	1	0	1	40	41	30	31.71424	31.71424	31.71424
10	0	0	0	65	36	36	44.83771	44.83771	44.83771
11	1	1	1	54	77	33	40.47706	40.47706	40.47706
12	0	1	0	42	59	63	35.33128	35.33128	35.33128
13	0	1	0	28	.	55	25.83221	25.83221	25.83221
14	0	0	1	45	25	33	13.4614	13.4614	13.4614
15	0	1	0	17	38	54	12.63455	12.63455	12.63455

图 9.4 宽型数据格式

多水平分析可看作普通最小二乘（OLS）回归的推广，以适应两水平或多水平回归估计的复杂性。一个例子是学生被分组到学校的班级，这些班级嵌套在学校中。其他的例子是个体被分组到国家，系被分组到学院，甚至测验结果分组到学生。

图 9.5 中，学生嵌套在班级中，班级嵌套在学校中。学生的个体特征数据称为水平 1 数据，而班级和学校数据分别称为水平 2 和水平 3 数据。在多水平模型中，水平数没有理论上的限制。然而，随着水平数的增加，模型变得越来越复杂。最简单的模型就是两水平模型。

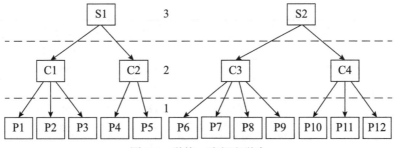

图 9.5　学校、班级和学生

表 9.1　学生嵌套于班级的多水平数据示例

班级（水平 2）	学生（水平 1）	Y（水平 1）	X_1（水平 1）	X_2（水平 2）
1	1	12	33	1
1	2	16	25	1
1	3	14	35	1
1	4	15	40	1
2	1	22	93	0
2	2	23	64	0
2	3	26	86	0
2	4	26	86	0
3	1	18	58	1
3	2	20	53	1

以表 9.1 为例，变量（Y）在水平 1（学生测试分数），变量 X_1 在学生水平（水平 1），X_2 在班级水平（水平 2）。在表 9.2 中，我们在数据结构中添加了第三水平（学校）。

水平是标识总体的抽样单位（基于抽样理论的统计检验），或构成整个总体单位（如所有经合组织国家）的变量。例如，学生可被看作每个学校内学生的随机样本，学校可被看作是来自更多学校的随机样本。我们称该变量为标识变量（identifier variable）。除了水平 1，模型每一水平都需要一个标识。因此，如果有两个以上水平，那么就有多个标识。

表 9.2　学生嵌套于班级嵌套于学校的多水平数据示例

学校（水平 3）	班级（水平 2）	学生（水平 1）	Y（水平 1）	X_1（水平 1）	X_2（水平 2）
1	1	1	12	33	1
1	1	2	16	25	1
1	1	3	14	35	1
1	1	4	15	40	1
1	2	1	22	93	0

续表

学校（水平 3）	班级（水平 2）	学生（水平 1）	Y（水平 1）	X_1（水平 1）	X_2（水平 2）
1	2	2	23	64	0
1	2	3	26	86	0
1	2	4	26	86	0
1	3	1	18	58	1
1	3	2	20	53	1

模型中包含的解释变量位于不同的水平（尽管不必在每个水平包含 X 变量），它们的系数以恰当的方式估计。而因变量位于最低水平，可以是低水平或高水平因素的函数。在表 9.3 中，我们列出了社会科学中经常遇到的层次结构的一些例子。

表 9.3 层次数据结构的不同类型

水平 3			学校	国家	国家
水平 2	公司	学生	班级	地区	年份
水平 1	雇员	测验	学生	受访者	受访者

9.1.1 使用多水平分析的统计学原因

多层次分析的目的是通过分析所有水平的信息，来解释在最低水平测量的因变量的方差。如前所述，采用多水平建模的一个统计学原因是层次数据中的受访者会有共同的背景或参照系。例如，由于共同的历史、经历和环境，同一国家的受访者比其他国家的受访者更相似。由于同一组个体间的共同依赖，普通回归分析变得有问题（Bartels，1996）。

这种共同背景是观察者相互依赖的原因。这种单位内相关改变了普通最小二乘回归模型的误差方差，即隐藏（omitted）变量的效应加上测量误差，假定这些误差是不相关的（Kreft 和 de Leeuw，1998）。这种复杂的误差结构使得 OLS 回归估计失效。为了弥补这一点，多水平建模允许同时估计所有水平的误差和线性系数（Ringdal，1992）。

如果水平 2 变量会影响水平 1 的因变量，那么水平 1 的观测值就不是独立的；也就是说，它们是聚集的。如果违背了误差项的独立性假设，这将导致估计的标准误会很小而 t 值会很大（Steenbergen 和 Jones，2002）。如果忽略背景水平，标准误将被低估，统计学检验结果也是无效的。多水平回归中，水平 2（以及水平 3 等）变量的标准误是基于其相应水平的 N 估计。在普通回归中，这些会根据水平 1 的 N 来计算，导致标准误太小而 I 类错误增加。Hox（2010）还警告了在个体水平解释聚合数据（aggregated data)的危险,将导致生态学谬误(ecological fallacy)。[①]

固定效应模型(参见第 10 章)也常用于某些结构化数据(如面板数据)。但它不如多水平模型,它的缺陷在于:无法对水平 2 变量建模(Jones,2008)。

多水平建模又称为混合建模。该模型是完全合并(completing pooling)和完全不合并(no pooling)这两种极端情况的折中。前者不考虑组间差异,仅做一个简单回归;后者是每组分别做一个回归。这称为部分合并(partial pooling)(Gelman 和 Hill,2007)。

如果我们将所有水平 2 单位放在一起分析(完全合并),我们会高估这些单位间的变异。但如果分别做回归(完全不合并),那么会由于每个水平 2 单位的数据点减少而出现过度拟合现象。

9.2 空模型或截距模型

多水平模型估计通常采用极大似然法、限制极大似然法或者迭代广义最小二乘法。在我们的例子中模型使用最常用的极大似然法,它也用于 logistic 回归。简言之,极大似然估计寻找使数据最可能的系数。极大似然估计是一个假设的总体值,它比其他任何值都更有可能生成我们实际观察到的样本(Wonnacott 和 Wonnacott,1990:568)。

为了理解多水平建模的基础,我们首先介绍空模型的普通 OLS 回归方程:

$$Y_i = \beta_0 + e_i \tag{9.1}$$

Y 表示个体 i 的因变量值,β_0 表示回归截距(等于均数),e_i 表示个体 i 的误差项(残差)。空模型的截距近似等于样本的均值。这里我们假定不管个体属于哪个组(学校、公司、国家),所有个体的均值相同。残差即个体偏离均值的幅度(见图 9.6)。

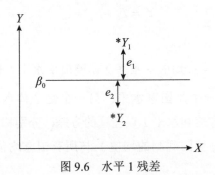

图 9.6 水平 1 残差

---

① 指基于个体所属群体组来推断个体。

然而，如果我们有层次数据，采用多水平模型能获得更真实的估计值。两水平空模型如下：

$$Y_{ij} = \beta_{0j} + e_{ij} \qquad (9.2)$$

虽然式（9.1）和式（9.2）有某些相似之处，但两者还有一些重要差别。Y_{ij}表示来自第j国家（或学校、公司等）第i个体值。等式右边，β_{0j}表示第j国家因变量的均值（而不是所有国家个体的均值）。误差项e_{ij}是第j国家第i个体因变量的观测值与该国家因变量均值的差（见图9.7）。

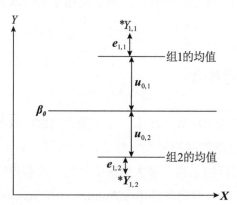

图9.7 水平1和水平2残差

样本中，国家的因变量的均值可进一步定义为

$$\beta_{0j} = \beta_0 + u_{0j} \qquad (9.3)$$

其中，β_0表示因变量的总均值，u_{0j}为误差项，表示第j国家的组别均值与总均值的差。将式（9.3）带入式（9.2）可得：

$$Y_{ij} = \beta_0 + u_{0j} + e_{ij} \qquad (9.4)$$

上式的含义是：

因变量 = 总均值 + 水平2误差项 + 水平1误差项

式中有两个误差项：一个是国家水平；另一个是个体水平。我们关注3个系数：总均值、水平2误差项的方差和水平1误差项的方差，分别称为$var(u_0)$和$var(e)$。第j国家的多水平估计就是该国观测的均值$\bar{Y}_j$与所有国家均值$\bar{Y}_{all}$的加权平均（Gelman和Hill，2007）。

9.2.1 Stata 示例

这里我们使用欧洲社会调查的个体水平数据，[①] 打开数据集 *Lab1_ESS5.dta*。因变量为政治信任感（*political_trust*，$0 \sim 30$），由 3 个相关变量合并而来。取值较高表明受访者对本国的机构信任较高。这里有 46 341 个样本观测值，均值为 10.256。数据集中包含了 25 个国家。

我们用 Stata 的 `mixed` 命令来检验模型。由于模型中有两个水平（个体和国家），我们需要找到一个变量来标识水平 2（国家）。我们对原始变量 *cntry* 进行编码（见图 9.8）。

```
. tab cntry
```

Country	Freq.	Percent	Cum.
BE	1,704	3.51	3.51
BG	2,434	5.02	8.53
CH	1,506	3.11	11.64
CY	1,083	2.23	13.87
CZ	2,386	4.92	18.79
DE	3,031	6.25	25.05
DK	1,576	3.25	28.30
EE	1,793	3.70	31.99
ES	1,885	3.89	35.88
FI	1,878	3.87	39.75
FR	1,728	3.56	43.32
GB	2,422	5.00	48.31
GR	2,715	5.60	53.91
HR	1,649	3.40	57.31
HU	1,561	3.22	60.53
IE	2,576	5.31	65.85
NL	1,829	3.77	69.62
NO	1,548	3.19	72.81
PL	1,751	3.61	76.42
PT	2,150	4.43	80.86
RU	2,595	5.35	86.21
SE	1,497	3.09	89.30
SI	1,403	2.89	92.19
SK	1,856	3.83	96.02
UA	1,931	3.98	100.00
Total	48,487	100.00	

图 9.8　国家的描述性统计

然后我们产生一个新变量，将字符型变量 *cntry* 转变为数值型变量 *country*：[②]

```
. encode cntry, g(country)
```

现在我们有一个水平 2 标识变量 *country*：

[①] 我们使用 ESS（2004, 2006, 2008, 2010）数据。
[②] 也可以直接把变量 `cntry` 作为标识变量。数据集中已包括 `country` 变量，想生成该变量，你需要先输入命令"drop country"。

```
. mixed political_trust ||country:, ml variance
```

```
Mixed-effects ML regression              Number of obs      =      46341      水平1N
Group variable: country                  Number of groups   =         25
                                         Obs per group: min =        993      水平2N
                                                        avg =     1853.6
                                                        max =       2938

                                         Wald chi2(0)       =          .
Log likelihood = -148716.48              Prob > chi2        =          .          截距

political_trust |    Coef.   Std. Err.      z    P>|z|    [95% Conf. Interval]
         _cons |  10.5794   .6895035    15.34   0.000     9.228      11.9308

 Random-effects Parameters  |  Estimate  Std. Err.  [95% Conf. Interval]
country: Identity           |                                                      水平2方差
              var(_cons)    |  11.86493  3.361585   6.809289   20.67419
              var(Residual) |  35.76707   .2350352  35.30936   36.23071            水平1方差

LR test vs. linear regression: chibar2(01) = 12550.31 Prob >= chibar2 = 0.0000
```

图 9.9　随机截距空模型

注意命令中 ml 的使用。这说明我们用极大似然法来拟合模型。即使不添加 ml 选项，模型仍然会用极大似然法计算，因为 ml 为默认选项。variance 也是如此，显示方差成分。

如图 9.9 所示，水平 1 N=46 341，水平 2 N=25。每个国家的平均 N =1 853.6。这里我们重点强调一下，每个国家的 N 并不要求相同，而且也不需要对水平 1 单位进行加权以达到相等的 N。从纯统计学角度来看，多水平分析的优势之一在于不需要相同数量的单位。但是，从实际意义上来看，我们或许要进行加权。例如，每组样本的大小可能是偶然（chance）的结果。后面我们会介绍如何使用设计权重对此校正。

输出的最后一张表中，第二行是 var(e) 项（标记为 Residual），第一行是 var(u_0) 项（标记为 _cons）。这两项表示因变量（水平 1 上的测量）中有多少方差可以分别用个体和国家水平来解释。总方差为两者之和。

9.3　方差分解或组内相关

我们可以计算方差分解系数（variance partition coefficient，VPC，也称为组内相关系数 intraclass correlation coefficient，ICC）来估计水平 2 的方差贡献。VPC/ICC 表示总

体变异中由水平 2 贡献的比例：

$$\text{VPC} = \frac{\text{var}(u_0)}{\text{var}(e) + \text{var}(u_0)} = \frac{11.865}{35.767 + 11.865} = 0.249 \quad (9.5)$$

因此，因变量中 24.9% 的方差在水平 2，[①] 75.1% 的方差在水平 1。社会科学中正常情况是大部分的方差在个体水平上。一个经验法则是，当 VPC/ICC ≥ 5% 时，它就不应该被忽视。如果很小，可以考虑具有标准误稳健估计的单水平模型（参见第 10 章）。

方差成分可以通过查看我们的数据来解释。我们有超过 46 000 个个体，他们政治信任感的得分都在 0 到 30 之间。一些人的信任感高（高分），而另一些人信任感低（低分）。因此，政治信任感存在变异。该变异用方差来衡量，并与政治信任感的观测值和整个样本均值间离差平方和成比例。

多水平建模中将成分分解成两部分，第一成分（水平 1）由一个国家（如瑞典）的每个受访者与该国的政治信任感均值间的离差平方和组成，将每个国家的和相加得到 var(e)，该方差成分称为成分内。

第二方差成分 var(u_0) 与每个国家政治信任感的均值和整个样本均值间的离差平方和成比例，这也称为成分间。当运行更高级的模型时，VPC/ICC 被用作估计不同水平方差的基线。

9.4 随机截距模型

在社会科学中，研究者通常对因果关系感兴趣，因此希望了解是否有任何解释变量对因变量产生影响。对于个体水平 X 变量，过程类似于普通最小二乘回归。

现在我们拓展之前的模型，引入 4 个个体水平的自变量，即性别（1= 女性）、年龄、失业（1= 失业）和受教育年数：

$$Y_{ij} = \beta_0 + \beta_1 X_{1ij} + \beta_2 X_{2ij} + \beta_3 X_{3ij} + \beta_4 X_{4ij} + u_{0j} + e_{ij} \quad (9.6)$$

这里变量 X 的后缀 ij 表示第 j 个国家第 i 个个体的 X 值。下行命令的结果（见图 9.10）。

```
. mixed political_trust woman age unemployed eduyrs || country:, ml variance
```

[①] 你也可以在运行模型之后输入命令 `estat icc` 从而得到该统计量。

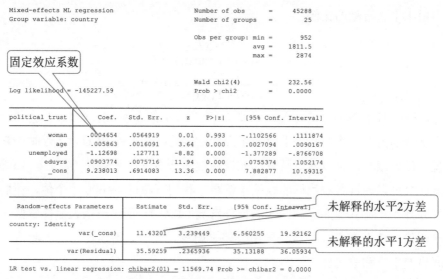

图 9.10　随机截距模型的 Stata 输出

输出结果中的固定效应系数（变量的效应）等于全部国家样本的平均效应。因此，如果一些国家水平 1 单位比其他国家少或多，就没什么大问题。① 我们发现性别没有统计显著性。老年人相比于年轻人信任感更高。失业者的信任感较低。受教育年数越长信任感越高。方差成分也减少了不到 4%（与空模型相比）。个体水平方差 var(e) 的解释与线性回归相同。我们的新模型（包含 3 个自变量）能够更好地解释数据，使观测值与预测值间的距离更小。也就是说，政治信任感的部分变异可以由新模型包含的自变量解释。

未解释的水平 2 方差 var(u_0) 的减少归因于随机截距。也就是说，我们在模型中考虑到了不同国家的因变量的均值不同。②

随机截距模型中，每个国家的截距不同，输出结果（见图 9.11）中给出了平均截距（常数项）。回归线是固定的，与普通线性回归的解释相同，即 β_1 表示 X_1 增加一个单位时因变量的增加值。对于虚拟变量而言，起始点会有所不同，但是对每个国家取值为 1 的效应是相同的（见图 9.12）。

---

① 只有更高水平（水平 2、3 等）的小样本量才会导致对该水平标准误的有偏估计（Maas 和 Hox，2005）。
② 需要注意的是，多水平模型和固定效应模型并不相同。前者假定水平 2 误差项满足正态分布且独立于模型中的其他变量和水平 1 误差项；后者该误差项被作为模型中估计的一组常数。在可视化多水平模型时，我们可将其理解为每个水平 2 单位设置一个虚拟变量的回归，因此每个水平 2 单位在 Y 轴上的起点不同。

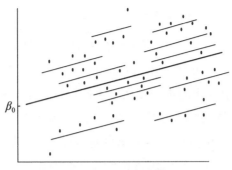

图 9.11　随机截距模型

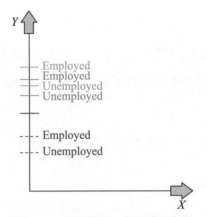

图 9.12　随机截距，虚拟解释变量

9.5　水平 2 解释变量

我们现在拓展模型，以包含国家水平的变量。数据集中只有 25 个水平 2 单位，因此我们可以很容易在以国家为单位的单独数据集中下载或编码。这里，我们需要确保两个数据集中有一个相同值的标识变量（本例为 *country*）。

我们有理由相信社会的富裕程度会影响个体态度。因此我们想把人均 GDP 纳入分析。为了便于解释（避免系数为 0.000），最好将其除以 1 000，这样不会改变实质性结果。在使用国家数据时，通常采用调查前一年的数据（考虑到因果关系）。记住在合并两个数据集之前，两个数据集要包含同一标识变量：①

---

①　在文件名前，你需要输入数据集在计算机上的位置，如 c:\stata\GDPcapita.dta。更多关于合并的信息请参阅第 2 章 2.4.4 小节的内容。当前数据集中已包含变量 GDPcapita1000，因此为了测试 merge 命令，您必须先删除此变量：drop GDPcapita1000。

```
. merge m:1 country using GDPcapita.dta
```

回归中有一个经验法则,每个自变量至少要有 10 个观测值。如果水平 2 单位少于 15~20 个,将导致置信区间不可靠(Stegmueller, 2013)。着重强调的是,由于水平 2 只有 25 个单位,因此模型中包含的水平 2 变量不应超过 2 个。**Stata** 将识别出只在国家间变化的变量(而不是在个体间),并基于水平 2 的 N 来计算系数的标准误。因此,很难得到有统计学显著的结果(因为小 N 导致大的标准误),但这是正确的做法。水平 2 的结果很强才会显著,因此研究者可考虑讨论检验水准为 0.10(而不是 0.05 或 0.01)的结果是显著的。①

如果包含人均 GDP 这个变量,模型可以写为:

$$Y_{ij} = \beta_0 + \beta_1 X_{1ij} + \beta_2 X_{2ij} + \beta_3 X_{3ij} + \beta_4 X_{4ij} + \beta_5 X_{5j} + e_{ij} + u_{0j} \tag{9.7}$$

我们注意到新变量 X_{5j} 的下标是 j 而不是 ij。这说明它是一个仅在国家间变化的水平 2 变量。运行我们的模型:

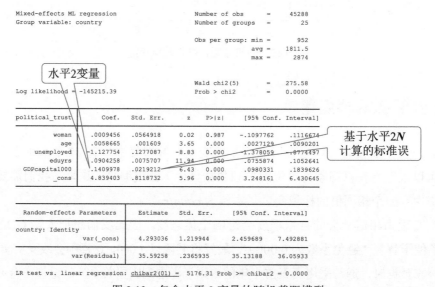

图 9.13 包含水平 2 变量的随机截距模型

---

① 在 **OLS** 回归中用 vce(cluster clustvar) 选项来包含群变量也有助于用正确的 N 计算标准误。但是,在避免过度拒绝原假设方面,多水平建模是聚集性的更安全的替代方法。Bertrand 等 (2004) 的研究发现对聚集性校正,存在很大程度的过度拒绝。

如图 9.13 所示，水平 2 未解释方差已经减小（正如所预期的那样，因为包含了一个国家水平的变量）。我们还可以看出水平 1 的方差和先前的模型相同（正如我们所预期的那样，因为该水平未包含任何新变量）。

水平 2 变量效应的解释与水平 1 变量效应的解释略有不同。人均 GDP 每增加一个单位（1 000 美元），该国的政治信任感平均增加 0.141 个点。

9.5.1 因变量被解释的量

在普通回归中，R^2 表示因变量的变异中多少是由整个模型解释的。在层次结构数据中，我们可以通过估计空模型（见图 9.9）和全模型（见图 9.10）来计算一个类似的度量 [见 Bryk 和 Raudenbush（2002）和 Hox（2010）]。我们需要计算水平 1 和水平 2 的方差中有多少是由包含的自变量解释的。水平 1 的公式如下：

$$R^2 = \frac{\text{var}(e)_b - \text{var}(e)_m}{\text{var}(e)_b} \tag{9.8}$$

这里 $\text{var}(e)_b$ 为基线模型（见图 9.9）的水平 1 的剩余方差，$\text{var}(e)_m$ 为图 9.10 所示的模型水平 1 的方差。计算可得

$$R^2 = \left(\frac{35.767\,07 - 35.592\,59}{35.767\,07}\right) = 0.004\,9$$

结果表明我们的模型只解释了个体水平上 0.5% 的方差。水平 2 方差的公式如下：

$$R^2 = \frac{\text{var}(u_0)_b - \text{var}(u_0)_m}{\text{var}(u_0)_b} \tag{9.9}$$

$\text{var}(u_0)_b$ 为基线模型（见图 9.9）的水平 2 的剩余方差，$\text{var}(u_0)_m$ 为图 9.13 所示的模型水平 2 的方差。计算可得

$$R^2 = \left(\frac{11.864\,93 - 4.293\,036}{11.864\,93}\right) = 0.638\,2$$

这意味着国家水平上 63.82% 的方差可由我们的模型（或人均 GDP）来解释。

然而，这些测量并非没有问题。在某些情况下，一个变量实际上对所解释方差的贡献是负的，而当模型中包含一个或多个随机斜率时，这些计算就没有太大价值。

9.6 logistic 多水平模型

logistic 模型的参数估计采用极大似然估计，多水平模型也常常采用极大似然估计。当两者结合，结果是非常复杂的计算且需要大量的数据。模型中的单位和变量越多，计算就越复杂。

我们用欧洲社会调查第五轮中的例子，这个数据集为 *Lab2_ESS.dta*。因变量为二分类变量（0-1），表示受访者是否在最近一次全国选举中投票，我们包含个体水平和国家水平的解释变量来解释结果。水平 2 变量是二分类变量，表示国家是否为北欧国家（Nordic）：

$$L_{ij} = \beta_0 + \beta_1 X_{1ij} + \beta_2 X_{2ij} + \beta_3 X_{3j} + e_{ij} + u_{0j} \tag{9.10}$$

公式（9.10）中因变量是一个比值，我们采用 logit 连接函数（$Y=1$ 的概率优势的自然对数，表示为 $\log(p/(1-p))$。我们假定，依赖于解释变量的因变量 Y，其误差的分布是二项分布。从公式中我们看出，水平 1 有两个解释变量，水平 2（国家）有一个解释变量。Stata 中运行此模型，输入：

```
. melogit vote age woman Nordic || Level2:,
```

```
Mixed-effects logistic regression               Number of obs     =     44,470
Group variable:          Level2                 Number of groups  =         25

                                                Obs per group:
                                                              min =      1,010
                                                              avg =    1,778.8
                                                              max =      2,724

Integration method: mvaghermite                 Integration pts.  =          7

                                                Wald chi2(3)      =    1402.33
Log likelihood = -22689.865                     Prob > chi2       =     0.0000
```

vote	Coef.	Std. Err.	z	P>|z|	[95% Conf. Interval]	
age	.0253489	.0006827	37.13	0.000	.0240107	.026687
woman	.0326152	.0233816	1.39	0.163	-.0132118	.0784423
Nordic	.9549393	.2255426	4.23	0.000	.512884	1.396995
_cons	-.1003013	.0953848	-1.05	0.293	-.2872521	.0866496

Level2						
var(_cons)	.1638142	.0478219			.0924405	.290296

```
LR test vs. logistic model: chibar2(01) = 909.96   Prob >= chibar2 = 0.0000
```

图 9.14　logistic 多水平模型

输出结果见图 9.14。对于 logistic 多水平模型中由 logit 转换为概率的法则与普通 logit 回归相同。水平 1 有 44 470 个个体，水平 2 有 25 个单位。

logistic 多水平回归模型的计算时间是参数个数、水平 1 的 N、积分点数（melogit 默认选项为自适应高斯积分）和随机效应的总维数的函数。因此，对于大型数据集和 / 或复杂模型，melogit 会很耗时。如果 logistic 多水平回归模型难以得到结果，那么我们还有其他选项。一个就是 laplace 选项。Stata 会采用拉普拉斯近似法计算结果，将积分点数设定为 1。但是，我们必须记住拉普拉斯近似法会产生的有偏的参数估计，应在运行最终模型之前使用：

. melogit vote age woman Nordic || Level2:, intmethod(laplace)

注意，我们也可以用 melogit 命令做多水平有序 logistic 回归。没有多水平多类 logistic 回归的命令，但可以使用 gsem 命令拟合此模型（详见第 8 章）。

9.7 随机系数（斜率）模型

在前面的模型中，我们假定所有水平 1 因变量在所有国家都有相同的效应，并且这些效应是固定的。但实际情况往往并非如此。例如，教育的效应可能因国家而异。考虑到这一点，我们使用允许国家间回归系数变化的随机系数模型（见图 9.15）。该模型允许截距和系数变化，并且可以包含固定和随机系数。

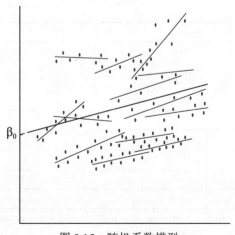

图 9.15　随机系数模型

自变量的效应在不同国家总是不同的,我们将一些变量建模为具有随机斜率使模型更加复杂。为了说明使用随机系数的合理性,我们需要有充分的理由相信水平 2 单位间的效应应有很大的不同。只有当随机斜率导致模型有统计上显著的改善时,我们才考虑随机斜率。其原因是待估计参数数目过大,模型可能不收敛。

这里我们使用数据集 *Lab1_ESS5.dta*。假设我们希望将变量受教育年数设为随机系数,也就是说,我们允许水平 2 单位间的效应变化。对式(9.7)做个微调,得到随机系数模型的如下定义:

$$Y_{ij} = \beta_0 + \beta_1 X_{1ij} + \beta_2 X_{2ij} + \beta_3 X_{3ij} + \beta_4 X_{4ij} + \beta_5 X_{5j} + u_{0j} + u_{1j} X_{4ij} + e_{ij} \quad (9.11)$$

这里加入了 $u_{1j}X_{4ij}$,这是一个新误差项(或称为随机效应),表示给定的水平 2 单位的教育效应和所有水平 2 单位的期望效应之间的差异,即 β_4。现在我们来估计教育的期望系数以及样本中不同国家的该期望值的残差,模型中有三类残差。在 **Stata** 中通过在水平 2 标识符后包括变化的变量运行随机系数模型:

```
. mixed political_trust woman age unemployed eduyrs GDPcapita1000 ||
country: eduyrs, ml variance
```

```
Mixed-effects ML regression                     Number of obs      =      45288
Group variable: country                         Number of groups   =         25

                                                Obs per group: min =        952
                                                               avg =     1811.5
                                                               max =       2874

                                                Wald chi2(5)       =     132.00
Log likelihood = -145147.23                     Prob > chi2        =     0.0000
```

political_trust	Coef.	Std. Err.	z	P>|z|	[95% Conf. Interval]	
woman	-.004368	.0564249	-0.08	0.938	-.1149587	.1062227
age	.0050943	.0016168	3.15	0.002	.0019254	.0082631
unemployed	-1.113098	.1275509	-8.73	0.000	-1.363094	-.8631032
eduyrs	.0862163	.0218484	3.95	0.000	.0433942	.1290383
GDPcapita1000	.1187004	.0248557	4.78	0.000	.0699841	.1674168
_cons	5.621496	.9146852	6.15	0.000	3.828746	7.414246

(随机斜率变量)

Random-effects Parameters	Estimate	Std. Err.	[95% Conf. Interval]	
country: Independent				
var(eduyrs)	.0103458	.0033504	.0054842	.0195171
var(_cons)	5.297385	1.560919	2.973363	9.437897
var(Residual)	35.43915	.2356483	34.98028	35.90403

(变量受教育年数的新剩余方差)

```
LR test vs. linear regression:       chi2(2) =   5312.63   Prob > chi2 = 0.0000

Note: LR test is conservative and provided only for reference.
```

图 9.16 随机斜率模型

系数有一些微小的变化，因为我们现在有更好的模型拟合。不同的是输出中有受教育年数的剩余方差，即 $\mathrm{var}(u_{1j})$。①

图 9.16 给出的是受教育年数的平均系数。为了查看每个国家的系数估计值，我们在运行模型后运行下面的代码：

```
. predict ebs ebi, reffects
. replace ebs = _b[political_trust:eduyrs] + ebs
. graph dot (mean) ebs, over (country, sort(ebs)) scheme(s1mono) plotregion
(style(none)) ytitle(Estimated coefficients [EB])
```

回到是否应将变量建模为具有随机斜率的问题，只有在模型有显著改善的情况下我们才应该这样做。这里，我们基于对数似然大小进行检验，我们称这个过程为 -2 log-likelihood 检验：

$$\chi_H^2 = -2(LL_{K-H} - LL_K) \qquad (9.12)$$

这里，χ_H^2 服从卡方分布，LL_K 为大模型（这里为随机系数模型），LL_{K-H} 为小模型（这里为固定系数模型）。我们发现小模型的对数似然值为 -145 215.39（见图 9.13），大模型的对数似然值为 -145 147.23（见图 9.16）。那么

$$\chi_H^2 = -2(-145\,215.39 - (-145\,147.23)) = 136.32$$

自由度为参数个数的差值（H），在我们的例子中只有一个参数 u_{1j}。然后我们查看自由度为 1（df=1）的卡方分布界值。χ_H^2 是非常显著的——远远大于 0.001 水平所对应的界值（10.830）。

lrtest 命令也可用于确定一个模型是否显著优于另一个模型。它给出了每个模型与线性回归之间差异的卡方分布差值。如图 9.13 和图 9.16 所示卡方值分别为 5 176.31 和 5 312.63。两者间差值为 136.31，这是进行相同检验的另一种方式。②

对于 lrtest，我们需要运行两个模型并保存它们的估计值：

```
. qui mixed political_trust woman age unemployed eduyrs GDPcapita1000
||country:, ml variance
```

---

① Stata 的默认选项是随机斜率和随机截距相互独立。建议你包含 cov(unstructured) 选项以得到转换不变（避免如中心化变量后得到不同的结果）的结果，模型写为：mixed political_trust woman age unemployed eduyrs GDPcapita1000 || country: eduyrs, cov(unstructured) ml variance。

② 0.01 的差异是由于小数的四舍五入。

```
. estimates store ri
. qui mixed political_trust woman age unemployed eduyrs GDPcapita1000
||country: eduyrs, ml variance
. estimates store rc
. lrtest ri rc

   Likelihood-ratio test                       LR chi2(1) =   136.31
   (Assumption: ri nested in rc)               Prob > chi2 =   0.0000
```

9.8 交互效应

水平 1 两个变量之间或水平 2 两个变量之间的交互效应与通常的交互的解释相同（见第 6 章）。当交互的变量位于同一水平时，方程中没有新的误差项。交互项标准误用相应的 N（水平 1 交互为水平 1 的 N，水平 2 交互为水平 2 的 N）计算。本节其余部分将介绍跨水平交互。

虚拟变量 Nordic 表示水平 2 单位是否为北欧国家（挪威、瑞典、丹麦或芬兰）。有理由相信，年龄（水平 1）效应在北欧和其他欧洲国家之间不同。换句话说国家之间在教育效应上的变异（如随机系数模型中）不是巧合，而是遵循通过跨水平交互项建模的模式。[①]

在层次建模中，人们往往关注不同水平变量间的交互项。跨水平交互项的解释不同于普通的交互项。它被正式描述为：

$$Y_{ij} = \beta_0 + \beta_1 X_{1ij} + \beta_2 X_{2ij} + \beta_3 X_{3ij} + \beta_4 X_{4ij} + \beta_5 X_{5j} + \beta_6 X_{6j} + \beta_7 X_{2ij} X_{6j} + e_{ij} + u_{0j} + u_{1j} X_{2ij}$$

(9.13)

这里包含跨水平交互项[②] $\beta_7 X_{2ij} X_{6j}$ 和额外的误差项：水平 1 变量 $u_{1j} X_{2ij}$。在 Stata 中输入以下命令：

```
. mixed political_trust woman age unemployed eduyrs GDPcapita1000 Nordic
  Nordicage || country:, ml variance
```

输出结果见图 9.17。

交互效应相对容易解释。我们发现非北欧国家年龄效应是正向的（因为只得到年龄

[①] 与我们的例子相反，Hox（2010）建议包含跨水平交互的模型在水平 2 至少要有 50 个单位。
[②] 跨层次交互项可通过两个变量相乘来创建（generate Nordicage = Nordic * age），或使用 ##。更多有关交互项的信息可参见第 6 章。

变量的正效应），而北欧国家是负向的（因为得到年龄的正效应和 *Nordicage* 的更大负效应）。这个很容易画出来。首先我们可以采用 e(sample) 命令得样本中政治信任感的均值（见图9.18）：

```
Mixed-effects ML regression                     Number of obs      =      45288
Group variable: country                         Number of groups   =         25

                                                Obs per group: min =        952
                                                               avg =     1811.5
                                                               max =       2874

                                                Wald chi2(7)       =     325.14
Log likelihood = -145195.14                     Prob > chi2        =     0.0000

------------------------------------------------------------------------------
political_trust |     Coef.   Std. Err.      z    P>|z|     [95% Conf. Interval]
------------------------------------------------------------------------------
         woman  | -.0033925   .0564739    -0.06   0.952    -.1140793    .1072942
           age  |  .0097856   .0017361     5.64   0.000     .0063829    .0131882
    unemployed  | -1.106167   .1277087    -8.66   0.000    -1.356471   -.8558625
         eduyrs |  .0923733   .0075745    12.20   0.000     .0775275    .1072191
   GDPcapita1000|  .1107031   .0242622     4.56   0.000     .0631501    .1582561
         Nordic |  4.041632   1.272009     3.18   0.001     1.548541    6.534723
      Nordicage | -.0262395   .0043725    -6.00   0.000    -.0348094   -.0176695
          _cons |  5.126396   .7794626     6.58   0.000     3.598677    6.654114
------------------------------------------------------------------------------

Random-effects Parameters   |   Estimate   Std. Err.     [95% Conf. Interval]
----------------------------+------------------------------------------------
country: Identity           |
              var(_cons)    |   3.596747   1.023085     2.059624    6.281045
----------------------------+------------------------------------------------
              var(Residual) |   35.56422    .236405     35.10388    36.0306
------------------------------------------------------------------------------
LR test vs. linear regression: chibar2(01) = 4315.98 Prob >= chibar2 = 0.0000
```

（标注：交互效应）

图9.17　包含跨水平交互项的模型

```
. sum political_trust if e(sample)

    Variable |      Obs        Mean    Std. Dev.      Min        Max
-------------+--------------------------------------------------------
political_~t |    45288    10.27438    6.861295         0         30
```

图9.18　政治信任感的描述性统计

然后，我们使用均值作为图形的基础，并为构成跨水平交互项的变量输入适当的值。我们先预测北欧国家年龄的效应，然后再预测非北欧国家（见图9.19）：

```
. gen L1=10.27438+0.0097856*age+4.041631*1-0.0262395*1*age
. gen L2=10.27438+0.0097856*age+4.041631*0-0.0262395*0*age
. graph twoway mspline L1 age || mspline L2 age
```

注意，跨水平交互的标准误是采用最低水平的 N（这里为 45 288）计算。我们也可以使用 margins 命令来生成具有置信区间的相同图形（见图9.20）。所有其他变量

设定为各自的均值（因此我们在 Y 轴上得到一个不同但更加正确的起始点）：①

```
. quietly mixed political_trust woman unemployed eduyrs GDPcapita1000
    i.Nordic##c.age || country:, ml variance
. margins, at(age=(14(1)102) Nordic=(0 1))
. marginsplot
```

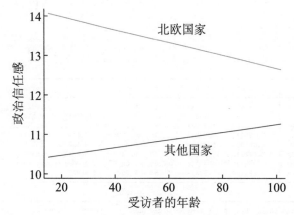

图 9.19　*age* 和 *Nordic* 在政治信任感上的跨水平交互效应

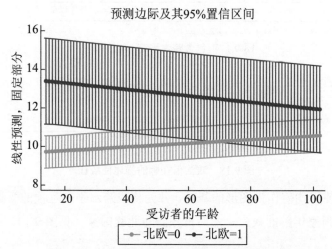

图 9.20　*age* 和 *Nordic* 在政治信任感上的边际图

---

① 由于它们是两条直线，所以不必每年都产生预测边际，也可写成 at(age=(14 102))。如果数据集很大，则计算边际可能需要一些时间。

9.9 三水平模型

如前所述，模型中水平数的多少没有理论的限制；这取决于手头的数据结构。在预测政治信任感的二水平模型中，我们将个体作为水平 1 单位，国家作为水平 2 单位。这项调查几乎同时在所有国家进行。

现在我们在数据集 *Lab3_ESS.dta* 中使用 4 轮 ESS（2004、2006、2008、2010）的数据。现在我们有国家（水平 3），国家调查年份（如法国 2004、法国 2006 等）和个体受访者。如表 9.4 所示，变量人均 GDP 随国家调查年份变化，而虚拟变量 *Nordic*（是否为北欧国家）在国家水平上变化。

表 9.4 三水平数据结构

国家（水平-3）	国家调查年份（水平-2）	人均 GDP1000	是否为北欧国家
德国（6）	2004（18）	29.367 41	0
德国（6）	2006（19）	33.542 78	0
德国（6）	2008（20）	50.275 25	0
德国（6）	2010（21）	40.402 99	0
爱尔兰（16）	2004（55）	39.814 93	0
爱尔兰（16）	2006（56）	45.873 19	0
爱尔兰（16）	2008（57）	48.866 39	0
爱尔兰（16）	2010（58）	59.573 57	0
挪威（18）	2004（63）	49.263 51	1
挪威（18）	2006（64）	65.767 02	1
挪威（18）	2008（65）	77.610 02	1
挪威（18）	2010（66）	83.556 25	1

表 9.4 中国家和年份旁边的数字是两个标识变量水平 2 和水平 3 的值。我们可以用水平 3 和一个时间变量（本例有一个变量为受访者回答的调查年份）来定义水平 2 的标识变量：

```
. egen Level2 = group(Level3 essround)
```

然后我们编码或下载解释变量：①

---

① 在文件名前，你需要输入数据集在计算机上的位置，如 c:\stata\GDPcapitaLevel3.dta。当前数据集中已包含变量 GDPcapita1000，因此为了测试 merge 命令，你必须先删除此变量：drop GDPcapita1000。

```
. merge m:1 Level2 using GDPcapitaLevel3.dta
```

三水平随机截距模型定义为：

$$Y_{ijk} = \beta_0 + e_{ijk} + u_{0jk} + v_{0k} \tag{9.14}$$

这里，i 表示个体（同前），j 表示国家调查年份，k 表示国家。水平 3 的误差项为 v_{0k}。Stata 中运行空模型（或截距模型）：

```
. mixed political_trust || Level3:, || Level2:, ml variance
```

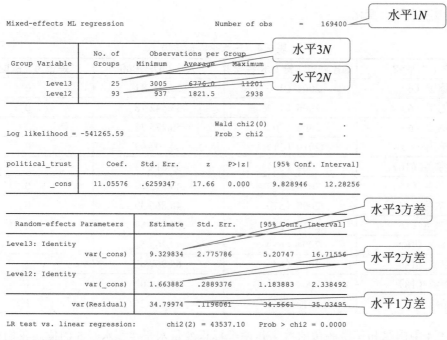

图 9.21 三水平空模型

从图 9.21 输出可以看到，有 25 个水平 3 单位，93 个水平 2 单位，169 400 个水平 1 单位。我们还看到了额外的水平 3 剩余方差。称之为 var（v_0）。我们可以通过拓展方差分解系数，计算多少因变量的方差在每个水平上被解释：

$$\text{VPC} = \frac{\text{var}(v_0)}{\text{var}(e) + \text{var}(u_0) + \text{var}(v_0)} \tag{9.15}$$

首先，我们计算多少方差在国家水平（水平 3）上：

$$\text{VPC} = \frac{9.329\,834}{34.799\,74 + 1.663\,882 + 9.329\,834} = 0.203\,74$$

这说明因变量的方差有 20.37% 在水平 3 上。为了计算另外两个百分比只需改变分子，水平 2 为：

$$\text{VPC} = \frac{1.663\,882}{34.799\,74 + 1.663\,882 + 9.329\,834} = 0.036\,34$$

而水平 1 为：

$$\text{VPC} = \frac{34.799\,74}{34.799\,74 + 1.663\,882 + 9.329\,834} = 0.759\,93$$

我们可以拓展模型，包含所有三水平的解释变量：

$$Y_{ijk} = \beta_0 + \beta_1 X_{1ijk} + \beta_2 X_{2ijk} + \beta_3 X_{3ijk} + \beta_4 X_{4ijk} + \beta_5 X_{5jk} + \beta_6 X_{1k} + e_{ijk} + u_{0jk} + v_{0k} \quad (9.16)$$

Stata 命令如下：

```
. mixed political_trust woman age unemployed eduyrs GDPcapita1000 Nordic
||Level3:, || Level2:, ml variance
```

输出结果见图 9.22。

我们也可以运行 logistic 三水平模型（数据集为 *Lab4_ESS.dta*）：

$$L_{ijk} = \beta_0 + \beta_1 X_{1ijk} + \beta_2 X_{2ijk} + \beta_3 X_{3jk} + \beta_4 X_{4k} + e_{ijk} + u_{0jk} + v_{0k} \quad (9.17)$$

Stata 命令如下：

```
. melogit vote age woman GDPcapita1000 Nordic || Level3:, || Level2:,
intmethod(laplace)
```

输出结果见图 9.23。

注意，我们不得不使用拉普拉斯估计，因为这是一个非常大且复杂的模型。虽然它不是一个最优解，但系数及其标准误可以很好地用拉普拉斯近似，同样适用于模型的对数似然值和 -2*LL* 检验。该方法的缺点在于，相比于积分方法 mvaghermite，它的方差成分较不可信。但是，如果你主要关心系数的估计，那么拉普拉斯近似是大型和/或复杂模型建模时的一种选择。

```
Mixed-effects ML regression                    Number of obs    =    165248

                 |  No. of  |  Observations per Group
  Group Variable |  Groups  |  Minimum    Average    Maximum
          Level3 |    25    |    2864      6609.9     10900
          Level2 |    93    |     875      1776.9      2878

                                               Wald chi2(6)    =     906.35
Log likelihood = -527384.74                    Prob > chi2     =     0.0000

 political_trust |    Coef.    Std. Err.      z     P>|z|    [95% Conf. Interval]
           woman |  -.032056    .0291062    -1.10   0.271    -.0891031    .0249912
             age | -.0004964    .0002661    -1.87   0.062    -.0010179    .0000252
      unemployed | -1.153537    .0743182   -15.52   0.000    -1.299198   -1.007876
           eduyrs|  .0932651    .0037984    24.55   0.000     .0858204    .1007097
     GDPcapita1000| .0574774    .018314      3.14   0.002     .0215826    .0933721
          Nordic |  3.868901    1.09139      3.54   0.000     1.729816    6.007986
           _cons |  7.795171    .5921869    13.16   0.000     6.634506    8.955836

  Random-effects Parameters  |  Estimate   Std. Err.   [95% Conf. Interval]
  Level3: Identity           |
                  var(_cons) |  2.732824   1.142645    1.204227    6.201761
  Level2: Identity           |
                  var(_cons) |  1.866953   .3508267    1.291757    2.698274
                var(Residual)|  34.5439    .12021      34.30909    34.78031

LR test vs. linear regression:       chi2(2) = 17028.64   Prob > chi2 = 0.0000
```

图 9.22 三水平模型

```
Mixed-effects logistic regression              Number of obs    =    163508

                 |  No. of  |  Observations per Group
  Group Variable |  Groups  |  Minimum    Average    Maximum
          Level3 |    25    |    2971      6540.3     10499
          Level2 |    93    |     941      1758.2      2838

Integration method:     laplace

                                               Wald chi2(4)    =     290.65
Log likelihood = -83323.428                    Prob > chi2     =     0.0000

            vote |    Coef.    Std. Err.      z     P>|z|    [95% Conf. Interval]
             age |  .0053732    .0003224    16.67   0.000     .0047413    .0060051
           woman |  .0048666    .0122341     0.40   0.691    -.0191119    .028845
    GDPcapita1000|  .0043404    .0035056     1.24   0.216    -.0025305    .0112112
          Nordic |  .7119507    .2782361     2.56   0.011     .1666181    1.257283
           _cons |  .8294195    .1353104     6.13   0.000     .564216     1.094623

Level3
      var(_cons) |  .2194085    .0657356                .1219636    .3947086

Level3>Level2
      var(_cons) |  .0397811    .0076744                .0272563    .0580612

LR test vs. logistic regression:     chi2(2) = 5519.17   Prob > chi2 = 0.0000
```

图 9.23 logistic 三水平模型

9.9.1 交叉分类多水平模型

我们也会遇到这样的情况，三水平数据没有严格的层次结构。例如，你可能会调查这样的数据，出生地为一个水平，而居住地为另一个水平。这里就有一个交叉分类，因为水平 1 单位可以同时是一个以上更高水平单位的成员（见图 9.24）。

该模型的方程为：

$$\gamma_{i(j_1j_2)} = \beta_0 + u_{1j_1} + u_{2j_2} + e_{i(j_1j_2)} \tag{9.18}$$

这种模型的 Stata 语法如下：

```
. xtmixed y || _all: R.birth || residence:, ml var
```

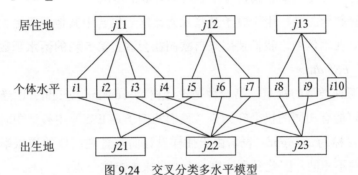

图 9.24 交叉分类多水平模型

这里 _all 组成一个人工超集群（artificial supercluster），R. 前缀创建年度标识。这样的模型运行复杂，而且由于 _all 超集群的性质，使得拉普拉斯近似不可能运行。如果模型运行很困难，你可以设置最大迭代次数 [如 iterate(30)]：

```
. xtmixed y || _all: R.birth || residence:, ml var iterate(30)
```

交叉分类使我们能够考虑来自两个不同背景对因变量的影响，并评价这两个水平在解释水平 1 结果变量的重要性。

9.10 加权

Stata 的 mixed/melogit 命令允许对单位加权，这样可以对调查数据进行更恰当的分析。我们必须记住多水平建模中分组数对水平 1 变量的效应至关重要。例如，如果一组有 50 个受访者，这些人对水平 1 效应的影响将大于另一组的 25 个受访者。如果组

N 有理论意义（如果第一组的人口是第二组人口的两倍），这是没有问题的。但是，如果组 N 是随机的，就应该考虑加权。①

常规（不是为调查数据设计的）统计软件分析数据时假定数据是用简单随机抽样收集。进行调查时，并不总是收集简单随机样本。简单随机抽样不仅很难做到，而且不如其他抽样方法有效。当采用除简单随机抽样以外的任何抽样方法时，我们通常需要使用为调查数据设计的命令，从而考虑我们使用的设计与简单随机抽样之间的差异。

这是因为抽样设计会影响估计的标准误的计算。如果忽略抽样设计（例如，当采用另一种抽样设计时假定为简单随机抽样），则标准误可能被低估，可能会导致看似统计上显著的结果而实际上并非如此。虽然采用非调查软件也可能得到相当准确的结果，但是没有实际的方法可以预知非调查软件的结果有多不精确。

权重是一种数学工具，用于赋予某些元素比同一集合中其他元素更大的"权重"或对结果的影响。在本例中，我们使用来自欧洲社会调查第 5 轮的两水平数据。我们打开数据文件 *Lab1_ESS.dta*。

这里需要两种类型的权重，第一种是设计权重（design weight），当任何给定国家的所有个体不可能有相同的机会在调查（我们的例子是 ESS）中被选中时使用，因此，我们有一个变量称为 *dweight*，表示由于抽样设计而包含观测值的逆概率。但是，每个国家的样本量并不相同，因此必须计算一个变量来考虑这一点。

我们假定每个单位（国家）都应该有相同数量的受访者，我们需要对此校正。平均 N 是 48 487/25=1 939.48。我们现在用这个均值除以每个国家的 N，得到该国家个体的样本权重（*sample weight*）：

```
. quietly levelsof cntry
. local numctry: word count `r(levels)'
. quietly count if missing(cntry)
. local cntpercntry = (_N-r(N))/`numctry'
. bys cntry: gen sample_weight = `cntpercntry' / _N if !missing(cntry)
```

然后将设计权重乘以新的样本权重：

```
. gen designsample=dweight*sample_weight
```

通过使用 designsample，每个国家都有代表性的样本，在我们的模型中，波兰人、

---

① 更多关于加权的信息可参见第 13 章。在 Stata 第 14 版中可使用 svy: 前缀来拟合多水平模型。

挪威人和俄罗斯人都同等重要。同样的权重方法也可以用于考虑人口规模（如欧洲的德国人多于丹麦人），为此 ESS 中有自己的预编码变量。

我们对前面运行的模型（见图 9.13）用 Stata 加权来运行加权随机截距模型：

```
. mixed political_trust woman age unemployed eduyrs GDPcapita1000
[pw=designsample] || country:, ml variance
```

```
Computing standard errors:

Mixed-effects regression                        Number of obs      =      45288
Group variable: country                         Number of groups   =         25

                                                Obs per group: min =        952
                                                               avg =     1811.5
                                                               max =       2874

                                                Wald chi2(5)       =     160.81
Log pseudolikelihood = -144891.89               Prob > chi2        =     0.0000

                          (Std. Err. adjusted for 25 clusters in country)
-----------------------------------------------------------------------------
                  |               Robust
political_trust   |     Coef.   Std. Err.      z    P>|z|    [95% Conf. Interval]
------------------+----------------------------------------------------------
          woman   | -.0006585   .0971511    -0.01   0.995   -.1910712    .1897541
            age   |  .0020566   .0045654     0.45   0.652   -.0068913    .0110046
     unemployed   | -1.136354   .1695796    -6.70   0.000   -1.468724   -.8039838
         eduyrs   |  .0872595   .0211611     4.12   0.000    .0457864    .1287346
 GDPcapita1000   |  .1432531   .0180121     7.95   0.000    .10795      .1785562
          _cons   |  4.986082   .7403535     6.73   0.000    3.535016    6.437148
-----------------------------------------------------------------------------

-----------------------------------------------------------------------------
                              |              Robust
Random-effects Parameters     |   Estimate   Std. Err.    [95% Conf. Interval]
------------------------------+----------------------------------------------
country: Identity             |
                   var(_cons) |   4.241488   1.141435     2.502936    7.187648
------------------------------+----------------------------------------------
                 var(Residual)|   35.18935   1.21025      32.89549    37.64317
-----------------------------------------------------------------------------
```

图 9.25　加权多水平模型

我们看到，图 9.25 中的结果与图 9.13（未加权）中的结果有所不同。

9.11 总结

多水平建模在许多情况下应是学生或研究者处理嵌套数据的选择方法。许多类型的数据不满足独立单位的 OLS 回归的要求，因为它们有层次结构。这正是多水平建模的用武之地。它允许我们以正确的方式检验更高多水平的变量，并计算总的斜率以及样本亚组的斜率。多水平建模允许在嵌套数据结构的每个水平上存在残差成分。它也可以用于研究在不同时间点测量的单位，从而成为重复测量方差分析的替代方法。

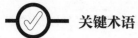 **关键术语**

- **跨水平交互**（Cross-level interaction）：在不同水平上两个变量的交互项。
- **固定效应**（Fixed effects）：整个样本的回归线是相同的。
- **层次/多水平数据**（Hierarchical/multilevel data）：嵌套在不同水平中的数据。
- **随机系数**（Random coefficient）：样本的不同亚组间的斜率不同。
- **方差分解/组内相关系数**（Variance partition/intraclass correlation coefficient）：因变量的变异归因于第二水平的度量。

问题

1. 使用多水平建模的主要统计学原因是什么？
2. 随机截距模型与随机系数模型有什么区别？我们在何种情况下应使用后者？
3. 为什么拥有许多水平2（或水平3）单位是一个优势？

延伸阅读

Bryk, A.S. and Raudenbush, S.W. (2002) *Hierarchical Linear Models: Applications and Data Analysis Methods* (2nd edn). Newbury Park, CA: Sage.

本书向读者介绍了多水平建模及其应用中遇到的问题。作者充分利用实例来解释方法。

Goldstein, H. (2011) *Multilevel Statistical Models* (4th edn). London: Arnold.

本书提供关于多水平建模循序渐进的指南，从基本思想开始，然后转到更复杂的模型。

Hox, J. (2010) *Multilevel Analysis: Techniques and Applications* (2nd edn). New York: Routledge.

多水平建模的经典著作之一，Hox对该主题通俗易懂的介绍，并包括高级拓展，为学生和研究人员提供了宝贵的参考资料。

Kreft, I. and de Leeuw, J. (1998) *Introducing Multilevel Modeling*. London: Sage.

这本书是社会研究中使用多水平模型的通俗易懂的实用指南。作者特别关注多水平建模的实际问题和潜在问题。

参考文献

Bartels, L.M. (1996) Pooling disparate observations. *American Journal of Political Science*, 40(3), 905–942.

Bertrand, M., Duflo, E. and Mullainathan, S. (2004) How much should we trust differences-in-differences estimates? *Quarterly Journal of Economics*, 119(1), 249–275.

Bryk, A.S. and Raudenbush, S.W. (2002) *Hierarchical Linear Models: Applications and Data Analysis Methods* (2nd edn). Newbury Park, CA: Sage.

ESS Round 2: European Social Survey Round 2 Data (2004) Data file edition 3.3. Norwegian Social Science Data Services, Norway – Data Archive and distributor of ESS data.

ESS Round 3: European Social Survey Round 3 Data (2006) Data file edition 3.4. Norwegian Social Science Data Services, Norway – Data Archive and distributor of ESS data.

ESS Round 4: European Social Survey Round 4 Data (2008) Data file edition 4.2. Norwegian Social Science Data Services, Norway – Data Archive and distributor of ESS data.

ESS Round 5: European Social Survey Round 5 Data (2010) Data file edition 3.1. Norwegian Social Science Data Services, Norway – Data Archive and distributor of ESS data.

Gelman, A. and Hill, J. (2007) *Data Analysis Using Regression and Multilevel/Hierarchical Models*. Cambridge: Cambridge University Press.

Goldstein, H. (1986) Multilevel mixed linear model analysis using iterative generalized leastsquares. *Biometrika*, 74(1), 43–56.

Hox, J.J. (2010) *Multilevel Analysis: Techniques and Applications* (2nd edn). New York: Routledge.

Jones, B.S. (2008) Multilevel models. In J. M. Box-Steffensmeier, Brady, H. E. and Collier, D. (eds), *The Oxford Handbook of Political Methodology* (pp. 605–623). Oxford: Oxford University Press.

Kreft, I. and de Leeuw, J. (1998) *Introducing Multilevel Modeling*. London: Sage.

Maas, C.J.M. and Hox, J.J. (2005) Sufficient sample sizes for multilevel modeling. *Methodology*, 1(3), 86–92.

Ringdal, K. (1992) Recent developments in methods for multilevel analysis. *Acta Sociologica*, 35(3), 235–243.

Steenbergen, M.C. and Jones, B.S. (2002) Modeling multilevel data structures. *American Journal of Political Science*, 46(1), 218–237.

Stegmueller, D. (2013) How many countries for multilevel modeling? A comparison offrequentist and Bayesian approaches. *American Journal of Political Science*, 57(3), 748–761.

Wonnacott, T.H. and Wonnacott, R.J. (1990) *Introductory Statistics* (5th edn). New York: Wiley.

10

10.1 面板数据

10.2 混合 OLS

10.3 组间效应

10.4 固定效应（组内估计）

10.5 随机效应

10.6 时间序列横截面方法

10.7 二分类因变量

10.8 总结

关键术语

问题

延伸阅读

参考文献

面板数据分析

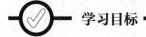 学习目标

- 理解面板数据的结构
- 理解组间效应、固定效应和随机效应模型
- 使用 Stata 分析不同形式的面板数据模型
- 时间序列横截面方法入门

面板数据分析是研究随时间变化而变化的变量①。它通常与两个或多个时间点接受采访的受访者样本有关，我们称这样的样本为面板。然而，面板数据也可以包括除受访者以外的单位，例如国家、公司或组织。在本章中，读者将学习如何处理面板数据，并利用随机截距项和固定效应模型的示例来逐步深入学习。此外，也将仔细介绍时间序列横截面数据（time-series cross-section data），作为面板数据的变体，其数据结构与经典面板有所不同。

由于在面板数据中加入了纵向维度，面板数据不同于纯横截面数据。每个单位在多个时间点进行测量。经典面板是由大量单位（用 i 标识）构成的，而每个单位只有少量的观测（轮次或访谈）（用 t 标识）。这意味着每个个体单元具有两个或更多的观测值，因此数据是嵌套的，观测值彼此之间不独立。这违背了普通最小二乘回归的一个假设，并构成了面板数据分析的标志性特征，即组内相关（intraclass correlation）。

Ronald A. Fisher（1925）处理了两个（或更多）类别的测量之间的相关性，为之后的随机效应模型奠定了基础。在这个来自优生学领域的例子中，他对由兄弟对（它们的数据假设有组内相关性）构成的数据进行了论证②。同样的逻辑也适用于同一个体（或国家、或公司）随时间变化的观测值，这些观测值也有组内相关性（"组"就是所讨论的单位）。

10.1 面板数据

面板数据的经典设计是一个大的概率样本（如有 1 000 个受访者），且具有少量（但多于一个）测量点。这里样本是同一时间点记录，通常是通过调查的方式。理想情况下，

---

① 面板数据在其他领域有着不同的名字，如重复测量（repeated measures）或纵向数据（longitudinal data）。
② 在 Fisher 的例子中，他提出了两种方法来考虑调查一对给定兄弟的测量问题。

数据收集应在每个时间点以类似的方式进行。面板数据不同于时间序列的是其以个体（或公司、组织等）为分析单位，而不是时间点。单位通常在 2~4 个时间点（以规则间隔）进行测量。我们的确有超过 4 个时间点的面板数据，但随着时间点的增加，个体系统退出研究的风险也会增加（见图 10.1）[①]。

这种设计的优点是随着时间的推移相同的分析单位被记录，这使得因果分析比调查横截面数据更可信。与横截面研究一样，因变量可以是连续的，也可以是分类的。变化被纳入到设计中，因为我们可以观察到一个变量在同一单位内的变化。我们可以说，与横截面数据相比，面板数据主要有以下两种用途。

首先，我们可以控制未观测到的解释变量。例如，这包括文化因素、不同公司间的商业行为差异，或随时间变化但不跨单位变化的变量（如国家政策或国际协议）。面板数据表明我们的单位是异质的，不对此控制意味着得到有偏结果的风险。通过对每个个体的重复观测，可以更好地处理未测量的变量。我们称之为控制个体异质性（individual heterogeneity）。

其次，我们能够分析变量随时间的变化，从而得到解释变量效应更真实的估计。例如，我们可以看到人们的收入或态度如何在面板时间之间变化，从而识别在横截面（或时间序列）数据中不可检测到的效应。

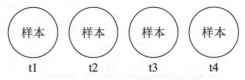

图 10.1　四轮次面板数据调查设计

面板数据有不同的类型。如果每个个体有相同数量的时间段，则称为"平衡面板"（balanced panel，见表 10.1）。我们注意到表 10.1 中的数据是长型格式（long format）[②]。如果每个个体有不等时间段（例如，由于观测值缺失），则称为"非平衡面板"（unbalanced panel，这是最常见的类型，如表 10.2 所示）。尽管理想情况下我们很想使用平衡面板，但无论数据是平衡的，还是非平衡的，都可以使用相同的统计程序。

[①] 面板数据分析与第 9 章所述的多水平分析不同，也与重复的横截面数据（有着相同的结构，但每个时间点都是新的样本）不同。
[②] 参见第 2 章关于宽型（wide）和长型（long）数据格式之间的差异。

当流失率很高（许多个体或单位退出研究）时，非平衡面板会成为问题。①

表 10.1 平衡面板数据示例

调查年份（年）	姓名	女性	年龄（岁）	高等教育	收入（美元）
1990	Bob	0	20	0	54 000
1995	Bob	0	25	1	73 000
2000	Bob	0	30	1	72 000
2005	Bob	0	35	1	85 000
1990	Sarah	1	18	0	44 000
1995	Sarah	1	23	0	48 000
2000	Sarah	1	28	1	62 000
2005	Sarah	1	33	1	64 000
1990	Peter	0	26	1	63 000
1995	Peter	0	31	1	65 000
2000	Peter	0	36	1	67 000
2005	Peter	0	41	1	78 000
1990	Nicole	1	22	0	36 000
1995	Nicole	1	27	0	38 000
2000	Nicole	1	32	0	39 000
2005	Nicole	1	37	0	42 000

表 10.2 非平衡面板数据示例

调查年份（年）	姓名	女性	年龄（岁）	高等教育	收入（美元）
1990	Bob	0	20	0	54 000
1995	Bob	0	25	1	73 000
2005	Bob	0	35	1	85 000
1990	Sarah	1	18	0	44 000

---

① 如果缺失数据很少，并且数据点是随机缺失的，则在估计模型时效率损失很小。缺失数据量越大，模型的效率损失也就越大。如果缺失数据不是随机缺失的，则会得到一个有偏样本（Cameron 和 Trivedi，2010）。有些方法可以用来处理缺失数据，如多重填补（multiple imputation，见第 13 章）。

续表

调查年份（年）	姓名	女性	年龄（岁）	高等教育	收入（美元）
1995	Sarah	1	23	0	48 000
2000	Sarah	1	28	1	62 000
2005	Sarah	1	33	1	64 000
1990	Peter	0	26	1	63 000
1995	Peter	0	31	1	65 000
1990	Nicole	1	22	0	36 000
1995	Nicole	1	27	0	38 000
2000	Nicole	1	32	0	39 000
2005	Nicole	1	37	0	42 000

面板数据有两个缺点：一是它们很难获得，这主要是因为数据收集问题。然而，随着互联网调查的到来，这个问题有可能在未来几年内解决；无应答，这也是横截面研究中一个问题，给面板带来了一个额外的问题，即流失。受访者可能会退出研究（由于死亡或参与成本）。总的流失率通常从一轮增加到另一轮，而受访者从研究中退出通常不是随机的，这又会导致有偏结果。[①]

10.2 混合 OLS

面板数据的一个特点是观测值的个数是通过 i（单位）乘以 t（时间点）得到的。我们现在可以对时间和空间进行建模，还可以推广到横跨两个维度。然而，为了得到有效的结果，我们需要控制每个单位 i 的误差项的相关性。这意味着常规的 OLS 回归通常低估了标准误，从而夸大 t 和 F 统计量。换句话说，我们有可能产生统计上显著但事实上不一定显著的结果。

在 OLS 回归中，我们假设正在研究一个完全混合的模型（pooled model），即所有单位服从具有相同参数值的模型设定：

$$y_{it} = \beta_0 + \beta x_{it} + \varepsilon_{it} \tag{10.1}$$

---

① 关于面板数据优缺点的更多信息，请参见 Baltagi（2013）。

如果模型设定正确且解释变量 X 与误差项不相关,则面板数据可以采用混合 OLS 一致地估计。然而,在面板数据中,对于给定单位,误差项在大多数情况下会随时间的推移而相关(Cameron 和 Trivedi,2010)。这种自相关(或序列相关)导致最小二乘估计无效,我们将得到标准误的有偏估计。标准误通常太小,因此 t 和 F 统计量将太大,我们可能会以假阳性结果结束。自相关误差也会导致 X 变量和误差项之间的相关性,这将导致异方差(以及其他问题)。如果类之间的均值不同,则方差可能也会不同。

我们的第一个例子将使用"英国家庭面板调查"(British Household Panel Survey,1991—2005)的数据[①],利用该数据可以分析婚姻状况对精神紧张的影响。首先打开名为 *BritishHouseholdPanel.dta* 的 Stata 文件。运行面板数据模型的 Stata 命令是 xtreg(默认是随机效应模型)。使用该命令前,我们可以使用命令 xtset 告诉 Stata 正在处理面板数据,这使得 Stata 的时间序列操作符(L. 和 F.)能够工作[②]。如果你随后保存数据集,那么当你重新打开数据集时 Stata 将记住这个设置。我们使用组(*id*)和时间(*year*)这两个标示变量来对数据进行排序:

```
. xtset id year
       panel variable: id (unbalanced)
        time variable: year, 1991 to 2005, but with gaps
               delta: 1 unit
```

输出表明数据是非平衡的(我们没有每个单位在每个时间点的记录)。这可以通过命令进行说明:

```
. tabulate year
```

[①] "英国家庭面板调查"数据由艾塞克斯大学(University of Essex)的社会和经济研究所提供。见 British Household Panel Survey: Waves 1-11, 1991-2002: Teaching Dataset (Work, Family and Health) [计算机文件],第 2 版,http://dx.doi.org/10.5255/UKDA-SN-4901-2。这些数据已经由阿哥德大学(University of Agder)的 Morten Blekesaune 进行了预处理,以供使用。

[②] 由于面板数据包含随时间(如 t,t-1,t-2,…)变化的数据,因此可以使用变量的以前和当前值的信息。这使得我们可以通过研究 X_{t-1} 对 Y_t 的影响来更好地估计 X 对 Y 的因果效应,或计算变量的变化。有关滞后和提前变量的更多细节,请参见"10.6 时间序列横截面方法"一节。

Year of interview	Freq.	Percent	Cum.
1991	4,019	6.35	6.35
1992	4,018	6.35	12.70
1993	4,042	6.39	19.09
1994	4,134	6.53	25.62
1995	4,066	6.42	32.04
1996	4,402	6.96	39.00
1997	4,502	7.11	46.11
1998	4,552	7.19	53.31
1999	4,175	6.60	59.90
2000	4,162	6.58	66.48
2001	4,427	7.00	73.48
2002	4,312	6.81	80.29
2003	4,247	6.71	87.00
2004	4,189	6.62	93.62
2005	4,038	6.38	100.00
Total	63,285	100.00	

图 10.2　*year* 的频数分布

从图 10.2 中我们可以看出，参与的人数每年都有所不同。我们也可以用命令 xtdescribe 来查看每个个体观测值的变化以及数据集中出现的观测值模式。

变量 *id* 是参与研究的每个个体的标示变量，变量 *year* 显示记录的时间点。我们现在以 *mental* [1] 为因变量，*age*、*woman*[2]、*couple*、*separated*、*devorced*、*never-married*[3] 为预测变量运行混合 OLS 回归。该模型的方程如下：

$$y_{it} = \beta_0 + x_{1it}\beta_1 + x_{2i}\beta_2 + x_{3it}\beta_3 + x_{4it}\beta_4 + x_{5it}\beta_5 + x_{6it}\beta_6 + \varepsilon_{it} \quad (10.2)$$

我们注意到 x_{2i}（*woman*）是不随时间变化的，没有下标 t。在 Stata 中运行模型如下：

```
. regress mental age woman couple separated divorced never_married
```

---

[1] 这是一种精神痛苦的测量，它对包含 12 个条目的四个反应类别中两个最差所指示的精神症状的数量计数。该变量的平均值为 0，值越高，受访者报告的精神痛苦越大（Blekesaune，2008）。
[2] *woman* 为虚拟变量，当 *woman*=1 时表明受访者是女性。
[3] 后 4 个是表示婚姻状况的虚拟变量，以 *married*（已婚）类别作为参照。

```
      Source |       SS       df       MS              Number of obs =   62549
             |                                          F(  6, 62542) =  208.54
       Model |  1067.66694     6  177.944491            Prob > F      =  0.0000
    Residual |  53366.0332 62542  .853283125            R-squared     =  0.0196
             |                                          Adj R-squared =  0.0195
       Total |  54433.7002 62548  .870270835            Root MSE      =  .92373


      mental |      Coef.   Std. Err.      t    P>|t|     [95% Conf. Interval]
         age |   .0024708   .0003504     7.05   0.000     .001784    .0031576
       woman |   .2023694   .0074189    27.28   0.000    .1878285    .2169104
      couple |   .0075139   .0105725     0.71   0.477   -.0132083    .0282361
   separated |   .5583078   .0312398    17.87   0.000    .4970777    .6195378
    divorced |   .2241774   .0239372     9.37   0.000    .1772605    .2710943
never_married|   .2236556   .0315205     7.10   0.000    .1618755    .2854358
       _cons |  -.2346901     .01642   -14.29   0.000   -.2668732    -.202507
```

图 10.3　面板数据的 OLS 回归

输出如图 10.3 所示。

混合 OLS 模型认为数据中观测值是彼此独立的。结果表明,不与伴侣生活在一起的人通常比与伴侣生活在一起的人相比更容易精神痛苦。我们还注意到,女性比男性更痛苦,老年人比年轻人报告的精神痛苦更多。

然而,该结果存在两个问题。第一是(如前所述的)自相关和异方差,受此影响是无效的系数和被低估的标准误[1]。

首先,我们在运行回归之后进行自相关检验。可以用 Durbin-Watson 检验(Durbin 和 Watson,1950,1951)来检测是否存在自相关(命令是 `estat dwatson`,如第 7 章所述),然而该命令不能用于面板数据。我们可以安装由 Drukker(2003)[2] 创建的程序来检验线性面板数据模型中的序列相关性。要安装该程序,我们输入以下命令:

```
. net sj 3-2 st0039
. net install st0039
```

然后运行检验:

```
. xtserial mental age woman couple separated divorced never_married

           Wooldridge test for autocorrelation in panel data
           H0: no first-order autocorrelation
               F(  1,   6151) =    108.684
                     Prob > F =     0.0000
```

---

[1] 我们应该注意到,自相关可能是模型设定错误的一个症状,可能会导致产生不正确的系数估计。
[2] 该程序实现了 Wooldridge(2010)所述对线性面板数据的误差项进行序列相关性检验。

我们看到没有自相关的原假设被拒绝,这意味着在我们的模型中存在自相关问题。

回想一下,自相关的存在可能导致异方差,这意味着该模型预测因变量的某些值比其他值更精确。首先,我们可以绘制残差对拟合值的图:

```
. quietly regress mental age woman couple separated divorced never_married
. predict Pmental
. gen Rmental = mental - Pmental  // 你也可以用predict Rmental, resid
. scatter Rmental Pmental
```

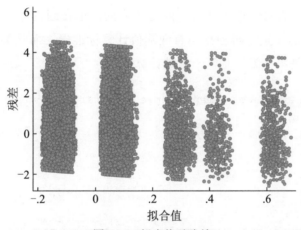

图 10.4　拟合值对残差

在拟合很好的模型中,残差对拟合值图应该没有模式。我们看到有一个特定的模式(见图 10.4),模型对那些精神痛苦得分高的人比得分低的人有更精确的预测(也就是说,模型给出了人的真值更好的估计)。这也可以用统计学检验,即 Breusch-Pagan/Cook-Weisberg 异方差检验(Breusch 和 Pagan, 1979; Cook 和 Weisberg, 1983),其命令为 hettest:

```
. hettest

Breusch-Pagan / Cook-Weisberg test for heteroskedasticity
        Ho: Constant variance
        Variables: fitted values of mental

        chi2(1)      =    1243.72
        Prob > chi2  =     0.0000
```

显著值意味着存在异方差。正如我们所看到的，我们的模型也是如此。[1]

OLS 回归假设误差彼此独立（不存在自相关）且服从正态分布，采用稳健标准误可以放宽其中一个或两个假设。据此，当存在异方差时，稳健标准误往往更可信。我们可以使用 Huber-White 稳健标准误，也称为异方差一致标准误（heteroscedasticity-consistent standard errors，参见 Huber，1967; White，1980）。使用稳健标准误不会改变系数估计值，但是（因为标准误的改变）检验统计量将给出更加准确的 p 值。[2] robust 选项放宽了误差同分布的假设，而 cluster 选项[3] 则放宽了误差项彼此独立的假设。当使用 cluster 选项时隐含了稳健标准误。通过使用 vce(cluster clustvar) 选项，观测值在组（群）间是独立的，但在组内不一定。这也意味着，在一个单位内不变的变量不再根据所有观测值计算标准误，而是类似于多水平回归中的水平 2 变量（参见第 9 章）是基于组数计算：

```
. regress mental age woman couple separated divorced never_married,
vce(cluster id)

Linear regression                               Number of obs  =    62549
                                                F(  6,  7583)  =    51.97
                                                Prob > F       =   0.0000
                                                R-squared      =   0.0196
                                                Root MSE       =   .92373

                          (Std. Err. adjusted for 7584 clusters in id)
------------------------------------------------------------------------------
                             Robust
      mental |      Coef.   Std. Err.      t    P>|t|     [95% Conf. Interval]
-------------+----------------------------------------------------------------
         age |   .0024708   .0006718     3.68   0.000     .0011539    .0037877
       woman |   .2023694   .015618     12.96   0.000     .1717538    .2329851
      couple |   .0075139   .0178959     0.42   0.675    -.027567    .0425948
   separated |   .5583078   .0559887     9.97   0.000     .4485543    .6680612
    divorced |   .2241774   .0481785     4.65   0.000     .1297343    .3186205
never_married|   .2236556   .0561824     3.98   0.000     .1135226    .3337886
       _cons |  -.2346901   .0305801    -7.67   0.000    -.2946356   -.1747446
```

Huber-White 稳健标准误

图 10.5　稳健标准误的 OLS 回归

从图 10.5 的输出中我们注意到系数与我们之前的模型相同，但标准误较大（也更正

---

[1]　要在随机效应模型后进行 Breusch-Pagan 检验，我们必须使用 xttest0 命令。
[2]　模型设定错误引起的异方差一直是个问题，应予以纠正。一些重要的变量可能被排除在模型之外，曲线关系可能被建模为线性关系，相关的条件关系也可能被忽略。
[3]　cluster 选项保持组间零相关的假设，但允许组内相关。在我们的数据中，每个人都是一个组（在不同的年份有几次观测值）。当使用固定效应和随机效应估计进行线性回归时，建议使用 robust 和 cluster 选项。我们还可以结合固定效应和随机效应模型使用稳健标准误。

确），且 woman 的标准误是根据群数而不是根据总观测数计算的。

然而，第二个问题和不选择混合 OLS 进行面板数据分析的主要理由是，在探究结果时，我们不能从实际效应中分离选择效应。以精神痛苦和离婚为例，可以合理地假设，可能还有其他潜在的变量影响着谁有成功的婚姻（谁没有）和人的心理健康。有某种疾病或外表的人更容易出现心理问题，更不容易结婚，或者结婚后更容易离婚。

这被称为虚假关系（图10.6），因为另一个变量可以说是导致自变量和因变量的（至少是部分）原因。这里的问题是，我们不知道点虚线所描述的关系（在回归模型中发现的显著联系）的哪一部分是由于伙伴关系的状态或其他变量导致的。有两个主要方法可以解决这个问题。首先，我们可以引入相关变量（如疾病和外貌）。然而，这是一个艰巨的任务。我们不一定有相关变量的数据，也可能是我们不知道这些变量是什么。其次，在面板数据分析中最常见的选择（拥有面板数据的巨大优势），我们可以运行一个固定效应模型 [参见"10.4 固定效应（组内估计）"一节]，从而我们可以识别单位内变异，我们将在本章后面详细讨论这一议题。

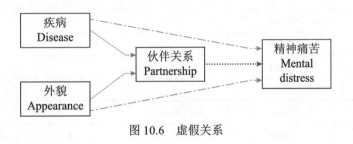

图 10.6 虚假关系

10.3 组间效应

组间效应建模允许使用单位之间的变异来估计遗漏的自变量对 Y 变量的影响。换句话说，当你想控制随时间变化但在单位之间是常数的遗漏变量时，可以采用组间效应回归。运行组间效应模型等同于先跨时间取每个单位的每个变量的均值，然后对均值的折叠数据集运行简单回归：

$$\bar{y}_i = \beta_{0B} + \beta_{1B}\bar{x}_{1i} + \beta_{2B}x_{2i} + \varepsilon_i \tag{10.3}$$

因此，这个估计在单位之间进行平均结果比较。由于这个估计被称为"组间估计"（between estimator），我们用下标 B（Petersen，2004）。我们注意到 $\bar{x}_{1i}$ 是 x_{1it} 的平均值，

x_{2i} 是不随时间变化的变量。

在此模型中,不能包括给定年份中所有个体都相同但在不同时间点上变化的变量(如宏观经济条件)。此外,通过折叠值并取每个变量的每个单位的均值(见表 10.3,*income* 列)也会丢失很多信息。正因如此,组间效应在实践中的运用并不多。然而,理解组间效应估计是很重要的,因为它构成了随机效应估计的一部分。

表 10.3　仅有组间变异的平衡面板数据示例

调查年份（年）	姓名	女性	高等教育	收入（美元）
1990	Bob	0	1	71 000
1995	Bob	0	1	71 000
2000	Bob	0	1	71 000
2005	Bob	0	1	71 000
1990	Sarah	1	0	54 500
1995	Sarah	1	0	54 500
2000	Sarah	1	0	54 500
2005	Sarah	1	0	54 500
1990	Peter	0	1	68 250
1995	Peter	0	1	68 250
2000	Peter	0	1	68 250
2005	Peter	0	1	68 250
1990	Nicole	1	0	38 750
1995	Nicole	1	0	38 750
2000	Nicole	1	0	38 750
2005	Nicole	1	0	38 750

在 Stata 中有两种运行组间效应模型的方法。首先,我们可以通过使用个体标识变量 *id* 聚合(折叠,取每个人跨年的均值)数据来手动完成。由于这会改变数据结构(可以在命令运行前后查看数据编辑器窗口进行检查,见图 10.7 和图 10.8),如果希望保存数据集,记住要以新名称保存。

每个人有几个观测值

id	age	mastat	year	mental	woman	married	couple	separated	divorced	never_marr~d
1	10014578	54	married	1991	-.5502676	1	1	0	0	0	0
2	10014578	55	married	1992	.1431346	1	1	0	0	0	0
3	10014578	56	married	1993	-.0310326	1	1	0	0	0	0
4	10014578	59	married	1996	.1431346	1	1	0	0	0	0
5	10014578	61	married	1998	-.434826	1	1	0	0	0	0
6	10014578	62	married	1999	-.434826	1	1	0	0	0	0
7	10014578	63	married	2000	-.2305806	1	1	0	0	0	0
8	10014608	57	married	1991	-1.563305	0	1	0	0	0	0
9	10014608	58	married	1992	-1.587	0	1	0	0	0	0
10	10014608	59	married	1993	-.864336	0	1	0	0	0	0
11	10014608	62	married	1996	-.9067082	0	1	0	0	0	0
12	10014608	64	married	1998	-.864336	0	1	0	0	0	0
13	10016813	37	married	1992	1.887546	0	1	0	0	0	0
14	10016813	39	married	1994	-.4449705	0	1	0	0	0	0
15	10016813	44	divorced	1999	.0435938	0	0	0	0	1	0

图 10.7　折叠前的数据

每个人一个观测值　　图10.7中每个人全部观测值的均值

	id	mental	age	woman	couple	separated	divorced	never_marr~d
1	10014578	-.1993234	58.5714	1	0	0	0	0
2	10014608	-1.157137	60	0	0	0	0	0
3	10016813	.4953898	40	0	0	0	.3333333	0
4	10016848	.3100214	41	1	.6666667	0	0	0
5	10017933	-.7896879	55	1	0	.0909091	.5454546	0
6	10017968	.5231872	47.25	0	0	0	0	0
7	10025804	-.3505359	36.6	0	0	0	0	0
8	10047069	.8330157	34	0	0	.125	0	0

图 10.8　折叠后的数据（每个人跨年的均值）

我们注意到，通过 collapse 命令手动创建均值，将不会从模型中自动排除缺失值。我们还需要使用 e(sample) 命令手动执行此操作，该命令仅包括上次运行模型包含的观测值：

```
. quietly regress mental age woman couple separated divorced never_married
. collapse (mean) mental age woman couple separated divorced never_married if e(sample), by(id)
. regress mental age woman couple separated divorced never_married
```

输出结果（见图 10.9）。

```
      Source |       SS       df       MS              Number of obs =    7584
-------------+------------------------------           F(  6,  7577) =   47.72
       Model |  125.183024     6  20.8638373           Prob > F      =  0.0000
    Residual |  3312.90297  7577   .437231486          R-squared     =  0.0364
-------------+------------------------------           Adj R-squared =  0.0356
       Total |  3438.08599  7583   .453393906          Root MSE      =  .66123
```

```
      mental |      Coef.   Std. Err.      t    P>|t|     [95% Conf. Interval]
-------------+----------------------------------------------------------------
         age |   .002414    .0007231     3.34   0.001     .0009965    .0038315
       woman |  .1949775     .015271    12.77   0.000     .1650422    .2249129
      couple |  .0357703    .0225018     1.59   0.112    -.0083394     .07988
   separated |  .7931771    .1325742     5.98   0.000     .5332951   1.053059
    divorced |  .5139704    .0847859     6.06   0.000     .3477666    .6801743
never_married|  .3309017    .0819682     4.04   0.000     .1702214    .4915821
       _cons | -.2518096    .0346075    -7.28   0.000    -.3196499   -.1839692
```

图 10.9 组间效应回归

我们的模型方程现在是：

$$\bar{y}_i = \beta_{0B} + \beta_{1B}\bar{x}_{1i} + \beta_{2B}x_{2i} + \beta_{3B}\bar{x}_{3i} + \beta_{4B}\bar{x}_{4i} + \beta_{5B}\bar{x}_{5i} + \beta_{6B}\bar{x}_{6i} + \varepsilon_i \quad (10.4)$$

我们注意到第二个变量（*women*）是不随时间变化的。我们可以返回原始数据文件，用组间效应命令 be（不会改变数据结构）：

```
. xtreg mental age woman couple separated divorced never_married, be
```

```
Between regression (regression on group means)   Number of obs      =     62549
Group variable: id                               Number of groups   =      7584

R-sq:  within  = 0.0025                          Obs per group: min =         1
       between = 0.0364                                         avg =       8.2
       overall = 0.0179                                         max =        15

                                                 F(6,7577)          =     47.72
sd(u_i + avg(e_i.))=  .6612348                   Prob > F           =    0.0000
```

（组N（单位）标注指向 Number of groups = 7584；"我们报道这个 R^2" 标注指向 between = 0.0364）

```
      mental |      Coef.   Std. Err.      t    P>|t|     [95% Conf. Interval]
-------------+----------------------------------------------------------------
         age |   .002414    .0007231     3.34   0.001     .0009965    .0038315
       woman |  .1949775     .015271    12.77   0.000     .1650422    .2249129
      couple |  .0357703    .0225018     1.59   0.112    -.0083394     .07988
   separated |  .7931772    .1325742     5.98   0.000     .5332951   1.053059
    divorced |  .5139704    .0847859     6.06   0.000     .3477666    .6801743
never_married|  .3309017    .0819682     4.04   0.000     .1702214    .4915821
       _cons | -.2518096    .0346075    -7.28   0.000    -.3196499   -.1839692
```

图 10.10 组间效应回归（用 be 选项）

在图 10.10 的输出中,我们注意到给出 3 个 R^2 值。对于组间效应模型,我们应该关注的是 between R^2(0.0364)。这与折叠均数的回归模型中的 R^2 是一样的。在这两种情况下,它向我们展示了包含在模型中的变量的单位均值所能解释的方差占总方差的比例。当我们比较最后两个模型时,看到其结果是相同的。

10.4 固定效应(组内估计)

当涉及面板数据时,一个主要的担忧是误差项是否与一个或多个 X 变量相关。譬如,假设我们研究 wage(工资,Y)作为教育(X_1)和经验(X_2)的函数,但我们怀疑一个未测量变量 ability(能力,C)正在影响我们的模型:

$$y_{it} = \beta_0 + \beta_1 x_{1it} + \beta_2 x_{2it} + (c_i + e_{it}) \tag{10.5}$$

这里 c_i 和 e_{it}(组内变异)构成了我们的误差项(未被解释的方差)。我们担心的是 $\text{cov}(x_1, c_i) \neq 0$,也就是说,某个未测量的变量与一个(或多个)解释变量相关,导致系数是有偏的(见图 10.11)。即使只有一个变量是内生的,所有参数都可能是有偏的。

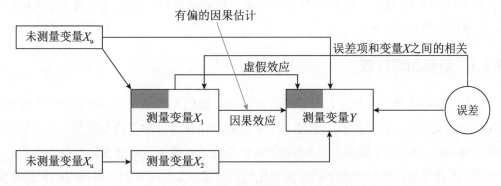

图 10.11 误差项和 X 变量不相关的假设

经验法则如下:如果 $\text{cov}(x_1, c_i) = 0$,那么可以选择随机效应估计①;如果 $\text{cov}(x_1, c_i) \neq 0$,那么应该选择固定效应估计。

决定选择哪个模型的普遍接受的方法是进行 Hausman(1978)检验。该检验比较更一致的模型(固定效应)与更有效的模型(随机效应),以确保更有效的模型也给出一致的结果。为了进行 Hausman 检验,我们需要先估计固定和随机效应模型并保存它们的系数:

---

① 在实际应用中,这意味着 cov(x_1, c_i)近似等于 0。

```
. quietly xtreg mental age woman couple separated divorced never_married, fe
. estimates store fixed
. quietly xtreg mental age woman couple separated divorced never_married, re
. estimates store random
. hausman fixed random
```

	Coefficients			
	(b) fixed	(B) random	(b-B) Difference	sqrt(diag(V_b-V_B)) S.E.
age	.0045017	.0024796	.0020221	.0006612
couple	-.0756434	-.033348	-.0422954	.0094143
separated	.3951068	.4460436	-.0509368	.0075327
divorced	-.0378425	.0435786	-.0814211	.009423
never_marr~d	.0160869	.1032232	-.0871362	.0176899

```
                    b = consistent under Ho and Ha; obtained from xtreg
         B = inconsistent under Ha, efficient under Ho; obtained from xtreg

    Test:  Ho:  difference in coefficients not systematic

                 chi2(5) = (b-B)'[(V_b-V_B)^(-1)](b-B)
                         =       90.61
               Prob>chi2 =       0.0000
```

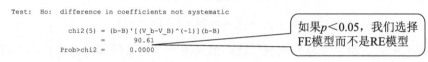

如果 $p<0.05$，我们选择 FE 模型而不是 RE 模型

图 10.12　Hausman 检验

对于 *BritishHouseholdPanel.dta* 数据集，我们看到 `Prob>chi2` 是统计上显著的（p 值小于 0.05，图 10.12）。这意味着我们应该使用固定效应。如果这个值高于 0.05，我们可以使用随机效应。①

10.4.1　解释固定效应

当我们有每个单位（如人）的重复观测值时，我们可以通过包括单位特定的虚拟变量 D_i 详细说明回归方程。因此，包括每个单位的虚拟变量（参考类别除外），并估计其效应（Petersen，2004）。固定效应（组内）估计考虑了测量的随时间变化的自变量（x_{it}），也考虑了不能包括在模型中的不随时间变化的自变量（x_i）（它们由单位虚拟变量体现）和不随时间变化的未测量变量（x_i^u）（也由虚拟变量体现）：

$$y_{it} = \beta_{0W} + \beta_{1W}x_{1it} + \beta_{2W}x_{2i} + \beta_{3W}x_{3i}^u + \varepsilon_{it} \qquad (10.6)$$

我们引入每个单位的虚拟变量 D_i 及其效应 α_i，反映已测量的和未测量的不随时间变动的自变量的影响，同时这些个体单元在 Y 轴上有不同的起始值。这使我们能够研究

---

① 然而，选择一种模型而不是另一种模型还有其他原因，如识别正确的效应，以及能够对理论上重要的不随时间变化的变量进行建模，对这点的讨论贯穿本章。还可以对其他成对的估计使用 Hausman 检验，如一阶差分与混合 OLS。

时间依赖的解释变量如何影响时间依赖的 Y 变量。通常在方程中不写出虚拟变量 D_i，所以我们得到：

$$y_{it} = \beta_{0W} + \beta_{1W}x_{1it} + \beta_{2W}x_{2i} + \beta_{3W}x_{3i}^{u} + \varepsilon_{it}$$
$$y_{it} = \beta_{0W} + \beta_{1W}x_{1it} + \alpha_i D_i + \varepsilon_{it} \qquad (10.7)$$
$$y_{it} = \beta_{0W} + \beta_{1W}x_{1it} + \alpha_i + \varepsilon_{it}$$

其中 $\alpha_i = \beta_{2W}x_{2i} + \beta_{3W}x_{3i}^{u}$ 作为虚拟变量的效应，体现了所有时间常数的变异（固定效应）。由于模型中引入了虚拟变量，我们实际上是在考察每个个体单元内每个观测值与其均值之间的变异，这也是为什么我们只能研究时依变量的效应：

$$(y_{it} - \bar{y}_i) = \beta_1(x_{1it} - \bar{x}_{1i}) + \beta_2(x_{2it} - \bar{x}_{2i}) + \cdots + \beta_n(x_{nit} - \bar{x}_{ni}) + (\varepsilon_{it} - \bar{\varepsilon}_i) \qquad (10.8)$$

当进行 OLS 回归时，我们面临的问题是，不能确定正在测量的是哪种类型的效应。打开名为 *Happiness.dta* 的数据集，假设我们正在研究 4 个人（Bob、Sarah、Peter 和 Nicole）的 *income* 对 *happiness* 的影响（见表 10.4），我们可以输入 `label list id`。如果 Bob（其收入水平最高）有一些心理问题（一个不可观察的不随时间变化的变量），使他比其他人更不幸福，则 OLS 回归将是有偏的，因为 *income* 变量也受到这个变量的影响（如图 10.11 所示）。这就是固定效应变得有用的地方。现在只比较 Bob 的收入值和他自己的幸福感值，如等式（10.7）所示，通过包含单位虚拟变量，我们实际上是建模：

$$(y_{it} - \bar{y}_i) = \beta_1(x_{1it} - \bar{x}_{1i}) + (\varepsilon_{it} - \bar{\varepsilon}_i) \qquad (10.9)$$

或

$$(happy_{it} - \overline{happy}_i) = \beta(income_{it} - \overline{income}_i) + (\varepsilon_{it} - \bar{\varepsilon}_i)。$$

换句话说，当我们只对随时间变化的变量的效应感兴趣时，我们使用固定效应。这个估计帮助我们探索单位（如人、公司、国家等）内的因变量和解释变量之间的关系。每个单位都有自己的个体特征，这些特征可能影响（也可能不影响）预测变量。

图 10.13 和图 10.14 说明了固定效应估计如何改变我们的结果。图 10.13（OLS 回归）中，*income* 对 *happiness* 的影响是负的，因为 Bob 的病扭曲了结果。但是通过在每个个体中进行估计（控制每个 x_i 和 x_i^u），我们得到真实的效应，它事实上是正的（见图 10.14）。

图 10.13 显示了 *income* 对 *happiness* 的回归线。我们可以通过为 4 个人每人创建虚拟变量来手动进行固定效应回归。

表 10.4 固定效应计算示例

调查年份（年）	姓名	收入（美元）	收入均值（美元）	$(x_{1it} - \bar{x}_{1i})$	幸福感	幸福感均值	$(y_{it} - \bar{y}_i)$
1990	Bob	54 000	71 000	−17 000	1	1.75	−0.75
1995	Bob	73 000	71 000	2 000	1	1.75	−0.75
2000	Bob	72 000	71 000	1 000	2	1.75	0.25
2005	Bob	85 000	71 000	14 000	3	1.75	1.25
1990	Sarah	44 000	54 500	−10 500	5	5.5	−0.5
1995	Sarah	48 000	54 500	−6 500	5	5.5	−0.5
2000	Sarah	62 000	54 500	7 500	5	5.5	−0.5
2005	Sarah	64 000	54 500	9 500	7	5.5	1.5
1990	Peter	63 000	68 250	−5 250	4	5.75	−1.75
1995	Peter	65 000	68 250	−3 250	5	5.75	−0.75
2000	Peter	67 000	68 250	−1 250	7	5.75	1.25
2005	Peter	78 000	68 250	9 750	7	5.75	1.25
1990	Nicole	36 000	38 750	−2 750	8	8.5	−0.5
1995	Nicole	38 000	38 750	−750	7	8.5	−1.5
2000	Nicole	39 000	38 750	250	9	8.5	0.5
2005	Nicole	42 000	38 750	3 250	10	8.5	1.5

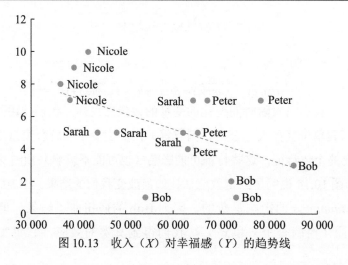

图 10.13　收入（X）对幸福感（Y）的趋势线

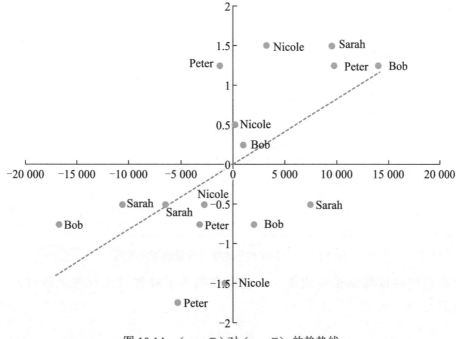

图 10.14 $(x_{1it} - \bar{x}_{1i})$ 对 $(y_{it} - \bar{y}_i)$ 的趋势线

我们继续使用数据集 *Happiness.dta*。首先，我们为 4 个人分别创建虚拟变量（*id* 变量编号为 1～4）①：

```
. generate Dbob = id==1 if !missing(id)
. generate Dsarah = id==2 if !missing(id)
. generate Dpeter = id==3 if !missing(id)
. generate Dnicole = id==4 if !missing(id)
```

我们把 Dbob 排除在模型之外，因为它作为参照类别（由截距表示）。我们使用一个新的收入变量 income1000（以千元为单位显示工资），以便于解释：

```
. regress happiness Dsarah Dpeter Dnicole income1000
```

产生的输出如图 10.15 所示，我们在下一步中使用该输出：

```
. gen Bob   = -4.107029 + 0.0824934*income1000
. gen Sarah = -4.107029 + 5.111141 + 0.0824934*income1000
. gen Peter = -4.107029 + 4.226857 + 0.0824934*income1000
```

---

① 也可以通过 tabulate id, gen(D) 来生成虚拟变量。

```
. gen Nicole = -4.107029 + 9.410411 + 0.0824934*income1000
```

Source	SS	df	MS		Number of obs	=	16
					F(4, 11)	=	24.47
Model	98.6638594	4	24.6659649		Prob > F	=	0.0000
Residual	11.0861406	11	1.00783096		R-squared	=	0.8990
					Adj R-squared	=	0.8623
Total	109.75	15	7.31666667		Root MSE	=	1.0039

happiness	Coef.	Std. Err.	t	P>|t|	[95% Conf. Interval]	
Dsarah	5.111141	.8916484	5.73	0.000	3.148636	7.073646
Dpeter	4.226857	.7155433	5.91	0.000	2.651957	5.801757
Dnicole	9.410411	1.271248	7.40	0.000	6.612413	12.20841
income1000	.0824934	.0327004	2.52	0.028	.0105203	.1544665
_cons	-4.107029	2.37537	-1.73	0.112	-9.335184	1.121125

图 10.15 使用手动生成虚拟变量的固定效应

现在我们可以将结果绘成图，以便更准确地了解如何进行固定效应回归（见图 10.16）：①

```
. graph twoway line Bob income1000 || line Sarah income1000 || line Peter income1000 || line Nicole income1000
```

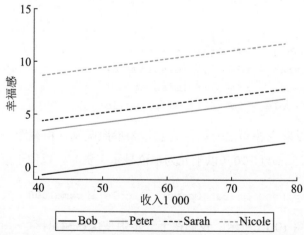

图 10.16 收入（*income*）和幸福感（*happiness*）的固定效应

---

① 另一种作图方法是：
```
. quietly regress happiness i.id c.income1000
. quietly margins id, at(income1000=(40 80))
. marginsplot, noci legend(row(1))
```

图 10.16 中显示了与图 10.14 所示的相同的正向影响（刻度不同）。我们可以通过使用 $(x_{1it} - \bar{x}_{1i})$ 和 $(y_{it} - \bar{y}_i)$ 运行回归来双重检查：

```
. regress happinessDM income1000DM

      Source |       SS       df       MS              Number of obs =      16
-------------+------------------------------           F(  1,    14) =    8.10
       Model |  6.41385942     1  6.41385942           Prob > F      =  0.0130
    Residual |  11.0861406    14   .791867185          R-squared     =  0.3665
-------------+------------------------------           Adj R-squared =  0.3213
       Total |        17.5    15  1.16666667           Root MSE      =  .88987

------------------------------------------------------------------------------
 happinessDM |      Coef.   Std. Err.      t    P>|t|     [95% Conf. Interval]
-------------+----------------------------------------------------------------
income1000DM |   .0824934   .0289858     2.85   0.013     .020325    .1446618
       _cons |          0   .2224673     0.00   1.000    -.4771449   .4771449
------------------------------------------------------------------------------
```

图 10.17　使用与均值差的固定效应

这个模型（见图 10.17）与运行固定效应模型相同。如果我们将模型作为 OLS 回归运行，得到系数是负的，如图 10.18 所示。

```
. regress happiness income1000

      Source |       SS       df       MS              Number of obs =      16
-------------+------------------------------           F(  1,    14) =    5.75
       Model |  31.9560368     1  31.9560368           Prob > F      =  0.0310
    Residual |  77.7939632    14  5.55671165           R-squared     =  0.2912
-------------+------------------------------           Adj R-squared =  0.2405
       Total |      109.75    15  7.31666667           Root MSE      =  2.3573

------------------------------------------------------------------------------
   happiness |      Coef.   Std. Err.      t    P>|t|     [95% Conf. Interval]
-------------+----------------------------------------------------------------
  income1000 |  -.0946145   .0394539    -2.40   0.031    -.1792347   -.0099943
       _cons |   10.87447   2.367769     4.59   0.000     5.796107    15.95282
------------------------------------------------------------------------------
```

图 10.18　OLS 回归

Stata 中还有一个用于运行固定效应模型（fe）的命令，其作用和虚拟变量模型相同。这个模型没有报告虚拟变量的效应。首先，需要告诉 Stata 单位标识变量是什么：

```
. xtset id
. xtreg happiness income1000, fe
```

```
Fixed-effects (within) regression               Number of obs      =         16
Group variable: id                              Number of groups   =          4

R-sq:                                           Obs per group:
     within  = 0.3665                                        min =          4
     between = 0.7123                                        avg =        4.0
     overall = 0.2912                                        max =          4

                                                F(1,11)            =       6.36
corr(u_i, Xb)  = -0.7916                        Prob > F           =     0.0283

------------------------------------------------------------------------------
  happiness  |     Coef.   Std. Err.      t    P>|t|    [95% Conf. Interval]
-------------+----------------------------------------------------------------
  income1000 |  .0824934   .0327004     2.52   0.028     .0105203    .1544665
       _cons |  .5800729   1.91721      0.30   0.768    -3.639677    4.799823
-------------+----------------------------------------------------------------
     sigma_u |  3.8587653
     sigma_e |  1.0039078
         rho |   .93660603   (fraction of variance due to u_i)
------------------------------------------------------------------------------
F test that all u_i=0:  F(3, 11) = 22.06              Prob > F = 0.0001
```

图 10.19　固定效应回归（使用 `fe` 选项）

从图 10.19 的 Stata 输出可以看出 *income* 的系数（0.082 493 4）与之前的模型相同（简单回归除外）。在虚拟变量模型中，截距表示 Bob（-4.107）。现在看到有一个新截距，这个截距是固定效应的平均值。① 我们在输出中应该关注的是 *income* 的系数和组内 R^2 （0.366 5）。rho 值（ρ = 0.936 606 03）告诉我们 93.7% 的方差是由于时间（单位内）差异造成的，$sigma\_u(\sigma_u)$ 是组内残差的标准差，$sigma\_e(\sigma_e)$ 是总体残差的标准差。rho 也被称为组内相关系数，它告诉我们每个单位内观测值之间的相似程度。根据残差的方差计算如下：

$$\rho = \frac{\sigma_u^2}{\sigma_u^2 + \sigma_e^2} \tag{10.10}$$

让我们打开 *BritishHouseholdPanel.dta* 数据集，并试着用固定效应对一个人的心理状态进行建模。回想一下"10.2　混合 OLS"一节的内容，在做 OLS 回归时，我们发现那些没有伴侣生活在一起的人比那些有伴侣的人有更多精神痛苦。然而，我们有理由相信数据存在选择效应问题。为了得到婚姻状况对心理健康的无偏估计，我们现在采用固定效应估计运行相同的模型。

---

① 有关 Stata 中截距估计的更深入的讨论，请参见 http://www.stata.com/support/faqs/statistics/intercept-in-fixed-effects-model/。

```
. xtset id
. xtreg mental age woman couple separated divorced never_married, fe

Fixed-effects (within) regression              Number of obs      =     62,549
Group variable: id                             Number of groups   =      7,584

R-sq:                                          Obs per group:
     within  = 0.0051                                       min =          1
     between = 0.0014                                       avg =        8.2
     overall = 0.0032                                       max =         15

                                               F(5,54960)         =      56.33
corr(u_i, Xb)  = -0.0459                       Prob > F           =     0.0000

------------------------------------------------------------------------------
      mental |      Coef.   Std. Err.      t    P>|t|     [95% Conf. Interval]
-------------+----------------------------------------------------------------
         age |   .0045017   .0008475     5.31   0.000     .0028406    .0061628
       woman |          0  (omitted)
      couple |  -.0756434   .0159661    -4.74   0.000    -.1069371   -.0443497
   separated |   .3951068   .0293305    13.47   0.000     .3376188    .4525947
    divorced |  -.0378425   .0263161    -1.44   0.150    -.0894224    .0137373
never_married|   .0160869   .0378081     0.43   0.670    -.0580171     .090191
       _cons |  -.1891764    .035558    -5.32   0.000    -.2588704   -.1194825
-------------+----------------------------------------------------------------
     sigma_u |  .6746844
     sigma_e |  .74201635
         rho |  .45257982   (fraction of variance due to u_i)
------------------------------------------------------------------------------
F test that all u_i=0: F(7583, 54960) = 5.69              Prob > F = 0.0000
```

（因不随时间变化被剔除）

图 10.20　精神痛苦的固定效应模型

从图 10.20 所示的结果中可见，变量 *women* 被剔除（因为是不随时间变化的），并且与 OLS 回归的结果相比，固定效应模型的结果确实有实质性的差异。

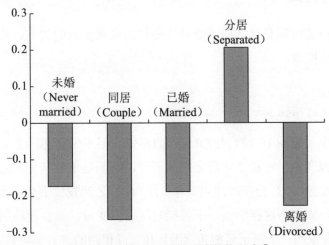

图 10.21　婚姻状况对精神痛苦的影响①

---

① 图 10.21 是基于图 10.20 的图形化预测。

从图 10.21 中可以看出，比起已婚的人，分居者的精神更痛苦，但实际上离婚者的精神痛苦要低些。这是通过查看组内变异（不同类别间的人的变化）来计算的，结果表明，婚姻的结束（通常以分居的方式）是有压力的，但是人们会克服痛苦（在离婚之后）。

10.4.2 固定效应总结

固定效应模型既有优点也有缺点。最大的优点是，由于它能够控制所有不随时间变化的变量（用 x_i 和 x_i'' 或 c_i 表示），我们能够摆脱虚假关系的许多问题，在回归输出中得到 x_{it} 和 y_{it} 之间的更纯净的关系。如果怀疑 $\text{cov}(x_1, c_i) \neq 0$，这是最好和最一致的模型。

固定效应建模的最大缺点是，只能估计随时间变化的变量（x_{it}）的影响，不随时间变化的变量（x_i）会从模型中剔除。估计很少变化的变量也是个问题。这是社会科学中的一个挑战，因为我们常常对不随时间变化的变量（如性别、政治制度和地理变量等）的效应感兴趣。通常情况下，我们希望能够说明挪威比其他国家更好地应对金融危机的根本原因，而不是简单地得到结论，它之所以能够这样是因为它是挪威（正如在固定效应模型中所做的那样）。此外，如果条件正确 [例如， $\text{cov}(x_1, c_i)=0$]，固定效应可能不是最有效的模型，也不会产生最正确的估计。还可以用 `xtlogit` 命令执行固定效应 `logistic` 回归。然而，这个模型将只分析在因变量上转变状态的单位。

10.4.3 时间固定效应

可以假设存在随时间变化，而不随单位变化的未观测到的效应，从而对因变量产生影响。我们可以这样做：

```
. xtset year
. xtreg mental age woman couple separated divorced never_married, fe
```

这个回归结果（见图 10.22）与 OLS 回归相似（但不完全相同）。截距（我们已经包括了每年的虚拟变量）包括了年份之间的变异，而不是单位（人）之间的变异。在某些情况下，一种现象（Y）会在时间点（年/月/周）之间发生变化，原因是模型中的 X 变量没有捕捉到。如果是这样的话，不包括时间虚拟变量，就会面临因遗漏变量导致偏差的风险。这种变量的一个例子可能是金融环境（以相同的方式影响着人们的精神痛苦，但有时会有所不同）。

```
Fixed-effects (within) regression               Number of obs    =      62,549
Group variable: year                            Number of groups =          15

R-sq:                                           Obs per group:
     within  = 0.0193                                        min =       3,949
     between = 0.4014                                        avg =     4,169.9
     overall = 0.0196                                        max =       4,509

                                                F(6,62528)       =      204.95
corr(u_i, Xb)  = 0.0279                         Prob > F         =      0.0000

------------------------------------------------------------------------------
      mental |      Coef.   Std. Err.      t    P>|t|     [95% Conf. Interval]
-------------+----------------------------------------------------------------
         age |   .0024107   .0003529     6.83   0.000     .001719    .0031024
       woman |   .2023145   .0074176    27.27   0.000     .187776    .216853
      couple |   .0041996   .0106624     0.39   0.694    -.0166988   .0250979
   separated |   .551324    .0312857    17.62   0.000     .490004    .6126441
    divorced |   .2191748   .024074      9.10   0.000     .1719897   .26636
never_married|   .2171943   .0316373     6.87   0.000     .1551851   .2792036
       _cons |  -.2313118   .0165575   -13.97   0.000    -.2637645  -.1988592
-------------+----------------------------------------------------------------
     sigma_u |  .02701765
     sigma_e |  .92347916
         rho |  .0008552   (fraction of variance due to u_i)
------------------------------------------------------------------------------
F test that all u_i=0: F(14, 62528) = 3.46                   Prob > F = 0.0000
```

图 10.22　时间固定效应

10.5　随机效应

如果误差项和解释变量之间没有（或很少）共变（covariation），即 $\text{cov}(x_1, c_i) = 0$，则可以使用随机效应模型。如"10.4　固定效应（组内估计）"一节所述，我们可以进行 Hausman 检验来检验固定效应和随机效应是否都是一致的估计量。如果这一点成立，随机效应模型更有效，其标准误应小于固定效应模型的标准误。但即使 Hausman 检验统计上显著（Prob>chi < 0.05，这意味着固定效应模型比随机效应模型更一致），仍然可以用随机效应模型。如果误差项和 X 变量之间的相关性是由遗漏变量引起的，我们可以增加更多的解释变量（随时间变化和不随时间变化），并再次进行检验（Cameron 和 Trivedi，2010）。或者，如果有在理论上十分重要的不随时间变化的解释变量，那么我们可能会被迫选择随机效应，否则这些变量的效应将被固定效应模型中的截距吸收。

如果确信单位内（固定效应）和单位间（组间效应）的变异对因变量都有一定的影响（理论上也是如此），那么就使用随机效应估计。该估计是组间估计（between estimator）和组内估计（within estimator）的组合：

$$y_{it} = \beta_{0RE} + \beta_{1RE}x_{1it} + \beta_{2RE}x_{2i} + v_i + e_{it} \quad (10.11)$$

这里在随机效应方程（10.11）中有两个误差项。v_i 是一个单位特定（而不是时间特定）的误差项，假设其独立于观测变量 x_{it} 和 x_i，以及组内变异误差项 e_{it}。该模型使用广义最小二乘法（generalized least squares）进行计算。这种估计技术是在存在异方差和/或自相关的情况下使用的，因为OLS回归是无效的，且给出错误的估计。① 此时注意到我们扩大了不随时间变化的变量的 N。实际上，它们具有与我们模型中的单位数相同的 N，但现在却被乘以 t。

随机效应估计是组内估计和组间估计的加权平均。只在一个数据点上观察到的单位被包括在内，但它们仅通过组间效应估计做出贡献（Petersen，2004）。如果你认为一些遗漏变量随时间变化而不变，但在单位之间变化，而其他遗漏变量在单位之间固定不变但却随时间变化而变化，那么你可以用随机效应将两者都包括进来。

以英国家庭面板调查（British Household Panel Survey）数据为例运行随机效应模型。与固定效应模型不同的是，可以包括变量 *women*：

$$y_{it} = \beta_{0RE} + \beta_{1RE}x_{1it} + \beta_{2RE}x_{2i} + \beta_{3RE}x_{3it} + \beta_{4RE}x_{4it} + \beta_{5RE}x_{5it} + \beta_{6RE}x_{6it} + v_i + e_{it} \quad (10.12)$$

在 Stata 中运行 xtreg 命令时，逗号后的 re 选项添加或不添加都可以，因为随机效应是 xtreg 的默认：②

```
. xtset id
. xtreg mental age woman couple separated divorced never_married, re
```

---

① 广义最小二乘法是对变换后的数据进行回归。误差项的标准化减少了自相关和异方差的问题。
② 对于随机效应 logit 模型，极大似然（而不用广义最小二乘）的推导涉及双变量数值积分（Baltagi，2013）。该模型可以在 Stata 中使用以下命令运行：xtlogit Y X X X, re。

```
Random-effects GLS regression              Number of obs      =      62549
Group variable: id                         Number of groups   =       7584

R-sq:  within  = 0.0047                    Obs per group: min =          1
       between = 0.0284     我们报告这个 R²              avg =        8.2
       overall = 0.0182                                  max =         15

                                           Wald chi2(6)       =     501.47
corr(u_i, X)   = 0 (assumed)               Prob > chi2        =     0.0000

----------------------------------------------------------------------------
      mental |      Coef.   Std. Err.      z    P>|z|    [95% Conf. Interval]
-------------+--------------------------------------------------------------
         age |   .0024796   .0005302     4.68   0.000    .0014404    .0035187
       woman |   .2013067   .0147352    13.66   0.000    .1724261    .2301872
      couple |  -.033348    .0128953    -2.59   0.010   -.0586223   -.0080738
   separated |   .4460436   .0283467    15.74   0.000    .3904851    .5016021
     divorced|   .0435786   .0245713     1.77   0.076   -.0045802    .0917374
never_married|   .1032232   .0334143     3.09   0.002    .0377323    .168714
       _cons |  -.2229397   .0252407    -8.83   0.000   -.2724107   -.1734688
-------------+--------------------------------------------------------------
     sigma_u |   .55640445
     sigma_e |   .74201635
         rho |   .35991072   (fraction of variance due to u_i)
----------------------------------------------------------------------------
```

图 10.23 随机效应模型

对比图 10.23 中的结果与图 10.22 中的固定效应模型的结果，我们看到变量 *divorced* 系数的符号发生了改变，并且变量 *never_married* 的影响变得显著。我们还注意到，现在有了不随时间变化的变量 *women* 的效应输出。由于随机效应估计同时包括组内效应和组间效应，在这里我们最关注的是整体 R^2。

随机效应估计的主要问题是 $\text{cov}(x_1, c_i) = 0$ 的假设（我们的例子不是这种情况）。如果违反该假设，则会导致 β_{RE} 的不一致的估计。与固定效应相比，随机效应的缺点是不能确定我们所测量的是什么。在固定效应的例子中，我们问如果一个单位（个人）从一种婚姻状态到另一种婚姻状态，精神痛苦会发生怎样的变化。在随机效应模型中，我们提出这个问题的同时还伴随着另一个问题：即属于不同婚姻状况的人在精神痛苦方面有什么不同？因此，在存在遗漏变量偏倚的情况下，就不能确定我们所衡量的到底是什么。

10.6 时间序列横截面方法

时间序列横截面（Time-series cross-section，TSCS）数据可以视为面板数据的一个分支。经典面板数据由在相对较少的时间点记录的大量单位组成（大 i，小 t），而 TSCS 数据具有不同的结构。这里人们分析的是在多个时间点记录的小或中等数量的单位（小或中等 i，大 t）。例如 1970—2010 年间世界所有国家的经济数据（大约 190 个国家和 40 个时间点）。TSCS 数据的优势在于研究者能够通过 i 乘以 t 来增加观测数量。

TSCS 数据具有与面板数据相同的问题，即异方差和自相关。由于时间序列维度，还额外存在非平稳性（non-stationarity）问题。这是因为我们要研究每个单位的时间序列。

平稳数据①意味着我们数据的参数（如均值和方差等）不随时间而变化（尽管从一个时间点到另一个时间点会有波动），如图 10.24 所示。

图 10.24　平稳的时间序列

如果存在非平稳性（如图 10.25 所示），这会给统计推断带来问题。两个具有相同时间趋势，但不相关的序列将产生虚假的显著性关系。也就是说，由于虚假关系，我们得到一个误导性的结果。

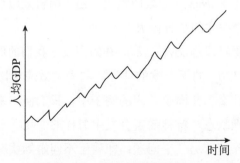

图 10.25　非平稳的时间序列

对时间序列数据进行回归时，通常将因变量的滞后值作为自变量（滞后意味着使用变量的过去值，见表 10.5 中的示例）。②这种回归称为向量自回归（vector

---

① 对于大多数应用来说，平稳性（stationarity）的正式定义过于严格。在本章中，我们用"平稳性"这个词来描述二阶平稳性，这意味着一个序列具有不变均值、恒定方差以及不依赖于时间的自协方差。
② 关于变量滞后的更多信息参见 Finkel（1995）。

autoregression）。例如，如果你预计因变量的当前值受到去年值的严重影响，那么在回归方程的右边包括 Y_{t-1}（前一时点因变量的值）是有意义的。①

通过使用滞后的因变量，可以考虑可能导致内生变量当前差异的历史因素，否则很难操作。然而必须注意的是，这并不是控制未观测变量问题的完美解决方案（Wooldridge，2013）。

表 10.5　税收收入占国家 GDP 百分比的滞后值

国家	年份（年）	税收收入（美元）	税收收入滞后值
Canada	1992	14.65	14.70
Canada	1993	14.00	14.65
Canada	1994	13.39	14.00
Canada	1995	13.62	13.39
Canada	1996	14.24	13.62
Canada	1997	14.94	14.24
Canada	1998	15.05	14.94
Canada	1999	15.06	15.05
Canada	2000	15.24	15.06
Canada	2001	14.62	15.24
Canada	2002	13.82	14.62

自变量滞后也是常见的做法。在非滞后模型中，Y 变量和 X 变量是在同一个时间点观察到的。在滞后模型中，我们使用自变量的先前值。这样做的主要原因是 X 应该在时间上先于 Y。例如，一项经济政策的影响以外国直接投资的增加或减少的形式表现出来需要一段时间。滞后自变量的向量自回归模型写为：

$$y_{it} = \beta_0 + \beta_1 y_{i,t-1} + \beta_2 y_{i,t-1} + \varepsilon_{it} \tag{10.13}$$

不随时间变化的 X 变量当然不能滞后，如果我们纳入这样一个变量（如海洋边界），则方程如下：

$$y_{it} = \beta_0 + \beta_1 y_{i,t-1} + \beta_2 x_{i,t-1} + \beta_3 x_i + \varepsilon_{it} \tag{10.14}$$

---

① 尽管一年的滞后是最常用的，你也可以选择一个时间单位以外的滞后。

与普通面板数据一样,TSCS 数据经常受到异方差和自相关困扰。这里也推荐使用 Huber-White 稳健标准误(Huber,1967;White,1980)。另一个令人担忧的问题是地理数据(如国家、地区、社区)的研究,在这些数据中,假设面板之间存在相关性是合理的。例如,1995 年阿拉巴马州可能与 1995 年密西西比州相关。为了纠正这一点,可以使用 Beck-Katz(1995)面板校正标准误(panel-corrected standard errors),它将校正由这种序列相关而导致的被低估的标准误。命令是 xtpcse。这种方法要求模型中所有国家的观测数据中都有时间点。

让我们打开数据文件 *TimeSeriesCrossSection.dta*。该数据的结构基于变量 *cow* [*correlates of war*,战争关联,即 Gleditsch 和 Ward(1999)的国家编号],和时间变量 *year*。分析单位是国家,包括 1985—2011 年的内战以及控制变量的数据。我们做的第一件事是设定时间数据:

```
. tsset cow year

        panel variable:  cow (unbalanced)
         time variable:  year, 1985 to 2011
                 delta:  1 unit
```

然后我们检查数据是否齐整:

```
. tabulate cow
```

任何单位的观测值都不应超过 27 个。一些国家的观测值较少(如新独立的国家),这使得面板不平衡。如果数据中有重复(同一国家同一年存在两个或多个观测值),我们需要解决它。要找到重复数据,我们可以输入以下内容:

```
. duplicates report cow year

Duplicates in terms of cow year

 copies | observations    surplus
--------|----------------------------
      1 |         5198          0
```

图 10.26　查找重复观测值:未找到

图 10.26 中的输出显示，我们的数据中没有重复观测值。检查重复观测值与所有面板数据相关，但时间序列越长，数据有问题的风险就越大。如果数据中存在重复观测值，它会被报告如图 10.27 所示。

copies	observations	surplus
1	5197	0
2	2	1

图 10.27 找到重复观测值

在这种情况下，输入：

`. duplicates list cow year`

为了得到如图 10.28 所示的输出，然后：

```
. duplicates tag cow year, gen(isdup)
. edit if isdup
```

然后我们可以手动删除重复的单位。

Duplicates in terms of cow year

obs:	cow	year
43	20	2000
5199	20	2000

图 10.28 详列重复观测值

10.6.1 非平稳性检验

我们选择 FDI（外国直接投资）作为因变量。首先对这个变量进行检查：

`. sum FDI, detail`

```
                                 FDI
    ─────────────────────────────────────────────────────────────
           Percentiles      Smallest
      1%    -4.82e+08       -8.47e+10
      5%    -7100000        -3.17e+10
     10%     470000         -2.53e+10    Obs                4618
     25%    1.70e+07        -2.49e+10    Sum of Wgt.        4618

     50%    1.54e+08                     Mean           4.19e+09
                            Largest      Std. Dev.      1.93e+10
     75%    1.30e+09        2.94e+11
     90%    7.21e+09        3.21e+11     Variance       3.71e+20
     95%    1.95e+10        3.33e+11     Skewness       10.18312
     99%    6.83e+10        3.40e+11     Kurtosis       134.7067
```

图 10.29　FDI 的汇总统计

我们从图 10.29 的输出中注意到，从偏度（skewness）值和峰度（kurtosis）值可以看出，变量 FDI 的分布是偏斜且尖峰的。[①] 处理这种情况的一种常见方法是对变量进行对数变换。注意，当对有零和/或负值的变量对数变换时，新变量中对应的观测值会被删除（有关更多信息，参见第 13 章 "13.1　变量变换" 一节的内容）。对数转换用于使高度偏态分布趋于正态：

```
. generate lnFDI=ln(FDI)
. sum lnFDI, detail
```

图 10.30 的输出显示变换后的变量更接近正态。[②]

```
                                lnFDI
    ─────────────────────────────────────────────────────────────
           Percentiles      Smallest
      1%    11.77529        2.374347
      5%    14.16868        4.60517
     10%    15.44881        4.60517      Obs                4266
     25%    17.26875        6.907755     Sum of Wgt.        4266

     50%    19.17433                     Mean           19.13451
                            Largest      Std. Dev.      2.917849
     75%    21.18511        26.40783
     90%    22.81647        26.49556     Variance       8.513841
     95%    23.75934        26.53061     Skewness       -.3715863
     99%    25.04065        26.5524      Kurtosis       3.56363
```

图 10.30　对数变换后的 FDI 汇总统计

[①]　在正态分布中，偏度值为 0，峰度值为 3（在 Stata 中）。峰度值大于 3 意味着尖峰分布，小于 3 意味着平峰分布。负偏度意味着数据点向左偏，正偏度意味着数据点向右偏。更多相关信息，参见第 13 章 "13.1　变量变换" 一节的内容。

[②]　这样的变换可以同时对 Y 和 X 变量进行。这给出了一个更正确的统计模型，但也使系数的直接解释变得复杂。

为了检验这个变量（*lnFDI*）是否非平稳（存在单位根），我们使用增广[①]Dickey-Fuller（ADF）检验（Dickey 和 Fuller，1979）。该检验的原假设是变量包含单位根，备择假设是变量由平稳过程生成。通常包括一个间隔（举例为一年）的滞后以检验因变量是否非平稳（Y_{t-1} 提供预测 Y_t 变化的相关信息）。通过纳入更多的滞后项，我们可以检验因变量是否由 Y_{t-2}、Y_{t-3}……进行预测。此检验不允许使用面板数据，因此我们必须分别查看每个单位（国家）（见表 10.6）。

表 10.6　按照 cow 编号的一些国家的列表

cow	国家
2	美国
20	加拿大
70	墨西哥
200	英国
210	荷兰
255	德国

通过绘制变量随时间变化的图形，我们可以看出外国直接投资有增长的趋势：

```
. graph twoway line lnFDI year if cow<100
. graph twoway line lnFDI year if cow>=100 & cow<200
. graph twoway line lnFDI year if cow>=200 & cow<300
. graph twoway line lnFDI year if cow>=300 & cow<400
. graph twoway line lnFDI year if cow>=400 & cow<500
. graph twoway line lnFDI year if cow>=500 & cow<600
. graph twoway line lnFDI year if cow>=600 & cow<700
. graph twoway line lnFDI year if cow>=700
```

由于我们现在已经确定数据中存在趋势，因此在进行非平稳性检验时需要包含一个趋势项：

```
. dfuller lnFDI if cow==20, trend lags(1)
```

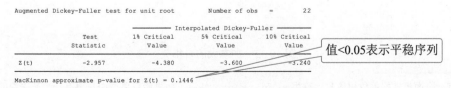

图 10.31　Dickey-Fuller 单位根检验

---

① 该检验是"增广的"（augmented）因为我们包括了滞后项。

还可以在命令中添加 regress 选项来得到回归输出：

```
. dfuller lnFDI if cow==20, trend lags(1) regress
```

从图 10.31 中可以看出，检验统计量不显著（0.144 6），这意味着我们不能拒绝该序列是非平稳（存在时间趋势）的假设。然后我们重复该操作，替换 *cow* 编号，以得到我们数据非平稳性问题的全貌。① Dickey-Fuller 检验（以及其他检验）的另一个缺点是具有较低的统计功效，即当原假设为假时，存在不拒绝原假设的可能性（Enders，2010）。这导致研究人员得出出现单位根频率更高的结论。

10.6.2 滞后选择

如果我们已经确定存在单位根，那么我们应该对序列应用所谓的滞后因变量。对于滞后变量，经验法则是使用数据中的时间单位（如果是年度数据，则滞后一年；如果是月度数据，则滞后一个月）。

也可能是过去的值（超过一个单位）影响当前的值，在这种情况下，可能需要不同的滞后（或更多的滞后）。

确定使用哪个滞后最直观的方法是考察相关图来确定因变量与其先前值之间的相关性。遗憾的是，corrgram 命令不能处理面板数据，但我们可以分别检验每个单位。我们将滞后时间设为 10，因为 10 年前的值对我们的因变量有大的统计影响是不现实的：

```
. corrgram lnFDI if cow == 20, lag(10)

                                       -1       0       1 -1       0       1
   LAG       AC        PAC       Q      Prob>Q  [Autocorrelation]  [Partial Autocor]

     1    0.7022    0.7419    14.36    0.0002
     2    0.4548   -0.1155    20.635   0.0000
     3    0.3243    0.0211    23.963   0.0000
     4    0.2710    0.4243    26.393   0.0000
     5    0.2780    0.2844    29.072   0.0000
     6    0.3383    0.2604    33.238   0.0000
     7    0.2353   -0.4199    35.358   0.0000
     8    0.1422    0.0195    36.176   0.0000
     9    0.0202       .      36.193   0.0000
    10   -0.0002       .      36.193   0.0001
```

图 10.32 加拿大的自相关

---

① 还有一个面板数据单位根检验，称为 xtunitroot。然而，如果所有单位中只要有一个是平稳的，这个检验就是显著的，原假设是所有的面板都包含单位根。

从图 10.32 中可以看出，对于加拿大（*cow*=20）来说一年的滞后是最好的，因为这与我们的变量高度相关。偏自相关（partial autocorrelation）是滞后 1 到 $k-1$ 所无法解释的自相关。我们对样本中的其他单位（国家）执行相同的程序，以获得模型中应该包括哪些滞后的总体印象。以图形方式查看相同的相关图，我们可以输入：

```
. ac lnFDI if cow==20, lags(10)
```

图 10.33 中输出包括 95% 的置信区间（阴影区域），该区域之外的相关性是有显著性的。我们看到 Y_{t-1} 的情况就是这样。为了使用一年的滞后因变量，我们在语法中包括 `1.lnFDI`（也可以写为 `l1.lnFDI`）。如果想要生成一个两年的滞后，可写成 `l2.lnFDI`（对更长的滞后类似）。①

由于因果关系问题，当理论表明自变量需要时间来影响因变量时，我们滞后自变量。我们选择 *gdppercapita*、*incidence*（在给定国家和年份中发生战争）和 *gdpgrowth* 变量②进行分析。请记住，没有必要对不随时间变化的变量滞后。

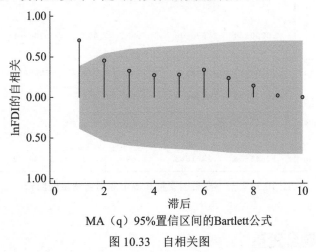

MA（q）95%置信区间的Bartlett公式

图 10.33　自相关图

10.6.3　TSCS 模型

我们现在可以采用和经典面板数据相同的方法，即混合 OLS、组间效应模型、固定效应模型③和随机效应模型。包括的 *X* 变量为 *gdppercapita*、*gdpgrowth*、*ethfrac*（民族

---

① 通过用 f 代替 l，也可以提前变量（把它提前一个时间单位）。
② *gdppercapilta* 和 *gdpgrowth* 来自 World Bank（2014），*incidence* 来自 Gleditsch 等（2002）。
③ 注意，如 Nickell（1981）所述，在固定效应模型中包括滞后因变量会导致有偏。然而，可以通过增加 *t* 来减轻这个问题。同样的偏差也会影响随机效应模型。

语言分裂指数)[1] 和 *incidence*。混合 OLS 模型的方程为:

$$y_{it} = \beta_0 + \beta_1 y_{i,t-1} + \beta_2 x_{1i,t-1} + \beta_3 x_{2i,t-1} + \beta_4 x_{3i} + \beta_5 x_{4t-1} + \varepsilon_{it} \tag{10.15}$$

注意，X_3 是不随时间变化的，其他 X 变量都滞后一年。我们还应该记住通过包含 `vce` 和 `cluster` 选项来处理自相关和异方差（见图 10.34）[2]:

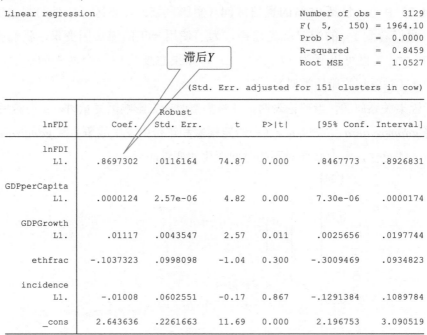

图 10.34　一个滞后因变量和多个滞后自变量的回归

10.7　二分类因变量

有一些与二分类 TSCS（BTSCS）相关的附加问题。[3] 最明显的是复杂的残差。这使得对时间序列或误差过程的横截面属性建模更加困难（Beck，2008）。当对 BTSCS 数据进行分析时，使用的估计方法是极大似然，并且使用 logit（如普通 logistic 回归）来

---

[1]　该变量来自于 Fearon 和 Laitin (1996)。
[2]　即使我们在方程中包含 Y_{t-1}，可能仍然存在自相关问题。这可以用 `xtserial`（如"10.2　混合 OLS"一节所述）对面板数据进行检验。
[3]　此时因变量只取两个值：0 和 1。

估计数据。可以使用 `logit` 或 `xtlogit` 命令。注意，`xtlogit` 默认的是随机效应模型，而固定效应模型将会排除因变量取值只有 1 或者只有 0 的单位。

即使因变量是二分类的，也可以使用 Huber-White 稳健标准误。但是在这里，就像在线性回归中一样，你应该确保模型设定正确。否则你将只会得到不正确参数（logits）的标准误的一致估计。还要注意，`xtlogit` 命令不能使用 `robust` 和 `cluster` 选项。

本例我们将 onset2（爆发内战）作为因变量[①]，滞后一年的 *gdpgrowth* 和 *gdppercapita* 以及不随时间变化的 *ethfrac* 变量作为自变量建模：

$$L_{it} = \beta_0 + \beta_1 x_{1i,t-1} + \beta_2 x_{2i,t-1} + \beta_3 x_{3i} + \varepsilon_{it} \tag{10.16}$$

首先，我们查看因变量（见图 10.35）：

```
. tab onset2
```

onset2v412	Freq.	Percent	Cum.
0	4,307	96.61	96.61
1	151	3.39	100.00
Total	4,458	100.00	

图 10.35 onset2 的频率分布

然后我们可以运行回归，其输出如图 10.36 所示：

```
. logit onset2 l.GDPGrowth l.GDPperCapita ethfrac, vce(cluster cow)
```

```
Logistic regression                              Number of obs   =       3623
                                                 Wald chi2(3)    =      21.20
                                                 Prob > chi2     =     0.0001
Log pseudolikelihood =  -484.3116                Pseudo R2       =     0.0628
```

(Std. Err. adjusted for 151 clusters in cow)

onset2	Coef.	Robust Std. Err.	z	P>|z|	[95% Conf. Interval]	
GDPGrowth L1.	-.0047944	.0130362	-0.37	0.713	-.0303449	.0207561
GDPperCapita L1.	-.0000692	.0000327	-2.12	0.034	-.0001332	-5.12e-06
ethfrac	1.983527	.5937031	3.34	0.001	.8198901	3.147164
_cons	-4.14326	.3522623	-11.76	0.000	-4.833682	-3.452839

图 10.36 有滞后自变量的 logistic 回归

---

① 该变量基于乌普萨拉武装冲突数据集（Uppsala Armed Conflict Dataset，Gleditsch 等，2002）。onset2 将每年因战争死亡人数超过 25 人的冲突开始的国家年份编码为 1。

我们还可以运行一个随机效应 logit 模型（见图 10.37）：

```
. xtlogit onset2 l.GDPGrowth l.GDPperCapita ethfrac

Random-effects logistic regression              Number of obs      =      3623
Group variable: cow                             Number of groups   =       151

Random effects u_i ~ Gaussian                   Obs per group: min =         6
                                                               avg =      24.0
                                                               max =        26

Integration method: mvaghermite                 Integration points =        12

                                                Wald chi2(3)       =     26.43
Log likelihood  = -468.4484                     Prob > chi2        =    0.0000

------------------------------------------------------------------------------
      onset2 |      Coef.   Std. Err.      z    P>|z|     [95% Conf. Interval]
-------------+----------------------------------------------------------------
   GDPGrowth |
         L1. |  -.0064479   .0137044    -0.47   0.638    -.033308    .0204122
             |
GDPperCapita |
         L1. |  -.0000693   .0000272    -2.55   0.011    -.0001226    -.000016
             |
     ethfrac |   1.950461   .5595827     3.49   0.000     .8536994    3.047223
       _cons |  -4.535469   .3763273   -12.05   0.000    -5.273057   -3.797881
-------------+----------------------------------------------------------------
    /lnsig2u |  -.0501848   .3404252                    -.7174059    .6170362
-------------+----------------------------------------------------------------
     sigma_u |   .9752198   .1659947                     .6985818    1.361406
         rho |   .2242563   .0592222                     .1291772    .3603579
------------------------------------------------------------------------------
Likelihood-ratio test of rho=0: chibar2(01) =    31.73 Prob >= chibar2 = 0.000
```

图 10.37　随机效应 logistic 模型

然后我们可以查看在上一个模型中包括的那些单位的因变量（见图 10.38）：

```
. tab onset2 if e(sample)

  onset2v412 |      Freq.     Percent        Cum.
-------------+-----------------------------------
           0 |      3,506       96.77       96.77
           1 |        117        3.23      100.00
-------------+-----------------------------------
       Total |      3,623      100.00
```

图 10.38　包含在上一个运行模型中 *onset2* 观测值的频率分布

还可以考虑 BTSCS 数据中的时间相关性。显然，我们不能滞后因变量，因为在 $t-1$ 的 0/1 属性中没有足够的信息来提供给 t（Beck, 2008）。解决这个问题的一种方法是使用另一个名为 *incidence* 变量，如果某个国家在某一年份发生内战，该变量就会计算在内[①]。我们使用这个变量的滞后值（见图 10.39）：

---

① 不要和"内战爆发"（civil war onset）相混淆。

```
. logit onset2 l.incidence l.GDPGrowth l.GDPperCapita ethfrac,
vce(cluster cow)
```

```
Logistic regression                               Number of obs   =      3622
                                                  Wald chi2(4)    =     24.63
                                                  Prob > chi2     =    0.0001
Log pseudolikelihood = -481.74779                 Pseudo R2       =    0.0677

                            (Std. Err. adjusted for 151 clusters in cow)
─────────────────────────────────────────────────────────────────────────────
                         Robust
      onset2  |   Coef.  Std. Err.    z    P>|z|    [95% Conf. Interval]
─────────────────────────────────────────────────────────────────────────────
   incidence  |
         L1. |  .4788901  .3208178   1.49   0.136   -.1499013   1.107682
   GDPGrowth  |
         L1. | -.0035738  .0124777  -0.29   0.775   -.0280296    .020882
GDPperCapita  |
         L1. | -.0000642  .0000316  -2.03   0.042   -.0001261  -2.34e-06
     ethfrac |  1.855374  .5274327   3.52   0.000    .8216249   2.889123
       _cons | -4.217128  .3587312 -11.76   0.000   -4.920228  -3.514028
```

图 10.39　时间控制的 logistic 回归

此外，可以使用另一种方法来考虑时间相关性，我们创建一个变量来计数自上次事件出现以来的时间（年）（本例中，某个特定国家卷入战争的最后一年，到下一次战争爆发之前）。然后我们必须为这个时间计数变量创建一组平滑变量，称为自然三次样条，并给定结的数量[①]。包括后者的原因是没有先验的理由预计时间对冲突的概率的线性影响。我们假设在战争结束后的头几年，新内战爆发的可能性迅速下降，但随后其影响将减缓（见图 10.40）。

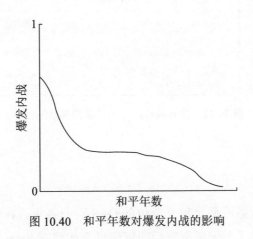

图 10.40　和平年数对爆发内战的影响

---

① 估计的样条系数可用于追踪持续时间依赖的路径（Beck 等，1998）。

我们现在打开名为 *btscs.ado* 的 ado 文件，选择所有文本并运行[1]。然后我们写下：

. btscs incidence year cow, generate(peaceyears) nspline(3)

命令中的第一个变量是我们想要用作时间相关性基础的变量 *incidence*，后面的变量是时间变量 *year* 和单位标识变量 *cow*。在逗号之后，我们生成并给出新变量的名称 *peaceyears*，同时定义想要的样条数量。现在我们可以用 *peaceyears* 和 3 个样条代替滞后的 *incidence* 变量：

. logit onset2 peaceyears _spline1 _spline2 _spline3 1.GDPGrowth 1.GDPperCapita ethfrac, vce(cluster cow)

与包括滞后因变量的模型一样，该模型为我们更好地表达了解释变量和因变量之间的关系（见图10.41），因为后者是其先前值的函数。考虑时间相关性通常是一个好策略，因为在大多数情况下，这会产生比忽略它更好的模型。

```
Logistic regression                               Number of obs   =       3623
                                                  Wald chi2(7)    =      42.51
                                                  Prob > chi2     =     0.0000
Log pseudolikelihood = -472.63305                 Pseudo R2       =     0.0854

                              (Std. Err. adjusted for 151 clusters in cow)
------------------------------------------------------------------------------
                 |               Robust
          onset2 |      Coef.   Std. Err.      z    P>|z|     [95% Conf. Interval]
-----------------+------------------------------------------------------------
      peaceyears |  -.0023897   .2035633    -0.01   0.991    -.4013663    .396587
        _spline1 |   -.003038   .0196465    -0.15   0.877    -.0415445    .0354684
        _spline2 |   .0027273   .0049825     0.55   0.584    -.0070383    .0124928
        _spline3 |  -.001817    .0019315    -0.94   0.347    -.0056027    .0019688
                 |
       GDPGrowth |
             L1. |  -.0010486   .0108698    -0.10   0.923    -.022353     .0202558
                 |
    GDPperCapita |
             L1. |  -.0000462   .0000285    -1.62   0.105    -.000102     9.61e-06
                 |
         ethfrac |   1.896907   .5171279     3.67   0.000     .8833552    2.910459
           _cons |  -3.866036   .3445227   -11.22   0.000    -4.541288   -3.190784
------------------------------------------------------------------------------
```

图 10.41 含 *peaceyears* 和样条的 logistic 回归

10.8 总结

嵌套数据如面板数据不满足独立单位的 OLS 回归要求。在本章中，我们展示了这类数据的性质，并描述了不同模型背后的逻辑以及如何在 Stata 中运行这些模型。本章

---

[1] 这个 ado 文件可以从 http://www.prio.org/Data/Stata-Tools/ 下载。ado 文件是定义 Stata 命令的一种方法。

还特别关注了 i 中等和 t 很大的数据，这带来一些额外的统计挑战。面板数据的处理是一个复杂问题，本章旨在介绍这个主题，学生和研究人员在开发更高级的模型时可以以此为基础。本章中的时间序列横截面部分尤其如此，我们建议读者进一步参考文献 Beck 和 Katz（1995）与 Beck 等（1998）。

关键术语

- **组间效应（Between effects）**：一种回归模型，先跨时间取每个单位的每个变量的均值，然后再就均值的折叠数据集运行回归。
- **固定效应（Fixed effects）**：包括每个单位的虚拟变量的回归。
- **随机效应（Random effects）**：使用组间效应和固定效应的加权平均值的一种回归模型。
- **虚假关系（Spurious relationship）**：错误地认为两个变量之间存在直接的因果联系，而实际上并没有。
- **时间序列横截面数据（Time-series cross-section data）**：具有小或中等 i 和大 t 的面板数据。
- **非平稳性（Non-stationarity）**：均值和方差随着时间变化而减少或增加。
- **滞后因变量（Lagged dependent）**：在回归方程的右边包括 Y_{t-1} 或更多的滞后项。

问题

1. 与混合 OLS 和随机效应相比，固定效应估计的主要优点是什么？
2. 与固定效应相比，随机效应估计的主要优点是什么？
3. 与更经典的面板数据相比，时间序列横截面数据主要额外关注点是什么？

延伸阅读

Baltagi, B.H. (2013) *Econometric Analysis of Panel Data*. Chichester: Wiley.

本书被认为是面板数据研究生课程的前沿教材。它提供了面板数据分析的实用介绍，并深入讨论了其基本原理。

Markus, G.B. (1979) *Analyzing Panel Data*. Beverly Hills, CA: Sage.

作为 Sage 出版社"社会科学中定量应用丛书"中的一本，该书为读者介绍了面板数据分析。

Petersen, T. (2004) Analyzing panel data: Fixed- and random-effects models. In M. A. Hardy and A. Bryman (eds), *Handbook of Data Analysis* (pp. 332-346). London: Sage.

本书的这一章详细解释了固定效应和随机效应建模的逻辑。

参考文献

Baltagi, B.H. (2013) *Econometric Analysis of Panel Data*. Chichester: Wiley.

Beck, N. (2008) Time-series cross-section methods. In J.M. Box-Steffensmeier, H.E. Brady and D. Collier (eds), *The Oxford Handbook of Political Methodology* (pp. 456-493). Oxford: Oxford University Press.

Beck, N. and Katz, J.N. (1995) What to do (and not to do) with time-series cross-section data. *American Political Science Review*, 89(3), 634-647.

Beck, N., Katz, J.N. and Tucker, R. (1998) Taking time seriously: Time-series-cross-section analysis with a binary dependent variable. *American Journal of Political Science*, 42(4), 1260-1288.

Blekesaune, M. (2008) Partnership transitions and mental distress: Investigating temporal order. *Journal of Marriage and Family*, 70(4), 879-890.

Breusch, T.S. and Pagan, A.R. (1979) A simple test for heteroskedasticity and random coefficient variation. *Econometrica*, 47, 1287-1294.

Cameron, A.C. and Trivedi, P.K. (2010) *Microeconomics Using Stata*. College Station, TX: Stata Press.

Cook, R.D. and Weisberg, S. (1983) Diagnostics for heteroskedasticity in regression. *Biometrika*, 70, 1-10.

Dickey, D.A. and Fuller, W.A. (1979) Distribution of the estimators for autoregressive time series with a unit root. *Journal of the American Statistical Association*, 74(366), 427-431.

Drukker, J.M. (2003) Testing for serial correlation in linear panel-data models. *Stata Journal*, 3(2), 1-10.

Durbin, J. and Watson, G.S. (1950) Testing for serial correlation in least squares regression, Ⅰ. *Biometrika*, 37(3-4), 409-428.

Durbin, J. and Watson, G.S. (1951) Testing for serial correlation in least squares regression, Ⅱ. *Biometrika*, 38(1-2), 159-179.

Enders, W. (2010) *Applied Econometric Time Series* (3rd edn). Hoboken, NJ: Wiley.

Fearon, J.D. and Laitin, D.D. (1996) Explaining interethnic cooperation. *American Political Science Review*, 90(4), 715-735.

Finkel, S. E. (1995) *Causal Analysis with Panel Data*. Thousand Oaks, CA: Sage.

Fisher, R.A. (1925) *Statistical Method for Research Workers*. Edinburgh: Oliver and Boyd.

Gleditsch, K.S. and Ward, M. D. (1999). Interstate system membership: A revised list of the independent states since 1816. *International Interactions*, 25(4), 393-413.

Gleditsch, N.P., Wallensteen, P., Eriksson, M., Sollenberg, M. and Strand, H. (2002) Armed conflict 1946-2001: A new dataset. *Journal of Peace Research*, 39(5), 615-637.

Hausman, J.A. (1978) Specification tests in econometrics. *Econometrica*, 46(6), 1251-1271.

Huber, PJ. (1967) The behavior of maximum likelihood estimates under nonstandard conditions. In L. LeCam and J. Neyman (eds), *Proceedings of the Fifth Berkeley Symposium on Mathematical Statistics and Probability* (Vol. 1, pp. 221-233). Berkeley: University of California Press.

Nickell, S. (1981) Biases in dynamic models with fixed effects. *Econometrica*, 49(6), 1417-1426.

Petersen, T. (2004) Analyzing panel data: Fixed- and random-effects models. In M. A. Hardy and A. Bryman (eds), *Handbook of Data Analysis* (pp. 332-346). London: Sage.

White, H. (1980) A heteroskedasticity-consistent covariance matrix estimator and a direct test for heteroskedasticity. *Econometrica*, 48(4), 817-830.

Wooldridge, J.M. (2010) *Econometric Analysis of Cross Section and Panel Data* (2nd edn). Cambridge, MA: MIT Press.

Wooldridge, J.M. (2013) *Introductory Econometrics: A Modern Approach* (5th edn). Mason, OH: South-Western.

World Bank (2014) *World Development Indicators*.http://data.worldbank.org/data-catalog/ world-development-indicators.

11

11.1　什么是因子分析？

11.2　因子分析过程

11.3　综合得分和信度检验

11.4　Stata 示例

11.5　总结

关键术语

问题

延伸阅读

参考文献

探索性因子分析

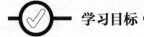

- 理解因子分析的目的
- 解释因子分析的步骤
- 了解主成分分析和其他因子提取方法之间的差别
- 理解并解释用 Stata 进行因子分析
- 获得估计因子得分和生成因子得分并进行信度检验

本章中我们将解释探索性因子分析[1]，一种在社会科学实践中常用于数据降维目的的技术。在此过程中，我们还在适当的地方阐明因子分析和主成分分析（另一种用于数据降维的统计技术）之间的主要区别。在解释因子分析的细节（如提取、负荷、旋转等）之后，我们将说明如何使用 Stata 将其应用于真实的数据集。由于在许多社会科学工作中，降维后的数据（代表变量不同子集的因子）经常被用作后续分析（回归分析、方差分析等）中的因变量或自变量，我们还解释了后续使用这些因子或成分之前的必要步骤（因子得分计算、信度检验等）。

11.1 什么是因子分析？

因子分析是一种统计技术，用于找出一组较小的潜在因子[2]从而解释一组较大的观测变量[3]之间的方差 / 相关性。从概念上讲，每个因子都对应于相对高度相关的观测变量的一个子集。为了进一步阐明因子分析的概念，我们使用一个假设的例子。假设一组来自随机样本的个体回答了由环境心理学家分发的一份问卷中包含的下列说法（从 1= 完全不同意到 5= 完全同意）：

Var1：大多数朋友认为我应该使用环保产品

Var2：大多数邻居认为我应该使用环保产品

---

[1] 在本章中，我们只聚焦于探索性因子分析。但下一章将介绍验证性因子分析，并把它作为结构方程模型的一种特例。

[2] 因子的其他术语包括未观测变量（unobserved variables）、假设变量（hypothetical variables）、潜变量（latent variables）和建构（constructs）。

[3] 观测变量的其他术语包括题项（items）、指标（indicators）、显变量（manifest variables）和测量变量（measured variables）。

Var3：大多数同事认为我应该使用环保产品

Var4：我觉得购买环保产品是一种道德义务

Var5：我觉得回收生活垃圾是一种道德义务

Var6：我觉得购买用回收原料制成的产品是一种道德义务

在这个例子中，对这些说法的每一个回答表示观测变量（也称作"题项"），在研究者的数据集中用 Var1～Var6 表示。进一步假设我们发现 Var1、Var2 和 Var3 是高度相关的，Var4、Var5 和 Var6 是相关的（见表 11.1）。我们假定存在两个未观测的假设概念，比如说，"社会规范"和"个人规范"，它们分别是 Var1～Var3 和 Var4～Var6 之间高相关的原因。换句话来说，正是这些假设概念影响着人们以特定的方式对上述说法作出回答。

表 11.1　原始的相关系数矩阵（对角线为共同度指标）

	Var1	Var2	Var3	Var4	Var5	Var6
Var1	0.6844					
Var2	0.8219	0.8115				
Var3	0.7391	0.8555	0.7392			
Var4	0.2295	0.1975	0.2194	0.3440		
Var5	0.1645	0.1658	0.1906	0.5492	0.3677	
Var6	0.1315	0.1331	0.1631	0.3826	0.4427	0.2275

上述示例因子模型如图 11.1 所示，其中，"社会规范"和"个人规范"是假设解释所有 6 个题项（Var1～Var6）方差的两个因子。

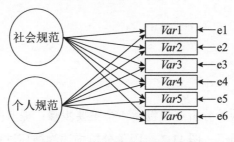

图 11.1　因子模型的示意图①

---

① 本例中，我们没有假定两个因子之间的相关性（因子彼此正交）。但是，如果我们假定因子间存在相关性，那么就会有一条曲线将这两个因子连起来。

然而，如图 11.1 所示，由于这两个因子不能解释 6 个题项全部的方差，因此每个题项方差的其他原因（除因子外）由误差项表示。这意味着因子分析也可以简单地以回归方程的形式来表示。为说明这个想法，我们简单将 Var1，⋯，Var6 改写为 Y_1，⋯，Y_6，两个因子改写为 X_1 和 X_2，因为它们分别是因变量和自变量，如图 11.1 所示。和预期一样，得到的方程类似于一个多元回归方程（如下），包括 6 个观测变量中任何一个的两个预测因子：

$$Y_i = \beta_0 + \beta_1 X_{1i} + \beta_2 X_{2i} + \varepsilon_i$$

由于在因子分析中我们通常使用标准化变量，常数项/截距为 0，因此方程可改写为：

$$Y_{ij} = \beta_{1i} X_{1ij} + \beta_{2i} X_{2ij} + \varepsilon_{ij} \tag{11.1}$$

每个观测变量的值由（11.1）估计，其中两个因子对每个观测变量的影响由其各自的回归系数和误差项表示的权重决定。回归系数和误差项在因子分析领域有相应的名称[负荷（loadings）和特有度（uniqueness）]，我们将在本章后面讨论。

11.1.1　因子分析的用途

正如上文中因子分析的定义所示，首先，因子分析是用来将大量的变量降维到一些有意义、可管理的、能反映这些变量绝大部分内容的因子。其次，因子分析用来分析一组变量的维度。在这里，研究人员感兴趣的是找出变量中是否存在一个或多个维度。如果是后者，那么因子分析将揭示有多少个以及哪些变量属于哪些维度。再次，因子分析用来评估多维量表的一些心理测量性质。最后（和上一点有关），因子分析用在量表设计的早期阶段。刚刚提到的因子分析的用途有些重叠，因为因子分析在一项研究中可以达到多个目的。

11.2　因子分析过程

不管目的是什么，因子分析过程包括 4 个主要步骤：提取因子、确定因子数量、旋转因子以及提炼和解释因子。图 11.2 将因子分析描述为循环过程。究其原因，在实践中许多研究人员在 4 个主要步骤间反复，试图找到最佳的因子解。

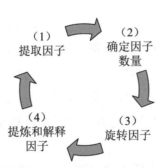

图 11.2 因子分析的循环过程

11.2.1 提取因子

因子提取是因子分析过程中的第一步，从包含拟进行因子分析的观测变量之间的所有相关性的相关矩阵开始。相关矩阵对角线上的值构成了所采用的许多因子提取方法之间的唯一区别，至少在数学上是这样[1]。这些因子提取方法主要有主（轴）因子（principal (axis) factor，PF）、迭代主（轴）因子（iterated principal (axis) factor，IPF）、主成分因子（principal component factor，PCF）和极大似然因子（maximum likelihood factor，ML）。在本章中，我们重点讨论 PF、IPF 和 PCF，在下一章中，当谈及验证性因子分析时，我们将介绍 ML。

主因子提取法在初始相关矩阵对角线[2]上插入共同/共享方差（也称为"共同度"）的估计值代替 1（见表 11.1）。共同度值通过估计矩阵中每个变量与所有其他变量间的多元相关的平方得到[3]。PF 法在对角线上使用共同度的原因是它假设变量中的一些方差是由一些其他特殊来源引起的[4]，理想情况下应该从分析中剔除。这也是其他因子提取方法（PF、IPF、ML）和主成分法之间的主要区别，主成分法在相关矩阵的初始对角中使用 1，没有区分因子本身以外的其他来源引起的方差。接下来，我们可简单断言主成分法（PCF）分析的是方差（对角线上为 1），而 PF、IPF 和 ML 法分析的是协方差（对角线上为共同度）（参见 Tabachnick 和 Fidell，2014）。

此外，特殊方差（unique variance）在理论上进一步划分为特定/系统方差和测量

---

[1] 极大似然提取使用非对角元素而不是对角线上的值（Tabachnick 和 Fidell，2014: 688）。
[2] 相关矩阵的对角元素通常为 1，这意味着每个观测变量都贡献 100% 的方差给迹（trace）。因此，如果有 4 个变量，总方差将是 4。然而，在 PF 中并非如此。
[3] 这些很容易通过每一变量对其余变量进行回归得到。
[4] 所有的因子分析方法（除了主成分分析）都有这个假设。

误差/随机方差。特定方差由有偏的措辞引起，题项在两个时点完成，有偏的措辞会持续影响一个人的回答，但它们是特定于那个题项，而不影响对问卷中其他题项的回答（Fabrigar 和 Wegener，2011）。相反，测量误差方差是由模糊的措辞引起，根据一个人的心理状态同一个人在两个时点有不同的解释（Fabrigar 和 Wegener，2011）。尽管如此，因子分析在实践中并不区分特定方差和测量误差方差，在计算中通过术语"特殊方差"包含在一起。

估计并在相关矩阵对角线上插入共同度是因子提取的第一项任务。下一个任务是从这个相关矩阵计算特征值和特征向量，然后用它们来计算因子负荷（参见 Kline，1994）。特征向量就是生成具有最大可能特征值的因子的权重（w）集，而特征值（e）就是这些因子捕获的方差。因子提取过程如下（参见 Kline，1994）。①

（1）从初始相关矩阵（对角线为共同度）重复计算②一系列的特征向量（及其对应的特征值）直到解收敛（新的向量和上一个向量几乎相同）。最后得到的向量和特征值是第一个因子的基础。

（2）从初始相关矩阵中减去第一个因子解释/捕获的共同方差，得到残差矩阵（即，对角线现在小于初始矩阵）。

（3）为了提取第二个因子，再次进行步骤 1 中描述的相同计算过程，但这次基于残差矩阵，而不是初始相关矩阵。

（4）从残差矩阵中减去第二个因子解释捕获的方差，得到另一个缩减后的残差矩阵。

（5）为了提取另一个因子，使用缩减后的残差矩阵再次执行步骤 1 相同的过程。

（6）……（以此类推）。

基于表 11.1 中的相关系数矩阵，Stata 采用 PF 提取法，可以很容易计算出所需的特征向量和特征值。例如，图 11.3 显示了与具有最大特征值的前两个因子相关联的特征向量③。它还显示了用来计算因子负荷的公式。这里，变量的每个特征向量乘上因子特征值的平方根得到该变量的因子负荷。图 11.3 所示的因子负荷由 Stata 生成。

---

① 这一过程完全适用于 PCF 法。事实上，Kline（1994）就是基于 PCF 法来解释整个过程的。
② Kline（1994）解释如何手动计算特征向量和特征值，还指出统计软件用矩阵代数进行这些计算。
③ 对每一个因子都会计算特征向量和特征值。然而，在这里和一般情况下，通常的做法是只关注那些捕获大部分方差的因子。

特征向量（w）	
因子1	因子2
0.512 761 7	−0.195 171 7
0.559 273 8	−0.255 294 9
0.534 465 0	−0.189 710 4
0.239 965 3	0.537 144 5
0.221 816 2	0.592 633 1
0.178 464 7	0.470 111 0

特征向量（e）	
因子1	2.575 541
因子2	1.030 058

$$l = w\sqrt{e}$$

$=0.513\sqrt{2.576}$ $= -0.196\sqrt{1.030}$
$=0.560\sqrt{2.576}$ $= -0.255\sqrt{1.030}$
等

	Factor loadings (l)	
	因子1	因子2
Var1	0.822 909 3	−0.198 073 8
Var2	0.897 570 4	−0.259 063 1
Var3	0.857 744 3	−0.192 538 7
Var4	0.385 086 4	0.545 176 1
Var5	0.355 951 2	0.601 473 8
Var6	0.286 374 8	0.477 129 6

图 11.3　特征向量、特征值和未旋转因子负荷概览

我们可以看到，两个特征值之和（2.576+1.030=3.606）就是这两个因子一起解释的共同方差（共同度）的总和。这个数字最好与我们开始时的相关矩阵（表 11.1）中的对角线之和相同。然而初始矩阵对角线之和（3.174 3）略小于特征值之和[1],[2]。由于使用主因子经常会发生这种情况，因子分析人员更喜欢用迭代过程，即迭代主因子法。PF 使用一组估计的共同度（多元相关的平方）开始并完成因子提取过程（上述步骤 1～步骤 6），IPF 则将这些估计的共同度替换为每次因子提取过程中产生的新估计值（h^2），直至两个共同度（最后插入和最后估计）之间的差异最小化（Lattin 等，2003：136）。简言之，PF 是一个只运行一次的因子提取，而 IPF 则运行多次（通常至少 25 次）。

无论 PF、PCF 或 IPF 得到的因子解如何，因子负荷（除非因子相关）[3]都会反映观测变量与其各自因子之间的相关性。因此，如果我们将这些相关平方，结果将显示每个因子解释每个观测变量多少的方差。例如，从上述 PF 法结果中取因子 1 上的 Var5 的因子负荷 0.356 0，平方后为 0.126 7。这意味着因子 1 解释了 Var5 中 12.67% 的方差。此

---

[1] 在因子分析中出现这种（并不少见）差异的原因是我们在初始矩阵对角线上插入的多元相关的平方作为共同度的估计并不完全准确（Hatcher，2006）。
[2] 这也解释了为什么两个因子在一起显然能解释 100% 以上方差的原因。在 Stata 中，每个因子解释的方差在因子分析输出的名为"proportions"的列下提供。我们将在本章后面更详细地解释因子分析的输出结果。
[3] 当用一种斜交旋转如 promax 旋转因子解时可以假设因子是相关的。否则，和 PCF 一样，PF 最初假定并生成正交（因子之间没有相关性）解。

外，我们还可以看到 Var5 在因子 2 上的因子负荷为 0.601 5，平方后为 0.361 8。这意味着因子 2 解释 Var5 中 36.18% 的方差。将 12.67 和 36.18 相加，我们发现 Var5 中 48.85% 的方差由因子 1 和因子 2 共同解释，用 h^2 表示。因此，我们可以计算特殊方差[①]，即（100-48.85）×100%=51.15%，包含特定方差和测量误差方差：

$$特殊方差（uniqueness）= 1 - h^2，其中 h^2 = \sum l^2 \qquad (11.2)$$

11.2.2 确定因子数量

在计算了特征向量和特征值之后，在因子分析过程的第二步中，我们必须确定保留的因子数量。遗憾的是，在多元统计文献中对这个问题没有明确的答案。然而，在决定因子数量时，有一些很好的理由使用下列准则的组合：特征值法则、碎石检验、平行分析和理论敏感性。

特征值法则（Eigenvalue rule）

在主成分分析中，通常建议保留特征值大于 1 的相关因子以供解释。这里的想法是，保留的因子至少应该解释一个观测变量所贡献的方差，即对角线上用 1 表示的情况。由于我们在因子分析 PF 或 IPF 的对角线上插入共同度（小于 1）代替 1，因此特征值大于 1 的法则应作出相应的调整。其中一种法则是选择大于初始共同度平均数的特征值（Afifi 等，2012）。

碎石检验（Scree test）

碎石检验是检查因子提取后生成的图/曲线（Y 轴为特征值，X 轴为因子）。碎石检验的想法是沿曲线尾部的因子大多代表随机误差方差（小的特征值），因此应选择曲线变平之前的因子（Kachigan，1991）。

平行分析（Parallel analysis）

平行分析是指使用随机模拟的数据来估计和原始数据相同的因子模型，在变量数和观测数方面都与原始数据相似。从模拟数据（如 25 次）得到的特征值随后取平均值并与原始数据的对应特征值进行比较。如果原始数据中某个因子的特征值大于模拟数据特征值的平均[②]，则保留该因子。否则，该因子被认为不比随机因子更重要，因此被放弃（参

[①] 特殊方差在 Stata 输出中名为"Uniqueness"的列下提供。
[②] 也有人建议用第 95 百分位数代替。

见 Matsunaga，2010）。尽管平行分析通常被认为是决定因子数量的最佳方法，但正如 Fabrigar 和 Wegener（2011）所指出的，很多情况下其性能未经测试。因此，我们建议平行分析与这里讨论的其他准则结合使用。

理论敏感性（Theoretical sensitivity）

尽管因子分析具有探索性，研究人员在考察保留的因子数量时仍应运用理论敏感性（学科知识及常识）。在探索性因子分析中，可以考虑不同的因子解（2个因子、3个因子等），最重要的一点是竞争性的因子解应具有理论/概念上的意义。在某些情况下仅仅依靠统计准则可能会产生误导。

11.2.3　旋转因子

在确定了因子数量之后，因子分析过程的下一个任务是，如图 11.4 所示，旋转初始因子解（黑色轴）以得到更容易解释的因子解（虚线轴）。容易解释的因子解与包含因子负荷（模式）矩阵的输出相关联，其中观测变量在某个因子上有着最大可能负荷（接近1）和在其余因子上有着最小可能负荷（接近0）。这种情况在文献中经常被称为"简单结构"，如 Thurstone（1947）首次描述的。

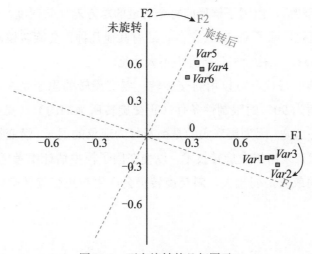

图 11.4　正交旋转的几何图示

如图 11.3 所示和图 11.4 中进一步直观展示，在未旋转的因子解中，3个变量

（Var4～Var6）在两个因子上都有较大（接近）的负荷[①]。从几何角度来看，这意味着变量 Var4—Var6 和因子 F2 之间的距离（d_2）与它们和因子 F1 之间的距离（d_1）相比并不明显。然而，在旋转后，由于 Var4—Var6 更接近因子 F2，而远离因子 F1，这个距离（d_2-d_1）就变得更加明显。也就是说，在旋转解中我们得到新的坐标系表明 Var4—Var6 在因子 F2 上的负荷更强，而在因子 F1 上的负荷更弱。顺便说一句，Var1—Var3 在因子 F1 和因子 F2 上的强和弱载荷没有显著变化。在几何上变量越靠近另一个变量或因子，相关性就越高，反之亦然。

上述的新坐标轴是使用最广泛用的正交旋转技术——"*varimax* 旋转"估计的。varimax 最大化每个因子负荷平方的方差，从而对负荷极化，使得它们要么高要么低，从而更容易用特定的变量来识别因子（Hamilton，1992：261）。如图 11.4 所示，varimax 同时将因子 F1 和因子 F2 的轴之间的角度保持在 90°（cos(90) 意味着两个因子之间的相关性为 0）。如果没有这个限制，旋转后的坐标轴将穿过图 11.4 中的变量云。

我们还会注意到旋转并不影响（增加或减少）因子解释的总方差。然而，解释的总方差在各因子之间的分配不同（特征值变化）。假定两个因子总共解释 75% 的方差，其中 48% 和 27% 的方差分别归于第 1 个和第 2 个因子。旋转后，两个因子一起仍然解释 75% 的方差，但现在，比如说，总方差的 44% 和 31% 分别归于第 1 个和第 2 个因子。相关地，在旋转后，由因子解释的每个变量的总方差（共同度）也将保持不变，但因子负荷会发生变化。除了 varimax 之外，还有其他几种正交旋转技术，如 quartimax、equamax 和 parsimax，在社会科学研究中不太常见。

作为正交旋转的替代，可以用斜交旋转。斜交旋转的思想是在进行因子旋转时放宽因子轴之间夹角为 90° 的限制性条件（正交旋转所强加的）（见图 11.5）。社会科学家普遍支持这种放宽，因为更现实的是衡量行为现象的因子（潜变量）多少有些关联。因此，普遍建议默认采用斜交旋转技术，以便在因子模型估计中考虑这种相关性[②]。即使这些因子不相关或只是弱相关，斜交旋转仍会产生与正交旋转类似的解（Harman，1976）。

[①] 这实际上是因子分析中未旋转解的正常现象。
[②] 这意味着斜交旋转估计了因子之间的相关性，然后生成一个解（Harman，1976）。

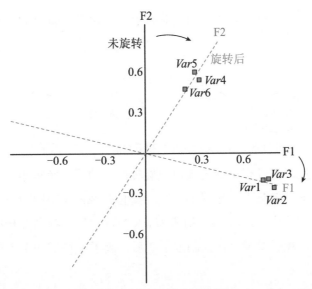

图 11.5 斜交旋转的几何图示

最常用的斜交旋转技术是 promax。promax 从正交旋转（varimax）开始，在该旋转中，首先负荷自乘特定次幂（2、3 或 4），然后旋转以考虑因子间的相关性（Pett 等，2003）。将 varimax 负荷 / 系数自乘给定次幂[①]使所有产生的负荷 / 系数更接近 0，但是原始值较大如（$0.87^3=0.66$）与较小（如 $0.25^3=0.016$）相比，影响不同（Thompson，2004）。这里的目标是使用最小可能次幂负荷以使得因子间的相关性最低，进而得到包含最优结构的因子解（Pett 等，2003）。因此，一般不推荐大于 4 的幂值（StataCorp，2015：662）。除了 promax 之外，还有几种其他斜交旋转，其中直接 oblimin、oblimax 和 quartimin 在文献中使用较少。

11.2.4 提炼和解释因子

旋转因子之后，下一步是用定量准则和定性判断来提炼和解释它们。定性判断是在理论和 / 或概念基础上检查因子解。一个重要的定量准则是对因子负荷的检验。因子负荷是测量观测变量和因子之间关系强度的一个量。在正交解中[②]，因子负荷直接对应于二元 / 简单回归模型中的标准化系数（或相关系数）。然而在斜交解中，因子负荷对应于多元回归模型中的偏标准化系数（或偏相关系数）。这是因为，在斜交解中，观测变

[①] Stata 中 promax 的默认幂值是 3。
[②] 主成分分析默认采用正交旋转，而在因子分析中这是可选的，学者们大多选择斜交旋转。

量和因子之间的关系（负荷）是在控制其他因子后估计的，如图 11.6 所示。

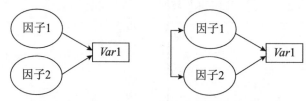

图 11.6　正交旋转（左）和斜交旋转（右）因子解

和上述解释一致，通过正交旋转或斜交旋转产生的因子负荷矩阵（因子模式矩阵）的解释将不同。在正交情况下（见图 11.6），我们将 $Var1$ 在因子 1 上的负荷 0.8 解释为"因子 1 每增加 1 个单位，$Var1$ 将平均增加 0.8 个单位"。在斜交情况下，这样的解释会略有变化。这里，我们要说"在控制因子 2 后，因子 1 每增加 1 个单位，$Var1$ 将平均增加 0.8 个单位"。

除了模式矩阵外，斜交旋转还生成其他两个矩阵：因子相关矩阵和因子结构矩阵。因子相关矩阵显示因子之间的简单相关性。因子结构矩阵包含负荷（实际上就是观测变量和因子的零阶相关）。由于这些负荷没有根据因子间的相关性进行调整，因此对它们的解释几乎没有什么用处。因此，我们应该检查和报告因子模式矩阵的结果，而非因子结构矩阵的结果。

当检查因子模式矩阵时，无论正交或斜交旋转，基于文献中发现的普遍共识（如 Brown，2015；Hatcher，2006），我们建议将 0.4 作为阈值来区分实际显著和非显著负荷[①]。这意味着负荷低于 0.4 表明观测变量和因子之间存在弱关系。因此，通常应该从分析中剔除解中在全部因子上的负荷都较弱的变量。这一通用规则也适用于至少在两个因子上的负荷都很强的变量，因为这种情况会导致建立这些因子的区分效度的问题。这些观测变量的删除必须按顺序进行，这意味着在删除每个变量之后，应在可能删除另一个变量之前重新估计并检查因子模型。在尝试了不同提取方法和旋转技术之后必须考虑删除变量。

我们进一步建议，变量的删除（以及纳入）应以研究人员的理论敏感性为指导。研究人员应检查在某个因子上负荷很强的变量在概念上是否确实也可用该因子来表示。在检查每个变量的内容和不同因子上的负荷[②]时，研究人员也可以开始给因子贴上标签。

[①] 然而，在主成分分析中，阈值应为 0.7。原因是因子分析中对角线上的值低于 1，从而因子分析中的负荷通常要低于主成分分析。

[②] 检查负荷的符号也很重要。我们建议对在因子上负荷为负的变量进行反向处理以便解释更容易。

这些标签通常会受到相关理论和常识的启发。

给因子贴上标签实际上完成了循环因子分析过程。然而，许多社会科学家希望在进一步的分析中使用由此产生的因子。也就是说，在统计模型中产生的因子通常被用作的预测变量（有时作为结果变量）。要做到这一点，必须计算因子得分并评估它们的信度。

11.3 综合得分和信度检验

计算因子的度量（或综合得分）主要有两种方法：估计因子得分和生成因子得分（加总式量表）。估计因子得分（estimated factor scores）是标准化且加权后的数值，体现每个个体在因子上的地位。如图 11.7 所示，个体的估计因子得分是通过将标准化因子得分系数（权重）和个体在全部变量上的标准化得分（即 z- 得分）的乘积求和来计算的，这类似于多元回归分析中用于预测目的的程序。

因子得分系数
得分系数

变量	因子1	因子2
Var1	0.20845	0.04980
Var2	0.53094	−0.01758
Var3	0.26327	0.08672
Var4	0.01966	0.33599
Var5	0.00944	0.38687
Var6	0.00627	0.23817

标准化（z-得分）值

z_Var1	z_Var2	z_Var3	z_Var4	z_Var5	z_Var6
0.960 420 3	0.958 216 1	1.043 971 2	0.723 055 88	0.764 425 34	0.044 168 52

$$Y_i = \beta_1 X_{1i} + \beta_2 X_{2i} + \cdots + \beta_k X_{ki}$$

个人1在因子1上的因子得分

= 0.208 45 × 0.96 042 + 0.530 94 × 0.958 21 + 0.263 27 × 1.043 97
  + 0.019 66 × 0.723 05 + 0.009 44 × 0.764 42 + 0.006 27 × 0.044 16
= 1.005

个人1在因子2上的因子得分

= 0.049 80 × 0.960 42 + (−0.017 58) × 0.958 21 + 0.086 72 × 1.043 97
  + 0.335 99 × 0.723 05 + 0.386 87 × 0.764 42 + 0.238 17 × 0.044 16
= 0.670 7

图 11.7 估计因子得分

因此，上述方法在文献中被称为估计因子得分的回归方法（regression method）[①]。从技术上讲，因子得分系数（权重）是通过样本相关矩阵的逆乘以因子负荷（模式）矩阵来计算的[②]。估计因子得分的优点在于它代表了在因子上的所有变量负荷，而其缺点

---

① 这里我们只介绍回归方法。然而，除了回归方法，还有 Bartlett 方法和 Anderson-Rubin 方法（参见 Pett 等 2003）。

② 这用 Stata 很容易做到。

是获得的分数不是唯一值（因子不确定性）①，从而很难在不同研究间重复（Hair 等，2013；Pett 等，2003）。因此，有人建议，在将估计因子得分作为后续分析的变量之前，先检查因子确定性系数（参见 Beauducel，2011）。根据 Corsuch（1983），如果要用因子得分来代替观测变量，那么该系数应至少是 0.90。

生成因子得分（generated factor scores）是通过对在因子上负荷最强的变量求和或求平均获得每个个体的原始和未加权的值。不同于对它们的标准化和加权，生成因子得分在计算中排除了那些在因子上负荷很弱的变量。虽然这可被视作一个缺点，但生成因子得分的主要优点在于它们在不同研究间可重复（Hair 等，2013）。

任何生成因子得分的信度应进行检查（Hair 等，2013），作为后续分析中使用前的最后一步。量表的信度（reliability）被估计为 1- 误差方差占比（Kline，2011）。克朗巴哈 α（Cronbach's alpha）的计算公式如下：

$$\alpha = \frac{K}{K-1} \frac{s_T^2 - \sum_{i=1}^{K} s_i^2}{s_T^2} \tag{11.3}$$

其中 K 是变量的个数，s_i^2 是每个变量的方差，s_T^2 是加和得分的方差。克朗巴哈 α 通常用来评估生成因子得分的信度。它的取值范围从 0 到 1，系数为 0.7 或更大通常被认为是令人满意的。系数为 0.7 意味着这个量表的 70% 是可信的，或者方差的 30% 是由于误差造成的。

11.4 Stata 示例

在本节中，我们基于真实的数据集（*workout3.dta*）用 Stata 估计一个探索性因子模型。我们的数据是 2014 年从挪威一个中等城市的一家训练/健身中心的会员处收集的。这些会员被要求用等级量表（从 1 到 6，1= 完全不重要，6= 非常重要）来表明下列每个原因对锻炼的重要性：

*Var*1——帮助管理压力

*Var*2——缓解紧张

*Var*3——精神放松

*Var*4——有健康的身体

---

① 由于因子旋转和共同度估计的问题，因子解不是唯一的（参见 Sharma，1996）。

*Var*5——改善我的外表

*Var*6——看起来更有吸引力

我们这里的目的只是降维数据，也就是说，提取出能在相关矩阵中捕获大部分协方差的少数因子。

回想一下图 11.2，因子分析的第一步是决定提取方法。Stata 允许你使用本章中讨论的四种方法来估计因子模型：PCF、PF、IPF 和 ML。我们还知道，PCF 和其他方法明显不同在于它解释了初始相关矩阵中的方差。但是我们想要估计一个纯因子模型，因此我们必须在 PF、IPF 和 ML 之间进行选择。由于 PF 是应用最广泛的因子提取方法，在本节中我们使用 PF 来估计我们的因子模型。这是 Stata 的默认模型。

要估计因子模型，只需输入主命令 `factor`，然后加上想要进行因子分析的变量（见图 11.8），不需要在末尾加上 `pf` 选项。但是如果你想用任何其他方法，你必须根据你的选择加上 `ipf`、`ml` 或 `pcf` 选项（如 `factor Var1 Var2 Var3, ml`）。

```
. factor Var1 Var2 Var3 Var4 Var5 Var6
(obs=194)

Factor analysis/correlation                  Number of obs    =      194
    Method: principal factors                Retained factors =        2
    Rotation: (unrotated)                    Number of params =       11

    --------------------------------------------------------------------
        Factor    |   Eigenvalue   Difference    Proportion   Cumulative
    --------------+-----------------------------------------------------
        Factor1   |      2.34378     0.06348        0.5390       0.5390
        Factor2   |      2.28031     2.28404        0.5244       1.0635
        Factor3   |     -0.00373     0.06681       -0.0009       1.0626
        Factor4   |     -0.07054     0.00915       -0.0162       1.0464
        Factor5   |     -0.07969     0.04239       -0.0183       1.0281
        Factor6   |     -0.12208           .       -0.0281       1.0000
    --------------------------------------------------------------------
    LR test: independent vs. saturated:  chi2(15) =   889.42 Prob>chi2 = 0.0000

Factor loadings (pattern matrix) and unique variances

    ---------------------------------------------
        Variable  |   Factor1    Factor2 | Uniqueness
    --------------+--------------------+-----------
           Var1   |    0.8581     0.0814    0.2571
           Var2   |    0.9194     0.0710    0.1498
           Var3   |    0.8518     0.1563    0.2501
           Var4   |   -0.0451     0.8020    0.3547
           Var5   |   -0.1092     0.9141    0.1524
           Var6   |   -0.1511     0.8748    0.2119
    ---------------------------------------------
```

图 11.8 使用主因子法估计的因子模型（未旋转）

第二步是确定要保留的因子数量。我们可以使用的一个法则是找出那些特征值大于初始共同度（多元相关的平方）的平均数的因子。我们在因子估计后使用 `estat smc` 命令可以得到对角线上的初始共同度，这将得出图 11.9 所示的结果，其显示这些共同度的平均数约为 0.725。当我们看图 11.8 中的因子解时，我们发现第一个因子（2.34）和第二个因子（2.28）的特征值明显大于 0.725。

```
. estat smc

Squared multiple correlations of variables with all other variables

    Variable |      smc
   ----------+----------
        Var1 |   0.7020
        Var2 |   0.7900
        Var3 |   0.7098
        Var4 |   0.6125
        Var5 |   0.7872
        Var6 |   0.7465

. di (0.7020+0.7900+0.7098+0.6125+0.7872+0.7465 )/6
.72466667
```

图 11.9　初始的共同度（多元相关的平方）

虽然特征值准则单独支持两个因子的解，但我们可以进一步执行在 11.2.2 节中讨论到的平行分析和碎石检验。由于我们可以使用平行分析命令生成的图也能进行碎石检验，所以我们可以直接使用用户编写的命令 fapara① 来同时得到平行分析和碎石图的详细信息。在因子估计之后输入 fapara 得到图 11.10。

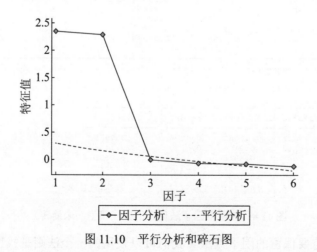

图 11.10　平行分析和碎石图

---

① 这是一个用户编写的命令。要安装它，只需输入 findit fapara 并遵循安装建议。

就碎石检验而言，在图 11.10 中，我们可以看到在曲线变平坦之前有两个明显的因子——这一发现证实了特征值准则所支持的两个因子的解。

至于平行分析，首先当我们看图 11.10 时，我们看到平行分析线（虚线）在到达第三个因子之前和因子分析线（实线）交叉。这一观察表明我们应该保留前两个因子。平行分析命令还生成如下数值结果。

```
. fapara, reps(25)

PA -- Parallel Analysis for Factor Analysis -- N = 194
PA Eigenvalues Averaged Over 25 Replications
        FA          PA          Dif
  1.  2.343784    .2955685    2.048216
  2.  2.280308    .1595826    2.120726
  3.  -.0037325   .0625588    -.0662913
  4.  -.070543    -.0306946   -.0398484
  5.  -.0796921   -.1174139   .0377218
  6.  -.1220786   -.1968631   .0747844
```

在这里，我们看到对两个因子解的明确支持，因为只有前两个因子的特征值（FA）大于来自模拟数据的特征值（PA）的平均数。

除了上述准则提供的定量证据外，我们还可以基于理论敏感性来对两个因子解作出解释。看前 3 个变量（$Var1 \sim Var3$）的内容，我们发现它们都是关于"放松"，而其余 3 个变量（$Var4 \sim Var6$）则围绕"外表"。

尽管图 11.7 中所示的未经旋转的解已经相对容易解释，但我们仍对其进行旋转以进一步极化负荷。由于两个因子代表两种不同的现象（放松和外表），我们不假定两个因子之间有很强的相关性[1]。因此，我们继续用默认的 varimax 旋转程序来正交旋转因子。在 Stata 中做到这一点，只需在因子估计之后简单输入 rotate。如图 11.11 所示，前 3 个变量（$Var1 \sim Var3$）在因子 1 上的负荷更强，在因子 2 上的负荷更弱，而其余变量（$Var4 \sim Var6$）在因子 2 上的负荷更强，在因子 1 上的负荷更弱。

如果我们想以几何方式显示变量和因子之间的关系，可在 Stata 中输入 loadingplot。该命令生成图 11.12。

---

[1] 你也通过输入 rotate, oblique promax 和然后输入 estat common 来先斜交旋转因子解，从而找出因子间的相关性。

```
. rotate //or rotate, orthogonal varimax

Factor analysis/correlation                        Number of obs    =      194
    Method: principal factors                      Retained factors =        2
    Rotation: orthogonal varimax (Kaiser off)      Number of params =       11

    --------------------------------------------------------------------------
        Factor   |   Variance    Difference     Proportion    Cumulative
    -------------+------------------------------------------------------------
        Factor1  |    2.34290      0.06171         0.5388        0.5388
        Factor2  |    2.28119         .            0.5246        1.0635
    --------------------------------------------------------------------------
    LR test: independent vs. saturated:   chi2(15) =   889.42 Prob>chi2 = 0.0000

Rotated factor loadings (pattern matrix) and unique variances

    -----------------------------------------------
     Variable  |   Factor1    Factor2 |  Uniqueness
    -----------+----------------------+------------
        Var1   |    0.8617    -0.0204 |    0.2571
        Var2   |    0.9213    -0.0380 |    0.1498
        Var3   |    0.8643     0.0547 |    0.2501
        Var4   |    0.0498     0.8018 |    0.3547
        Var5   |   -0.0006     0.9206 |    0.1524
        Var6   |   -0.0469     0.8865 |    0.2119
    -----------------------------------------------
```

图 11.11　用主因子估计的因子模型（正交旋转）

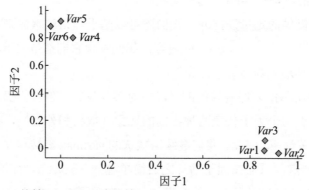

旋转：varimax正交旋转
方法：主因子法

图 11.12　旋转后的因子负荷图

旋转因子不会改变解释的总方差。总方差将等于题项（变量）的共同度之和[①]。在因子估计后输入 facom[②] 可以得到共同度。看来这些共同度之和是 4.624。记住，如果我们用 PCF 法，总和将是 6。为了找出每个因子解释的总方差的比例，我们只需将最终

[①] 我们使用估计后的共同度而不是多元相关的平方（通常不是很好的估计）来得到总方差。
[②] 这是一个用户编写的命令。要安装它，只需输入 findit facom 并按照说明操作。

的特征值除以总方差。因此，我们看到因子 1 和因子 2 各自解释了大约 50% 的方差。

至于因子负荷矩阵（见图 11.11），我们建议在垂直和水平方向上进行。当我们垂解释负荷矩阵时，我们找到一个因子和所有观测变量之间的相关性[①]。比如，Var1 在因子 1 上的负荷是 0.861 7，这说明 Var1 方差的近 74%（$0.861\ 7^2$）可以用因子 1 解释。我们用相同的方式解释剩余的负荷。当我们水平地解释负荷矩阵时，我们得到题项的共同度。比如，我们看到 Var3 在因子 1 和因子 2 上的负荷分别为 0.864 3 和 0.054 7。对这两个值平方并相加将显示 Var3 的总方差的比例（约 75%）由因子 1 和因子 2 共同解释。剩下的（大约 25%）代表了特殊方差。因为所有负荷都明显明显高于我们的阈值 0.4，我们将支持当前的因子解。没有变量在两个因子上的负荷同样强。因子分析过程的最后一步就是给决定保留的因子加上标签。如前所述，在研究了题项的内容和负荷后，我们选择给因子 1 加上标签 relaxation（"放松"），因子 2 加上标签 appearance（"外表"）。

如果因子分析的目的只是检查因子结构（变量由哪些底层因子来解释），我们将在这里结束过程。然而，我们知道许多社会科学研究在后续分析中使用因子。为了沿着这条路走下去，我们首先需要两个假设建构的度量。如你所知，我们可选择估计因子得分或生成因子得分。由于负荷明显两极化，我们选择生成因子得分，这可通过取表示每个因子的变量的和或者平均数来实现。我们选择取均数，使因子度量和原始观测变量保持相同的尺度（1～6）。接下来，我们还需要基于"克朗巴哈 α 系数"检验这一加总量表的信度。为了生成因子得分（平均数）和信度检验我们将使用用户编写的命令 sumscale[②] 如下：

```
. sumscale, f1(Var1 Var2 Var3) f2(Var4 Var5 Var6)
```

Factor (Items)	N	Mean	Std	Min	Max	Cronbach Alpha
Factor1 (Var1 Var2 Var3)	210	4.12	1.44	1.00	6.00	0.92
Factor2 (Var4 Var5 Var6)	206	3.50	1.50	1.00	6.00	0.92

New factor-average variable/s are generated in your data set!

图 11.13 sumscale 命令

---

① 在正交旋转解中，负荷只是相关性。
② 只需在 Stata 中输入 `ssc install sumscale` 来安装此包。

如图 11.13 所示，该命令给出了生成因子得分、克朗巴哈 α 系数和一些描述性统计量。然后，你可以在数据集中将 `f1` 重命名为 relaxation（"放松"），`f2` 重命名为 appearance（"外表"），以便在后续分析中用作自变量或因变量。

11.5 总结

探索性因子分析是一种有用的统计技术，在社会科学领域有着广泛的运用。理解探索性因子分析为学习验证性因子分析打下了很好的基础，后者是结构方程模型的一个特例，这是下一章的主题。我们还了解到，因子分析是一种比传统技术如线性回归更主观的统计技术。因此，因子分析的这一特性对试图确定最佳因子解的分析人员提出更多要求。在本章中，我们还介绍了 Stata 中一些最常用的因子分析相关的命令。Stata 提供了更多的功能，可以使用 `help factor` 来探索。

关键术语

- **因子提取（Factor extraction）**：解释相关矩阵中方差的一种方法。
- **特征向量（Eigenvectors）**：生成具有最大可能特征值的因子的权重集。
- **特征值（Eigenvalue）**：一个因子所捕获/解释的方差的大小。
- **因子负荷（Factor loading）**：观测变量与因子之间的（双变量或偏）相关。
- **共同度（Communality）**：每个变量和相关矩阵中所有其它变量之间的多元相关的平方。
- **特殊方差（Uniqueness）**：因子未捕获/解释的方差的大小。
- **平行分析（Parallel analysis）**：决定保留因子数量的一种技术。
- **正交旋转（Orthogonal rotation）**：在提取因子时假定因子之间没有相关性的一种因子旋转技术。
- **Varimax**：一种正交旋转技术。
- **斜交旋转（Oblique rotation）**：在提取因子时考虑因子之间的相关性的一种因子旋转技术。
- **Promax**：一种斜交旋转技术。
- **信度（Reliability）**：题项或观测变量之间的一致性。
- **克朗巴哈 α 系数（Cronbach's alpha）**：信度的一种度量。
- **因子得分（Factor score）**：对每个观测计算的因子值。

问题

1. 主成分和主因子提取法有什么不同?
2. 旋转因子背后的原理是什么?
3. 如何决定保留因子的数量?
4. 什么是因子得分?
5. 解释"克朗巴哈 α 系数"用于什么及如何使用。

延伸阅读

Fabrigar, L.R. and Wegener, D.T. (2011) *Exploratory Factor Analysis*. Oxford: Oxford University Press.

这是一本关于探索性因子分析的很好的简短介绍。作者主要以非技术性的方式解释了因子分析过程的不同步骤,并在书本的最后给出了一些估计因子模型的实例。

Hair, J.F., Black, W.C., Babin, B.J. and Anderson, R.E. (2013) *Multivariate Data Analysis* (7th edn). Harlow: Pearson.

这是一本综合性的多元统计书籍,包括一个相对较长的章节介绍因子分析。作者解释了没有数学细节的因子分析的重要方面,引导读者通过一个实例进行因子分析研究。

Kline, P. (1994) *An Easy Guide to Factor Analysis*. New York: Routledge.

这本书首先用数学公式解释了主成分分析,然后涵盖了典型的常见因子分析方法(主因子分析、极大似然因子分析)。作者的方法确实有助于读者理解主成分分析(PCA)和因子分析背后的逻辑和区别。

Pett, M.A., Lackey, N.R. and Sullivan, J.J. (2003) *Making Sense of Factor Analysis: The Use of Factor Analysis for Instrument Development in Health Care Research*. Thousand Oaks,CA: Sage.

在列出的4本书中,这本书提供了最全面的因子分析。该书不仅解释了因子分析技术,而且还解释了之前的阶段——设计测量工具。作者还提供了一个简短但很实用的矩阵介绍。作者借助例子讲解因子分析的不同阶段,并解释软件输出结果。

参考文献

Afifi, A.A., May, S. and Clark, V.A. (2012) *Practical Multivariate Analysis*. Boca Raton, FL: Chapman and Hall/CRC.

Beauducel, A. (2011) Indeterminacy of factor score estimates in slightly misspecified confirmatory factor models. *Journal of Modern Applied Statistical Methods,* 10(2), 583–598.

Brown, T.A. (2015) *Confirmatory Factor Analysis for Applied Research*. New York: Guilford Press.

Fabrigar, L.R. and Wegener, D.T. (2011) *Exploratory Factor Analysis*. Oxford: Oxford University Press.

Gorsuch, R.L. (1983). *Factor Analysis*. Hillsdale, NJ: Lawrence Erlbaum Associates.

Hair, J.F., Black, W.C., Babin, B.J. and Anderson, R.E. (2013) *Multivariate Data Analysis* (7th edn). Harlow: Pearson.

Hamilton, L.C. (1992) *Regression with Graphics – A Second Course in Applied Statistics*. Belmont, CA: Duxbury Press.

Harman, H.H. (1976) *Modern Factor Analysis*. Chicago: University of Chicago Press.

Hatcher, L. (2006) *A Step-by-Step Approach to Using SAS for Factor Analysis and Structural Equation Modeling* (8th edn). Cary, NC: SAS Institute.

Kachigan, S.K. (1991) *Multivariate Statistical Analysis: A Conceptual Introduction*. New York: Radius Press.

Kline, P. (1994) *An Easy Guide to Factor Analysis*. New York: Routledge.

Kline, R.B. (2011) *Principles and Practice of Structural Equation Modeling* (3rd edn). New York:Guilford.

Lattin, J.M., Carroll, J.D. and Green, P.E. (2003) *Analyzing Multivariate Data*. Pacific Grove, CA: Thomson Brooks/Cole.

Matsunaga, M. (2010) How to factor-analyze your data right: do's, don'ts, and how-to's. *International Journal of Psychological Research,* 3(1), 97–110.

Pett, M.A., Lackey, N.R. and Sullivan, J.J. (2003) *Making Sense of Factor Analysis: The Use of Factor Analysis for Instrument Development in Health Care Research*. Thousand Oaks, CA: Sage.

Sharma, S. (ed.) (1996) *Applied Multivariate Techniques*. New York: Wiley.

StataCorp (2015) *Stata Multivariate Statistics Reference Manual: Release 14*. College Station, TX: Stata Press.

Tabachnick, B.G. and Fidell, L.S. (2014) *Using Multivariate Statistics* (6th edn). Harlow: Pearson.

Thompson, B. (2004) *Exploratory and Confirmatory Factor Analysis: Understanding Concepts and Applications*. Washington, DC: American Psychological Association.

Thurstone, L.L. (1947) *Multiple-Factor Analysis: A Development and Expansion of The Vectors of the Mind*. Chicago: University of Chicago Press.

12.1 什么是结构方程模型?
12.2 验证性因子分析
12.3 潜路径分析
12.4 总结
关键术语
问题
延伸阅读
参考文献

结构方程模型和验证性因子分析

学习目标

- 理解结构方程模型的范围
- 通过验证性因子分析解释结构方程模型
- 学会设定、识别和估计结构方程模型
- 学会评价结构方程模型的测量和结构部分
- 使用 Stata 理解和解释结构方程模型

在本章中我们首先定义什么是结构方程模型（structural equation modelling，SEM）。然后我们提出了几种类型的 SEM，包括验证性因子分析（confirmatory factor analysis，CFA）。由于 CFA 模型是一种非常常用的结构方程模型，我们借助一些简单的 CFA 模型来解释模型设定、模型识别、模型估计、模型拟合评价和模型修正等问题，在这一过程中，我们还解释了 CFA 与上一章中介绍的探索性因子分析的比较。然后，我们在 Stata 中使用潜路径模型（也称为全/完整 SEM 或结构模型）来完成 SEM 过程。在这一部分中，我们更关注模型参数的解释。

12.1 什么是结构方程模型？

在前几章中，我们介绍了一些较为传统的统计技术（线性回归、logistic 回归、多水平回归等），用于检验一个或多个自变量与一个因变量之间的关系。上述模型中的自变量和因变量都是观测变量（observed variables）[1]，如收入、高度、体重、受教育年限等。根据这种推理，我们把这些传统统计方法称为"单方程技术"，在方程的左边（因变量）和右边（自变量）都是观测变量。

和其他传统技术一样，在社会科学中 SEM 也可用于解释和/或预测目的。SEM（与单方程技术相比）的区别和优势在于它允许人们同时估计多个自变量和多个因变量之间的关系。此外，传统的技术如回归分析只允许人们使用观测变量，而 SEM 包含潜在（latent）[2] 自变量和因变量。因此，在严格意义上，我们可以将 SEM[3] 称为一种联立多

---

[1] 替代术语包括指示变量（indicator variables）、显变量（manifest variables）和测量变量（measured variables）。
[2] 替代术语包括因子（factor）、建构（construct）、假设（hypothetical）和不可观测（unobservable）。
[3] SEM 也被称为潜变量建模、协方差结构分析和线性结构关系（LISREL）。

方程技术——方程两边包含潜变量①，如图 12.1 所示。

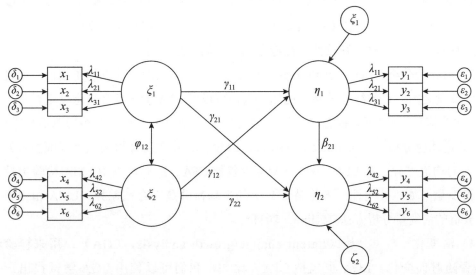

KSI（ξ）=外生变量（潜自变量）
ETA（η）=内生变量（潜因变量）
x=外生变量的指标
y=内生变量的指标
DELTA（δ）=x指标的测量误差
EPSILON（ε）=y指标的测量误差
PHI（φ）=外生变量之间的相关系数
GAMMA（γ）=外生变量和内生变量之间的系数
BETA（β）=两个内生变量之间的系数
ZETA（ζ）=内生变量未解释的方差
LAMBDA（λ）=指示变量和潜变量之间的系数（负荷）

例如：
λ_{42}：对于外生变量，显示x_4在第2个外生变量上的负荷
λ_{21}：对于内生变量，显示y_2在第1个内生变量上的负荷
φ_{12}：表示第1个外生变量和第2个外生变量之间的相关系数
γ_{21}：显示第1个外生变量对第2个内生变量的影响
γ_{12}：显示第2个外生变量对第1个内生变量的影响
β_{21}：显示第1个内生变量对第2个内生变量的影响

图 12.1　使用 LISREL 记号的结构方程模型

从图 12.1 我们可以看到，在 SEM 框架中，潜变量用大圆圈表示，而观测变量则用矩形表示。单向箭头（→）表示直接影响，而双向箭头（↔）表示协方差/相关。误差用小圆圈表示。图 12.1 中描述的记号称为"LISREL 记号"②，通常用于图形化描述和以数学方式设定所有类型的结构方程模型③。

12.1.1　结构方程模型的类型

SEM 可以用来估计包含潜变量的任何模型，这尤其要归功于专业化计算机软件的进

---

① 从更广义上讲，SEM 作为一个框架，允许人们将观测变量和潜变量作为自变量和/或因变量建模。然而，在本章中我们仅限于严格意义上的 SEM 定义。
② LISREL 是由 Jöreskog and Sörbom（1989）开发的 SEM 程序。
③ 由于大多数文献采用 LISREL 记号，因此习惯它是有用的。

步。用 SEM 估计的大多数模型可分为以下类别之一。

（1）验证性因子分析：用来检查假设的潜因子结构——包含一组指标和一个或多个潜变量。比如，我们可以用 CFA 来调查著名的"大五"人格特质因子结构（外向性、宜人性、尽责性、神经质、开放性）在特定的数据集中是否出现。

（2）潜路径分析（Latent path analysis，LPA）[①]：不仅用来检查因子结构，而且用来检验潜变量之间假设的结构关系。比如，我们可以用 LPA 检查顾客满意度是否是一个反映"对产品满意"和"愿意推荐产品"的二维结构，并评估前一维度是否影响后一维度。

（3）潜均值分析（Latent mean analysis，LMA）：用来统计检验两组（或多组）在潜变量上的均值差异。和 LPA 一样，LMA 也包括 CFA。我们可以用 LMA 检验男性和女性在潜变量（如"外向性"人格特质）上的平均得分是否存在差异。LMA 相当于传统方差分析的潜变量分析方法（Kline，2011）。

（4）潜变化/增长分析（Latent change/growth analysis，LGA）：用来检验潜变量是否随时间变化。LGA 也包括 CFA。比如，我们可以使用 LGA 尝试找出一种特定的组织干预（如报酬体系）是否成功地提高了雇员工作满意度（潜变量），这可能是在两个不同的时间点测量的（这个例子的细节可参见 Raykov 和 Marcoulides，2006：5–6）。

（5）潜类别分析（Latent class analysis，LCA）：是一种基于模型的方法，根据个体对一组观测变量的反应，将个体聚类成不同类（潜类别）（Wang 和 Wang，2012）。LCA 也包括 CFA。比如，在 LCA 中我们可能从某个特定数据集中发现两个潜类别（质量敏感型顾客和价格敏感型顾客）[②]。

上述列表当然可以扩展。然而，前两种（CFA 和 LPA）是社会科学中最常用的 SEM 技术。此外，我们相信学习 CFA 和 LPA 将为理解其他更高级的 SEM 技术打下坚实的基础。因此，本章将集中讨论 CFA 和 LPA。

我们进一步建议大家通过 CFA 开始学习 SEM。一个原因是所有类型 SEM 的 CFA 部分使得 SEM 成为一种与其传统对手（回归、ANOVA 等）不同的独特统计技术。第二个原因是理解 CFA 是有效构建和估计复杂结构方程模型的重要前提条件——SEM 中遇到的问题通常源于设定不良的 CFA（Bowen 和 Guo，2012）。第三个原因是所有的 SEM 问题（识别、估计等）对于 CFA 和任何其他 SEM 技术来说基本相同。

[①] LPA 在文献中也被称为结构回归模型、全/完整 SEM 或组合 SEM。
[②] 在所有标准的 SEM 软件中 LCA 不一定是现成的。在 Stata 中有为 LCA 开发的用户编写的插件和包。

最后，标准的 CFA 是相对简单的 SEM 实例，它可以帮助大家更容易些理解一些复杂的问题。

12.2 验证性因子分析

CFA 是第 11 章中讲述的探索性因子分析（EFA）的替代或扩展。CFA 和 EFA 都属于所谓的公共因子模型族，它将指标的方差分解为共同/共享方差和包括测量误差的特殊方差（Brown，2015）。换句话说，CFA 在模型估计时剔除了指标的测量误差（不可靠度）。CFA（内嵌于 SEM 中）的这一特定特征有助于使结构方程模型的估计与假定完全不存在测量误差的传统技术（如回归）相比偏差更小（Harlow，2014）。这是 SEM 技术在社会科学研究出版物中日益普及和应用的主要原因。

如果 EFA 能像 CFA 一样剔除测量误差，为什么我们还需要 CFA 呢？这个问题的答案是 CFA 是一种验证性统计技术，它先验性地对要估计的因子模型施加限制（Brown，2015）。在 CFA 中，我们事先设定因子数量和指标-因子负荷的模式以及其他模型参数（如和自变量有关的参数、因子间的协方差以及指示变量的误差方差等）（Brown，2015）。如下文所示，模型设定只是 CFA/SEM 过程的第一步，接下来是模型识别、模型估计、模型评价和模型修正。

现在我们用一个真实数据[①]的例子来解释这 5 个步骤。我们这里使用的数据来自对 1004 个挪威人的调查。在这项调查中，受访者被要求指出（按等级量表[②]从 1= 完全不重要，到 5= 非常重要）下列每一项个人价值观作为他们生活中的指导原则的重要性：受他人尊重（x_1）、安全感（x_2）、成就感（x_3）、自我实现（x_4）和自尊（x_5）。

12.2.1 模型设定

利用刚提出的数据，基于相关理论，我们设定一个二维因子结构，包括两种个人价值观类型（因子）：集体主义价值观（x_1 和 x_2 有负荷）和个人主义价值观（x_3、x_4 和 x_5 有负荷）。我们进一步假定这两个因子之间存在协方差/相关性。在没有其他模型设定的情形下，模型如图 12.2 所示：

---

① 我们使用的数据集名为 *values.dta*。
② 在这里，我们将有序数据视为连续的，从而使用 sem 命令拟合线性模型。但是，如果我们想为有序数据拟合一个模型，就要使用 gsem 命令。

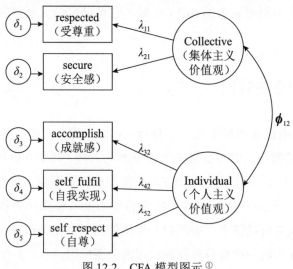

图 12.2　CFA 模型图示 ①

使用前面介绍的 LISREL 记号（见图 12.1），我们很容易将用图形化描述的模型（见图 12.2）转换为回归方程，如下所示：

$$\begin{aligned} x_1 &= \lambda_{11}\xi_1 + \delta_1, \\ x_2 &= \lambda_{21}\xi_1 + \delta_2, \\ x_3 &= \lambda_{32}\xi_2 + \delta_3, \\ x_4 &= \lambda_{42}\xi_2 + \delta_4, \\ x_5 &= \lambda_{52}\xi_2 + \delta_5. \end{aligned} \tag{12.1}$$

因此，一次估计有 5 个回归模型，同时考虑两个因子间的相关性。这就是为什么我们之前将 SEM 称为联立多方程技术的原因。列出这些方程有助于我们理解 SEM 是如何计算的，然而，在实践中，SEM 软件使用包含所有回归方程的简洁的矩阵语言进行运算（更快）。例如，我们的 5 个回归模型的模型可以用一个单一矩阵方程表示，如下：

$$x = \lambda_x \xi + \delta \tag{12.2}$$

我们模型的矩阵方程表明原始数据中变量 x 的值向量是在潜变量（ξ）上的变量的因子负荷（λ）和样本在该潜变量上的得分向量的乘积，加上误差项向量（δ）（Bowen 和 Guo，2012）。如下：

---

① 该模型是用 Stata 中的 SEM Builder 绘制的：从 Stata 的 Statistics 下拉菜单中选择 SEM。在 SEM Builder 中，默认情况下所有误差都用 epsilon（ε）表示，除非你自定义它们。

$$\begin{bmatrix} x_1 \\ x_2 \\ x_3 \\ x_4 \\ x_5 \end{bmatrix} = \begin{bmatrix} \lambda_{11} & 0 \\ \lambda_{21} & 0 \\ 0 & \lambda_{32} \\ 0 & \lambda_{42} \\ 0 & \lambda_{52} \end{bmatrix} \begin{bmatrix} \xi_1 \\ \xi_2 \end{bmatrix} + \begin{bmatrix} \delta_1 \\ \delta_2 \\ \delta_3 \\ \delta_4 \\ \delta_5 \end{bmatrix} \quad (12.3)$$

在（12.3）中，0值表示x_1和x_2在因子2（个人主义价值观）没有负荷以及x_3、x_4和x_5在因子1（集体主义价值观）上没有负荷。

12.2.2 模型识别

在CFA/SEM中，为了便于参数估计和模型检验，第一个要求是自由估计的参数（未知项）的数量不得超过样本方差-协方差矩阵S中元素的数量（已知项）（Brown，2015）。已知项数量（k）和未知项数量（u）之差就等于模型的自由度（$df=k-u$）。当$df<0$时，模型被认为不可识别（under-identified）；当$df=0$时，模型被认为恰好识别（just-identified）；最后，当$df>0$时，模型被认为过度识别（over-identified）。由于我们无法估计不可识别模型的参数，也无法检验恰好识别模型的拟合[1]，在CFA/SEM中我们将选择过度识别模型（Kline，2005）。

现在来检查图12.2中的模型。我们可以从公式$p(p+1)/2$得到已知项的数量（k），其中p为指标的数量（Raykov和Marcoulides，2006）。由于我们有5个指标，对于我们的模型$k=5(5+1)/2=15$。至于未知项（待估计参数）的数量，我们有3个因子负荷（λ_{21}、λ_{42}、λ_{52}）、5个误差方差（δ_1、δ_2、δ_3、δ_4和δ_5）、1个协方差（ϕ_{12}）和2个因子方差（ϕ_{11}和ϕ_{22}），因此$u=11$，那么$df=15-11=4>0$[2]。因此，模型是可识别的，这是估计参数和检验模型拟合的必要条件。Stata在其估计输出的底部自动提供这一df（见图12.3）。

---

[1] 原因是在恰好识别情形中，模型的拟合就是完美的（参见Raykov和Marcoulides，2006）。
[2] 虽然$df>0$的规则在大多数情况下对CFA/SEM有效，但在所谓经验不可识别的情况下，该规则不是判断模型可识别性的充分标准。当样本方差-协方差矩阵中的协方差等于0时，经验不可识别通常会发生（更多细节参见Brown，2015）。

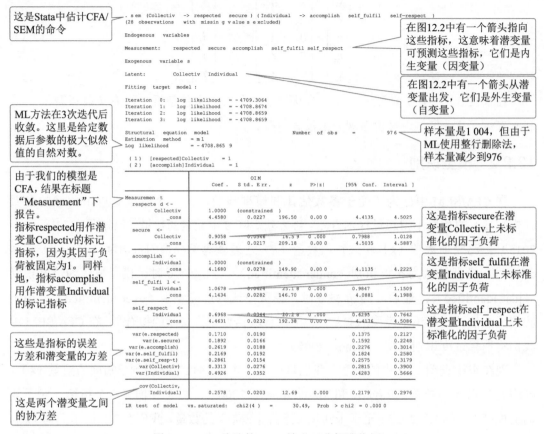

图 12.3 ML 估计的 Stata 输出（非标准化解）

除了 $df > 0$ 的条件外，由于潜变量在估计之前没有任何测量单位（metric），必须给潜变量指定一个尺度/测量单位来进行模型识别（Kline，2001）。有两种主要的方法来给潜变量指定测量单位。

第一种方法是将标记/参考指标的测量单位传递给潜变量（Brown，2015）。在 Stata（和其他 SEM 软件）中，默认情况下第一个指标被选为标记指标，其未标准化因子负荷固定为 1。在我们的示例模型中，潜变量 *Collectiv* 和 *Individual* 的标记指标分别是 *respected* 和 *accomplish*（见图 12.3）。这两个指标都用等级尺度（从 1 到 5）测量，这也是两个潜变量的尺度/测量单位。这并不意味着潜变量本身是有序的。潜变量被假定为有一个服从均值为 0 的正态分布的测量单位。关于潜变量的测量单位，我们能说的是潜变量的方差将是相应标记指标方差的一部分。

第二种方法是将潜变量的方差固定为 1，这意味着潜变量是标准化的（Brown，2015），同时允许自由估计所有未标准化的因子负荷。这种方法在解中提供了半标准化系数①，研究人员通常对此不感兴趣。因此，标记指标法提供了未标准化的和完全标准化的估计值，似乎在社会科学出版物中更为常见。这或许也是为什么标记指标法是 Stata 的 SEM 模块中的默认程序的原因。

谈及固定一个变量，在 CFA/SEM 中有 3 种类型的参数我们可以使用。固定（fixed）参数是固定到指定值的参数（负荷，方差等）。自由（free）参数是需要用模型估计的未知元素。最后，约束（constrained）② 参数是指被限制等于模型中一个或多个其他参数的未知参数（Wang 和 Wang，2012）。固定参数和约束参数之间的区别是前者不需要估计，而后者需要估计，但保持多个参数（如因子负荷）相等。

12.2.3 参数估计

CFA/SEM 的目标是得到模型每个参数的估计值（因子负荷、因子方差等），以生成尽可能接近样本方差—协方差矩阵（S）的预测方差—协方差矩阵（用 Σ 表示）（Brown，2015：62）。换句话说，与普通最小二乘回归（见第 3 章）一样，这里的目标也是最小化预测（Σ）和观测样本值（S）之间的差异。这种最小化是用拟合函数（F）来衡量的。每种估计方法都有自己的拟合函数。CFA/SEM 最常用的估计方法是极大似然法，它使用如下的拟合函数：

$$F_{ML} = \ln|S| - \ln|\Sigma| + \text{trace}(S\Sigma^{-1}) - p$$

其中，$\ln|S|$ 是 S 的行列式③的自然对数，$\ln|\Sigma|$ 是 Σ 的行列式的自然对数，Σ^{-1} 是 Σ 的逆，p 是指标的个数。

当 $F_{ML}=0$ 时，模型完美拟合数据。但是，S 和 Σ 之间总是有一些差距。极大似然法使用迭代过程，试图找到最小化这个差距的参数。差距越小，模型对数据的拟合就越好。

除极大似然法（maximum likelihood，ML）之外，CFA/SEM 中还可以用加权最小二乘法（weighted least squares，WLS/ADF）、稳健加权最小二乘法（robust weighted least squares，WLSMV）、未加权最小二乘法（unweighted least squares，ULS）或广义最小二乘法（generalized least squares，GLS）进行估计。Stata 提供以下 4 种估计方法（参见 Acock，2013：15），其中

---

① 表示潜变量 X 增加 1 个标准差引起的指标 Y 的原始单位的变化。
② 在 Stata 中，被约束为固定值的任何东西都将表示为受约束的。
③ 行列式表示矩阵中不重叠的方差。

3 种本质上是 ML 估计，而另一种是渐进任意分布（asymptotically distribution-free，ADF）估计：

（1）极大似然法（ML）：当没有严重偏离多元正态性时，它是默认和常用的选项。

（2）准最大似然法（Quasi-maximum likelihood，QML）：将 ML 和 Huber-White（`robust`）或 Satorra-Bentler 标准误（`sbentler`）相结合的方法，无须假定多元正态性。

（3）渐进任意分布法（ADF）：加权最小二乘法的一种形式，无须假定多元正态性。

（4）带缺失值的极大似然法（MLMV）：也称为全信息极大似然法，推荐在缺失数据时使用。因为它使用所有可用的信息（而之前的 3 种方法都用成列删除法处理缺失值）。该方法假定多元正态性。

我们使用 ML[①] 估计我们的模型，并在图 12.3 中提供 Stata 的输出结果。

12.2.4 模型评价

模型评价包括对参数估计的解释以及对模型拟合程度的评价。

解释参数估计

基于标准化解或输出来解释和报告 CFA/SEM 的结果更为常见。因此，除图 12.3 中的非标准化解外，在 Stata 中我们可以在初始（SEM）估计后通过输入 `sem, standardized` 很方便地得到模型的标准化解。标准化解如图 12.4 所示。

现在让我们解释图 12.4 中的标准化因子负荷。如你所见，没有一个因子载荷被固定为 1，相反它们全都得到不受约束的估计。原因是当我们要求得到完全标准化解时，潜变量的方差被固定为 1（就像用因子方差法来给一个潜变量指定测量单位）[②]。例如，指标 *respected* 在潜变量 *Collectiv* 上的标准化负荷为 0.812 1，统计上显著（$p<0.001$）。标准化因子负荷 0.812 1 可被解释为指标和潜变量之间的相关系数——只要模型中没有交叉负荷的指标[③]（Brown，2015：115）。因此，因子负荷 0.812 1 的平方是 0.659 5，这意味着指标 *respected* 近 66% 的方差被潜变量 *Collectiv* 解释。我们可用相同的方式解释其余的标准化负荷。在 CFA/SEM 中，我们通常会选择大于或等于 0.4 的标准化因

[①] sem 命令在默认情况下假定潜变量首字母大写，而指标小写。
[②] 在因子方差法中我们只标准化潜变量，而这里我们同时标准化了潜变量和指标，给出了所谓的完全标准化估计。
[③] 对于在多个潜变量上都有负荷的指标，标准化负荷类似于多元回归中的标准化 beta 系数。这就等同于说，保持其他潜变量不变，一个潜变量对指标的预测。

子负荷。在图 12.4 中,我们发现所有标准化负荷都明显高于 0.4 阈值,从而为我们的模型提供了支持。

```
. sem, stand

Structural equation model                  Number of obs    =      976
Estimation method  = ml
Log likelihood     = -4708.8659

 ( 1)  [respected]Collectiv = 1
 ( 2)  [accomplish]Individual = 1

                            OIM
  Standardized |   Coef.  Std. Err.     z    P>|z|    [95% Conf. Interval]
Measurement
  respected <-
      Collectiv    0.8121   0.0240   33.91   0.000    0.7652    0.8591
          _cons    6.2899   0.1459   43.11   0.000    6.0039    6.5759

  secure <-
      Collectiv    0.7679   0.0241   31.90   0.000    0.7207    0.8150
          _cons    6.6957   0.1549   43.23   0.000    6.3921    6.9993

  accomplish <-
     Individual    0.8080   0.0163   49.56   0.000    0.7761    0.8400
          _cons    4.7983   0.1132   42.38   0.000    4.5764    5.0202

  self_fulfil <-
     Individual    0.8493   0.0153   55.44   0.000    0.8193    0.8794
          _cons    4.6957   0.1110   42.30   0.000    4.4782    4.9133

  self_respect <-
     Individual    0.6748   0.0210   32.14   0.000    0.6337    0.7160
          _cons    6.1580   0.1430   43.06   0.000    5.8778    6.4383

  var(e.respected)    0.3404   0.0389                 0.2721    0.4259
  var(e.secure)       0.4104   0.0370                 0.3440    0.4896
  var(e.accomplish)   0.3471   0.0263                 0.2991    0.4028
  var(e.self_fulfil)  0.2786   0.0260                 0.2320    0.3346
  var(e.self_resp~t)  0.5446   0.0283                 0.4918    0.6031
  var(Collectiv)      1.0000      .                        .         .
  var(Individual)     1.0000      .                        .         .

  cov(Collectiv,
     Individual)     0.6380   0.0281   22.67   0.000   0.5829    0.6932

LR test of model vs. saturated:  chi2(4)   =    30.49, Prob > chi2 = 0.0000
```

图 12.4 用 ML 法估计的 Stata 输出结果(标准化解)

顺便说一下,潜变量所解释的指标的方差量也可被视为指标信度(indicator reliability)(Brown,2015)。在 Stata 中,SEM 估计之后,输入 `estat eqgof` 可得到关于指标信度的完整概览。在图 12.4 中的下部分,还可以看到每个指标中未其被潜变量解释的方差量。例如,`var(e.respected)` 说明指标 *respected* 中大约 34% 的方差没有被潜变量 *Collectiv* 解释。这证实了我们之前的解释——这个指标 66% 的方差是可解释的。

在检查了指标的信度之后,我们可以进一步检查因子/量表信度。因子/量表信度(factor/scale reliability)是指由我们的指标构成的量表中归因于真实得分(潜变量)的总变异的比例（Acock，2013：20）。为了检查量表的信度，我们将计算并报告雷可夫信度系数（Raykov's reliability coefficient，RRC）（Raykov，1997），一种通常被认为比克朗巴哈 α 系数更准确的测量。在 Stata 中有一个由用户编写的命令 `relicoef`[①]，使用雷可夫（1997）公式计算 CFA/SEM 因子的因子信度系数。对于没有相关误差（无误差协方差）的因子来说，我们有：

$$\text{RRC} = \frac{(\Sigma \lambda_i)^2 \phi}{(\Sigma \lambda_i)^2 \phi + \Sigma \theta_{ii}} \quad (12.4)$$

其中，λ_i 是未标准化的负荷，ϕ 是因子方差，θ_{ii} 是未标准化的误差方差。对于有相关误差的因子（至少一个误差协方差），我们有：

$$\text{RRC} = \frac{(\Sigma \lambda_i)^2 \phi}{(\Sigma \lambda_i)^2 \phi + \Sigma \theta_{ii} + 2\theta_i} \quad (12.5)$$

其中，θ_i 是未标准化的误差协方差。

图 12.5 计算了两个潜变量的信度系数。我们从结果中可以看到，两个潜变量信度系数均大于 0.7（这是 CFA/SEM 因子 / 量表信度的最低水平）。

```
. relicoef

Raykov's factor reliability coefficient

 Factor      | Coefficient
-------------+-------------
 Collectiv   |    0.770
 Individual  |    0.831

Note: We seek coefficients >= 0.7
```

图 12.5　`relicoef` 命令

除指标信度和量表信度外，我们还要检查 CFA/SEM 中潜变量的结构效度（construct validity）。当聚合效度和区分效度都被证实时，一个潜变量可以被认为是有效的。聚合效度（convergent validity）反映同一潜变量的一组指标正相关的程度。当一个潜变量（至少）与其相应指标的平均相关（标准化负荷）为 0.7 时，聚合效度得以确立。这个平均相关系数的平方（0.7^2）将为我们提供潜变量的平均方差提取（average variance extracted，AVE 这里是 0.5），这意味着潜变量应该（至少）解释其相关指标中平均 50% 的方差。

[①] 输入 `ssc install relicoef` 来安装此用户编写的包。

区分效度（discriminant validity）是潜变量的区别度。与模型中其他指标的相关性相比，一个潜变量和其指标之间的相关性越高，则这个潜变量就越容易区别。正如我们刚才所看到的，AVE 是一个潜变量与其指标之间相关性的函数。此外，两个不同潜变量之间相关系数的平方表明了潜变量与其指标共享方差有多大。因此，我们应该期望每个潜变量的 AVE 都要大于潜变量之间相关系数的平方（Fornell 和 Larcker，1981），以确立区分效度。

计算每个潜变量的 AVE 以及潜变量之间相关系数的平方可能是一项繁琐的任务。然而有一个用户编写的命令 condisc[①]，我们可以在 SEM 估计之后立即在 Stata 中运行，如图 12.6 所示。根据这些结果，我们可以首先声明聚合效度是存在的，因为两个 AVE 值都高于建议的最低水平 0.5。其次，由于两个 AVE 值（0.625 和 0.610）都明显大于两个潜变量之间相关系数的平方（0.407），区分效度也可以被认为是存在的。

```
. condisc
             Convergent and Discriminant Validity Assessment

Squared   correlations (SC) among  latent  variables

            Collectiv  Individual
 Collectiv  1.000
Individual  0.407      1.000

Average variance extracted (AVE) by latent variables

AVE_Collec~v     0.625    No problem with discriminant validity
                          No problem with convergent validity

AVE_Indivi~l     0.610    No problem with discriminant validity
                          No problem with convergent validity

Note: when AVE values >= SC values there is no problem with discriminant validity
      when AVE values >= 0.5 there is no problem with convergent validity
```

图 12.6　condisc 命令

模型拟合指标

模型拟合在某种程度上是我们的模型预测样本方差—协方差矩阵的程度。我们衡量模型拟合的方式是比较模型预测方差—协方差矩阵（Σ）和样本方差—协方差矩阵（S）。Σ 和 S 之间的差别越小，模型对数据的拟合就越好。文献中提出了多种模型拟合指标（参见 West 等，2012：212-213），每一个指标本质上都以不同的方式来衡

[①] 输入 ssc install condisc 来安装此用户编写的包。

量两个矩阵之间的差异（$\Sigma - S$）（Bollen，1989）。下面我们将讨论一些最常见的也是 Stata 提供的模型拟合指标，包括卡方（χ^2）检验、标准化残差均方根（standardized root mean squared residual，SRMR）、近似误差均方根（root mean squared error of approximation，RMSEA）、比较拟合指数（comparative fit index，CFI）、塔克-刘易斯指数（Tucker-Lewis index，TLI）。

卡方（χ^2）检验

χ^2 检验的工作原理和多元回归中用来比较嵌套模型的 F 检验非常类似。由于我们假设的 CFA/结构方程模型（HM）的目标是重现 S，评估 HM 表现的一种方法是比较我们的模型对数似然（LL）[①] 和已经重现 S 的模型的对数似然。其中一种模型就是所谓的饱和模型（saturated model，SM），它完美地拟合数据（$df = 0$）。SM 只包括方差和协方差/相关系数。两个模型（HM 和 SM）比较的 χ^2 检验将评估：

H_0：HM 的拟合不比 SM 差（$\Sigma = S$）；

H_1：HM 的拟合比 SM 差（$\Sigma \neq S$）。

我们已经估计了 HM，其对数似然（LLHM）是 -4 708.865 9（见图 12.3）。我们也可以估计 SM 通过输入：

```
. sem (<-respected secure accomplish self_fulfil self_respect)
```

这将得到对数似然 LLSM =-4 693.622 8。LLHM 和 LLSM 之间的差等于 -15.243 1，将此差乘以 -2，得到的数（30.486 2）服从 χ^2 分布。我们还知道 HM 的 $df = 4$ 和 SM 的 $df = 0$。然后我们通过在 Stata 中输入 di chi2tail(4, 30.4862)，得到错误拒绝上述原假设的概率——p 值为 0.000。这意味着我们拒绝 HM 的拟合不比 SM 差的原假设，并得出 HM 的拟合比 SM 差的结论[②]。这些结果与图 12.7 所示 Stata 提供的结果相同[③]。

---

① 这是给定数据时参数极大似然的对数。
② 简单地说，我们希望一个不显著的 χ^2 从而能够声称 CFA/结构方程模型很好地拟合了数据。
③ 你只需在 SEM 估计之后输入 estat gof, stats(all)，就可得到 χ^2 检验的结果以及 Stata 提供的其余默认拟合指标。

```
. estat gof, stats(all)
```

Fit statistic	Value	Description
Likelihood ratio		
chi2_ms(4)	30.486	model vs. saturated
p > chi2	0.000	
chi2_bs(10)	1886.339	baseline vs. saturated
p > chi2	0.000	
Population error		
RMSEA	0.082	Root mean squared error of approximation
90% CI, lower bound	0.057	
upper bound	0.111	
pclose	0.021	Probability RMSEA <= 0.05
Information criteria		
AIC	9449.732	Akaike's information criterion
BIC	9527.867	Bayesian information criterion
Baseline comparison		
CFI	0.986	Comparative fit index
TLI	0.965	Tucker-Lewis index
Size of residuals		
SRMR	0.024	Standardized root mean squared residual
CD	0.951	Coefficient of determination

图 12.7　模型拟合指标[①]

文献中有一个普遍共识，那就是 χ^2 检验对样本量非常敏感，因为在大样本中 χ^2 统计量往往统计上显著[②]。另外，在 CFA/SEM 中，小样本可能会掩盖拟合不佳并产生较不精确的参数估计（West 等，2012）。因此，通常建议还要检查如下的模型拟合指标。

标准化残差均方根（standardized root mean squared residual，SRMR）

预测的和样本的方差—协方差矩阵之间的差就是残差方差—协方差矩阵[③]。残差矩阵显示了我们的假设模型在预测时的实际表现。量化残差矩阵的一种综合方法是取其所有元素（方差和协方差）的平均数[④]。这个量被称为残差均方根（root mean squared

---

[①] 在基于 SEM 的出版物中赤池信息准则（Akaike information criterion, AIC）和贝叶斯信息准则（Bayesian information criterion，BIC）很少被报道。它们是两个可供选择的比较拟合指标。AIC/BIC 值越低的模型被认为具有更好的拟合。
[②] 大样本使得检测非常小的差异成为可能。
[③] 在 Stata 中，我们可以在估计 SEM 后输入 estat residuals 来得到这个（非标准化的）残差矩阵。
[④] 严格来说，这是残差平方的平均数的平方根。

residual，RMR）。然而，RMR 是基于 Σ 和 S 的协方差（原始单位）计算。由于在 CFA/SEM 中通常有不同测量单位的指标，因此很难解释给定的 RMR（Kline，2005），阻止了数据集之间的比较（West 等，2012）。

克服这些缺陷的一种方法是简单地取残差矩阵中所有元素的平均数（见 P311 脚注 4），但残差矩阵是通过预测的和样本的相关系数矩阵相减后得到的。得到的量称为标准化残差均方根（SRMR），它简单地显示了 Σ 和 S 的相关系数之间的平均差异（Brown，2015）。该指标可用于 CFA/SEM 中的比较目的。SRMR 越小，模型越好。SRMR 的范围从 0（最好拟合）到 1（最差拟合）。在 CFA/SEM 中，SRMR< 0.1 通常与可接受的拟合有关（Wang 和 Wang，2012）。当我们查看图 12.7 中假设模型的 SRMR 时，它确实为良好的拟合提供了支持。

近似误差均方根（root mean squared error of approximation，RMSEA）

和所谓的绝对拟合指标如 χ^2 和 SRMR 不同，近似误差均方根（RMSEA）考虑了模型的复杂度和样本量，对估计参数太多的模型（低 df）进行惩罚，从而倾向于更简单的模型（有着更高 df）。更确切地说，RMSEA 使用如下公式通过计算模型中每个自由度的拟合差异（Σ - S）来补偿模型复杂度的影响（Brown，2015）：

$$\text{RMSEA} = \sqrt{\frac{d}{df_{HM}}}, \text{其中} d = \frac{(\chi^2 - df)_{HM}}{N_{HM}} \tag{12.6}$$

将该公式应用于我们的模型，得到 d = (30.486 – 4) / 976 = 0.027 137 3，所以

$$\text{RMSEA} = \sqrt{\frac{0.027\,137\,3}{4}} = 0.082\,367\,01 \tag{12.7}$$

从这个公式可以看出，当我们减小 df（模型中包括更多需要估计的参数）时，RMSEA 值会增加。高 RMSE 值是模型拟合不佳的迹象。RMSEA 值 ≥ 0.10 表示模型拟合不佳（Browne 和 Cudeck 引自 Bowen 和 Guo，2012: 145）。如图 12.7 所示，我们的模型的 RMSEA 值为 0.082，这和我们在公式（12.7）中计算的值相同。由于 RMSEA< 0.1，我们认为该模型的拟合是可接受的。

比较拟合指数（comparative fit index，CFI）

当进行 χ^2 检验时，我们本质上比较了假设模型（HM）和饱和模型（完美拟合）。这里，我们将假设模型（HM）和基准模型（BM，最差拟合）进行比较，以找出 HM 拟合较

BM 的相对改善（Kline，2011）。默认的 BM 在 Stata 中是假定指标之间的协方差 / 相关系数为 0 的模型。由于我们已经估计了 HM，它的 df 和 χ^2 值分别为 4 和 30.49（见图 12.3）。我们也可通过在 Stata 中输入估计 BM：

```
. sem (<- respected secure accomplish self_fulfil self_respect), ///
    covstr(respected secure accomplish self_fulfil self_respect, diagonal)
```

得到其 df=10 和 χ^2 =1 886.34。使用下式得到估计的 CFI：

$$\mathrm{CFI} = 1 - \frac{(\chi^2 - df)_{\mathrm{HM}}}{(\chi^2 - df)_{\mathrm{BM}}} \tag{12.8}$$

将此公式应用于我们的模型：

$$\mathrm{CFI} = 1 - \frac{30.49 - 4}{1\,886.34 - 10} = 0.986 \tag{12.9}$$

这个值（0.986）和图 12.7 中 Stata 提供的 CFI 相同。CFI 通常范围从 0～1。CFI 值≥ 0.90 通常和可接受的模型拟合有关（Acock，2013）。CFI 值为 0.986，说明我们模型比假定指标间没有相关性的最差拟合模型好 98.6%（Acock，2013）。因此，基于 CFI 值 0.986，我们可以认为模型的拟合是可接受的（事实上非常好）。

7. 塔克—刘易斯指数（Tucker-Lewis index，TLI）

TLI 是比较 HM 和 BM 的另一种方法，定义为（Wang 和 Wang，2012：19）：

$$\mathrm{TLI} = \frac{(\chi^2/df)_{\mathrm{BM}} - (\chi^2/df)_{\mathrm{HM}}}{(\chi^2/df)_{\mathrm{BM}} - 1} \tag{12.10}$$

将此公式应用于我们的模型：

$$\mathrm{TLI} = \frac{(1\,886.34/10) - (30.49/4)}{(1\,886.34/10) - 1} = 0.965 \tag{12.11}$$

如公式（12.10）所示，TLI 对模型复杂度施加惩罚——要估计的参数越多，df_{HM} 值越小，因此 $(\chi^2/df)_{\mathrm{HM}}$ 越大，导致更小的 TLI（Wang 和 Wang，2012）。我们注意到公式（12.11）计算得到的值和在图 12.7 中 Stata 计算得到的 TLI 相同。TLI 通常范围也从 0~1。TLI 值≥ 0.90 通常与可接受的模型拟合有关（Acock，2013）。基于我们的大 CFI（0.965），我们可以得出模型拟合良好的结论。

12.2.5 模型修正

模型修正是用探索性的方式对拟合不佳的初始 CFA/SEM 进行重新设定。研究人员借助软件计算的所谓"修正指数"(modification indices,MIs)重新设定初始模型。MIs 表示如果一个固定或受限参数得到自由估计,模型 χ^2 值的预测减少(Kline,2005:45)。MIs 就像是成本—效益分析,让一个参数得到自由估计的成本是一个自由度,而效益是我们得到的 χ^2 值减少。找出效益是否超过成本的方法是考虑 χ^2 的减少幅度。假如这一减少大于 3.84,我们就可以断言效益超过成本。3.84 是自由度 $df=1$ 的 χ^2 分布的界值。因此,对于每一个大于 3.84 修正指数,我们将通过显著降低 χ^2 值来显著提升模型的拟合(Acock,2013:26)。

尽管我们的模型的拟合并不差,没有必要改进它的拟合,但出于教学目的,我们还是用这个模型作为例子,说明如何使用修正指数。在 Stata 中,我们可在 SEM 估计之后输入 `estat mindices` 来得到我们模型的 MIs,该程序产生的结果如图 12.8 所示。

```
. estat mindices

Modification indices

                                                                  Standard
                              MI    df   P>MI         EPC              EPC

Measurement
  self_fulfil <-
      Collectiv           21.568     1   0.00    -.3299606        -.215241

  self_respect <-
      Collectiv           15.798     1   0.00     .2204734         .1750985

       cov(e.secure,
      e.self_fulfil)      10.401     1   0.00    -.0357749        -.1765986
       cov(e.secure,
     e.self_respect)       4.495     1   0.03     .0206079         .0885852
    cov(e.accomplish,
      e.self_fulfil)      15.798     1   0.00     .1268317         .5320919
    cov(e.accomplish,
     e.self_respect)      21.568     1   0.00    -.0808387        -.2953228

EPC = expected parameter change
```

图 12.8 修正指数

我们发现指标 *accomplish* 和 *self_respect* 的误差之间建议的相关性的 MI 值为 21.568。这意味着对于 1 个自由度我们将减少 χ^2 21.568,这远远大于 3.84。于是,我们决定将这一相关性纳入我们的模型中，在 Stata 中输入如下命令：

```
. sem (Collectiv -> respected secure) (Individual -> accomplish ///
self_fulfil self_respect), cov(e.accomplish*e.self_respect)
```

为了看到修正后的模型的拟合，我们可输入 estat gof, stats(all) 得到模型拟合指标（就像我们前面所做的那样）。图 12.9 显示了修正前和修正后的模型拟合结果。我们看到，纳入建议的相关性，确实改善了所有的模型拟合指标（如 RMSEA 从 0.082 降至 0.036）。

Fit statistic	Value	Fit statistic	Value
Likelihood ratio		Likelihood ratio	
chi2_ms(4)	30.486	chi2_ms(3)	6.701
p > chi2	0.000	p > chi2	0.082
chi2_bs(10)	1886.339	chi2_bs(10)	1886.339
p > chi2	0.000	p > chi2	0.000
Population error		Population error	
RMSEA	0.082	RMSEA	0.036
90% CI, lower bound	0.057	90% CI, lower bound	0.000
upper bound	0.111	upper bound	0.072
pclose	0.021	pclose	0.693
Information criteria		Information criteria	
AIC	9449.732	AIC	9427.947
BIC	9527.867	BIC	9510.965
Baseline comparison		Baseline comparison	
CFI	0.986	CFI	0.998
TLI	0.965	TLI	0.993
Size of residuals		Size of residuals	
SRMR	0.024	SRMR	0.011
CD	0.951	CD	0.969
（a）修正前		（b）修正后	

图 12.9 修正前和修正后的拟合指标

基于 MI 修正模型应借助理论见解，这种方法已被证明可以增加发现真实模型的机会（Kline，2005）。第二个建议是，应该一次修正一个，从最大的开始，因为一个单一改变可能会影响解的其他部分（Raykov 和 Marcoulides，2006）。最后，由于修正改进很可能适用于特定的数据集（Raykov 和 Marcoulides，2006），修正后的模型应尽可能用独立样本进行重复（Chou 和 Huh，2012）。

12.3 潜路径分析

我们上一节中介绍了使用 CFA 的 SEM 过程。在此过程中，我们从理论／概念的角度解释了 SEM 的问题（从识别到修正），并使用 Stata 给出了应用。由于我们在 12.2 节 CFA 中讨论的 SEM 的问题通常直接适用于任何类型的 SEM，因此本节不再赘述。相反，我们使用潜路径分析（LPA）介绍 SEM 的另一个应用，这可能是社会科学中最常用的技术。LPA 用于检查因子结构以及检验假设的结构关系。因子结构是指指标和潜变量之间的关系，而结构关系则是指潜变量之间的联系。前者被称为测量部分（measurement part），而后者被称为结构部分（structural part），两者共同构成 LPA。

我们首先展示用来构建我们的 LPA 模型的真实数据集。我们的数据集（名为 *workout2.dta*）是 2014 年从挪威一个中等城市的一家训练／健身中心的会员处收集的。会员们被要求用等级量表（从 1 到 6，1= 非常差，6= 非常好）来说明某些特征（表 12.1 中的 x_1 和 x_2）在多大程度上描述他们自己。会员们还被要求用类似量表（从 1 到 6，1= 完全不重要，6= 非常重要）来说明不同因素（表 12.1 中的 y_1，…，y_9）对锻炼的重要性。

表 12.1 模型中指标和潜变量概览

指标	潜变量
x_1-attractive face（迷人面孔） x_2-sexy（性感）	*Attractive*（吸引力）
y_1-body（完美身材） y_2-appear（改善外表） y_3-attract（更有魅力）	*Appearance*（外表）
y_4-muscle（锻炼肌肉） y_5-strength（更强壮） y_6-endure（提升耐力）	*Muscle*（肌肉）
y_7-lweight（减肥） y_8-calories（燃烧卡路里） y_9-cwight（控制体重）	*Weight*（体重）

12.3.1 LPA 模型的设定

基于相关的进化心理学理论，我们提出以下假说：

H_1：一个人觉得自己越有吸引力，他/她就越想通过锻炼来提升自己的外表（*Attractive → Appearance*）

H_2：一个人越想通过锻炼来提升外表，他/她就越想通过锻炼来增强肌肉（*Appearance → Muscle*）

H_3：一个人越想通过锻炼来提升外表，他/她就越想通过锻炼来减肥（*Appearance → Weight*）

H_4：一个人觉得自己越有吸引力，就越会间接影响他/她想多锻炼来增强肌肉（*Attractive → Appearance → Muscle*）

H_5：一个人觉得自己越有吸引力，就越会间接影响他/她想多锻炼来减肥（*Attractive → Appearance → Weight*）

这在基于 SEM 的出版物中很常见，实际上，将这些假设放在一个路径图中（如图 12.10 所示）非常有用，以便于对关系的理解，并为这些假设的基于方程的公式提供基础。

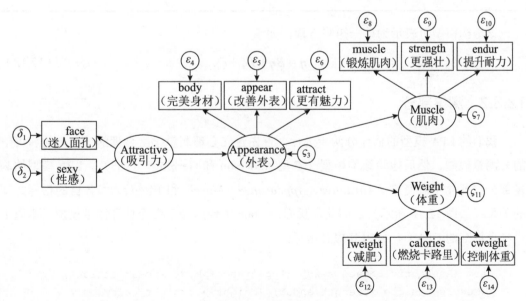

图 12.10 LPA 模型图示

使用前面介绍的 LISREL 记号（见图 12.1），我们可以将图形模型（见图 12.10）转化为表 12.2 所示的回归方程。如你所见，我们给出了测量和结构部分的方程。

表 12.2　测量和结构模型的方程

	测量部分		结构部分	
Attractive（吸引力）	$x_1 = \lambda_{11}\zeta_1 + \delta_1$ $x_2 = \lambda_{21}\zeta_1 + \delta_2$		Appearance ← Attractive （外表）　　（吸引力）	$\eta_1 = \gamma_{11}\zeta_1 + \zeta_3$
Appearance（外表）	$y_1 = \lambda_{11}\eta_1 + \varepsilon_4$ $y_2 = \lambda_{21}\eta_1 + \varepsilon_5$ $y_3 = \lambda_{31}\eta_1 + \varepsilon_6$		Muscle ← Appearance （肌肉）　　（外表）	$\eta_2 = \beta_{21}\eta_1 + \zeta_7$
Muscle（肌肉）	$y_4 = \lambda_{42}\eta_2 + \varepsilon_8$ $y_5 = \lambda_{52}\eta_2 + \varepsilon_9$ $y_6 = \lambda_{62}\eta_2 + \varepsilon_{10}$		Weight ← Appearance （体重）　　（外表）	$\eta_3 = \beta_{31}\eta_1 + \zeta_{11}$
Weight（体重）	$y_7 = \lambda_{73}\eta_3 + \varepsilon_{12}$ $y_8 = \lambda_{83}\eta_3 + \varepsilon_{13}$ $y_9 = \lambda_{93}\eta_3 + \varepsilon_{14}$			

该结构模型可表示为单一矩阵方程，如下：

$$\eta = B\eta + \Gamma\xi + \zeta \tag{12.12}$$

12.3.2　测量部分

我们的 LPA 模型的估计分两步进行，首先建立心理测量学上合理的（有效的和可信的）测量模型，然后检验结构模型（参见 Anderson 和 Gerbing, 1988）。LPA 模型的测量部分包括 4 个潜变量（*Attractive*、*Appearance*、*Muscle* 和 *Weight*）和各自的指标之间的关系（如图 12.10 所示）。因此，我们在 Stata 中使用如下命令估计测量模型（本质上是一个标准的 CFA），并求其拟合指标：

```
. sem (Attractive->face sexy) (Appearance->body appear attract) ///
    (Muscle->muscle strength endur) (Weight-> lweight calories ///
    cweight), stand
. estat gof, stats(all)
```

这里我们没有展示从测量模型的估计中得到的结果（如因子负荷、误差方差等）。

相反，我们只提供模型拟合指标，因为我们的目的是在测量模型的心理测量特性之前得到测量模型的良好拟合（Bowen 和 Guo，2012：127）。从图 12.11（a）中可知，有几个模型拟合指标（RMSEA> 0.1、TLI < 0.9 等）是不可接受的。为了提高测量模型的拟合度，我们通过输入 estat mindices[①] 得到修正指数，发现将两对不同指标（*muscle* 和 *endur*、*lweight* 和 *body*）的误差方差相关联可以提高模型拟合。对测量模型进行修正，我们用如下命令重新估计重新设定/修正的模型[②]：

```
. sem (Attractive -> face sexy) (Appearance -> body appear attract)///
  (Muscle -> muscle strength endur) (Weight -> lweight calories
  cweight)///,
    stand cov(e.muscle*e.endur e.lweight*e.body)
. estat gof, stats(all)
```

从图 12.11（b）中我们可以看到，修正后模型的拟合指标提高到了可接受水平[③]。

Fit statistic	Value		Fit statistic	Value
Likelihood ratio			Likelihood ratio	
chi2_ms(38)	155.981		chi2_ms(36)	113.576
p > chi2	0.000		p > chi2	0.000
chi2_bs(55)	1308.679		chi2_bs(55)	1308.679
p > chi2	0.000		p > chi2	0.000
Population error			Population error	
RMSEA	0.129		RMSEA	0.107
90% CI, lower bound	0.108		90% CI, lower bound	0.085
upper bound	0.150		upper bound	0.130
pclose	0.000		pclose	0.000
Information criteria			Information criteria	
AIC	6152.926		AIC	6114.520
BIC	6278.939		BIC	6246.996
Baseline comparison			Baseline comparison	
CFI	0.906		CFI	0.938
TLI	0.864		TLI	0.905
Size of residuals			Size of residuals	
SRMR	0.076		SRMR	0.069
CD	1.000		CD	1.000

（a）修正前　　　　　　　　　　　（b）修正后

图 12.11　LPA 模型测量部分的拟合指标

[①] 由于篇幅原因，我们略去了修正指数的输出。
[②] 事实上，我们通过加入 *muscle* 和 *endur* 的误差方差之间第一相关性来估计模型，然后通过加入 *lweight* 和 *body* 的误差方差之间第二相关性来估计扩展模型。
[③] 对于这个示例，我们接受修正模型中的 RMSEA 值 0.107。然而，事实上我们希望 RMSEA 低于 0.10。

既然修正的测量模型达到了可接受的拟合度，我们现在可以继续检查模型的心理测量特性（效度和信度）。因此，我们给出了修正模型的估计结果（如图 12.12）。为了节省篇幅，我们只展示最感兴趣的那部分结果（如标准化负荷）。从图 12.12 中我们可以看到，所有标准化负荷都高于最低可接受水平 0.4，并且它们都是统计上显著的。

Standardized	Coef.	OIM Std. Err.	z	P>|z|	[95% Conf. Interval]	
Measurement						
face <-						
Attractive	0.7243	0.1028	7.04	0.000	0.5228	0.9258
_cons	3.3455	0.1878	17.81	0.000	2.9774	3.7136
sexy <-						
Attractive	0.9223	0.1237	7.46	0.000	0.6799	1.1647
_cons	2.3863	0.1434	16.64	0.000	2.1052	2.6675
body <-						
Appearance	0.8143	0.0269	30.27	0.000	0.7615	0.8670
_cons	2.7082	0.1590	17.03	0.000	2.3966	3.0198
appear <-						
Appearance	0.9637	0.0136	70.76	0.000	0.9370	0.9904
_cons	2.0328	0.1280	15.88	0.000	1.7818	2.2838
attract <-						
Appearance	0.8916	0.0187	47.69	0.000	0.8550	0.9282
_cons	1.7830	0.1177	15.15	0.000	1.5524	2.0137
muscle <-						
Muscle	0.9546	0.0800	11.93	0.000	0.7977	1.1114
_cons	2.4720	0.1473	16.79	0.000	2.1834	2.7606
strength <-						
Muscle	0.6730	0.0651	10.33	0.000	0.5453	0.8007
_cons	4.0214	0.2204	18.24	0.000	3.5893	4.4534
endur <-						
Muscle	0.7280	0.0873	8.34	0.000	0.5569	0.8990
_cons	4.7513	0.2563	18.54	0.000	4.2489	5.2537
lweight <-						
Weight	0.8512	0.0250	34.03	0.000	0.8021	0.9002
_cons	2.0914	0.1294	16.16	0.000	1.8379	2.3450
calories <-						
Weight	0.9109	0.0194	46.95	0.000	0.8729	0.9490
_cons	2.5121	0.1491	16.85	0.000	2.2199	2.8042
cweight <-						
Weight	0.8849	0.0212	41.76	0.000	0.8434	0.9264
_cons	2.4957	0.1483	16.83	0.000	2.2050	2.7865

图 12.12　修正测量模型的结果

这里，更重要的是检查修正模型的聚合效度和区分效度。这在 Stata 中用 condisc 命令很容易做到，其输出如图 12.13 所示。这表明模型具备聚合效度和区分效度。就聚合效度而言，全部 AVE 都在建议的水平 0.5 之上。说到区分效度，全部的 AVE 都远大于所有潜变量之间相关系数的平方。

```
. condisc

              Convergent and Discriminant Validity Assessment

Squared   correlations (SC) among   latent   variables


             Attractive   Appearance        Muscle          Weight
Attractive        1.000
Appearance        0.063        1.000
    Muscle        0.013        0.208         1.000
    Weight        0.001        0.213         0.069           1.000


Average variance extracted (AVE) by latent variables


AVE_Attrac~e         0.688           No problem with discriminant validity
                                     No problem with convergent validity

AVE_Appear~e         0.796           No problem with discriminant validity
                                     No problem with convergent validity

  AVE_Muscle         0.631           No problem with discriminant validity
                                     No problem with convergent validity

  AVE_Weight         0.779           No problem with discriminant validity
                                     No problem with convergent validity


Note: when AVE values >= SC values there is no problem with discriminant validity
      when AVE values >= 0.5 there is no problem with convergent validity
```

图 12.13　聚合效度和区分效度

最后，我们来检查修正模型中潜变量的量表信度。为了计算信度系数，我们在 Stata 中直接输入 relicoef，产生如图 12.14 结果。结果表明全部信度系数都明显大于推荐的阈值 0.7。

```
. relicoef

Raykov's factor reliability coefficient

 Factor       |  Coefficient
--------------+--------------
 Attractive   |     0.823
 Appearance   |     0.952
 Muscle       |     0.982
 Weight       |     0.912

Note: We seek coefficients >= 0.7
```

图 12.14　信度系数

12.3.3 结构部分

既然我们已经建立了一个合理的测量模型，我们现在可以继续评价模型的结构部分。因此，我们需要估计完整的 LPA 模型。换句话说，我们用潜变量之间的假设关系来扩展我们的测量（修正），然后在 Stata 中使用如下命令估计最终的模型（图 12.10 加上误差方差间的相关性），得到如图 12.15 所示的输出。

```
. sem (Attractive -> face sexy) (Appearance -> body appear attract) ///
  (Muscle -> muscle strength endur) (Weight -> lweight calories cweight) ///
  (Appearance <- Attractive) (Muscle Weight <- Appearance) ///
  ,stand cov(e.muscle*e.endur e.lweight*e.body)
. estat gof, stats(all)
```

第一步是检查 LPA 模型的拟合。由于样本量的敏感，我们不基于 χ^2 检验来评价模型拟合。在图 12.15 中我们可以看到，RMSEA 恰好处于可接受的边缘。考虑到 CFI 和 TLI 都高于 0.9 并且 SRMR 小于 0.1，我们可以得到结论，我们的 LPA 模型的拟合令人满意的——这通常是我们想要进一步检查和解释估计的必要条件。

结构部分的评价类似于检查用线性回归分析检验的统计模型（见第 3 章和第 4 章）。首先要考虑路径系数的 3S，即符号（sign）、显著性（significance）和大小（size）。路径系数是帮助我们评价结构部分假设关系的估计值。这些路径系数通常以标准化的形式表示（见图 12.15），这等价于线性回归的标准化回归系数。标准化系数的范围通常在 –1 和 +1 之间。路径系数越接近 ±1，关系（正/负）越强。自然地，路径系数越接近 0，关系就越弱。标准化 beta 系数小于或等于 0.09 意味着弱效应，系数在 0.09 到 0.2 之间意味着中等效应，系数大于 0.2 意味着强效应（参见第 4 章）。

转到图 12.15 中模型的标准化 beta 系数，我们看到所有的系数符号都在假设的方向上。也就是说，*Attractive* 对 *Appearance* 有着正的强效应，*Appearance* 对 *Muscle* 和 *Weight* 有着正的强效应，最后，所有标准化系数在 0.01 水平上统计上显著。所有这些发现为我们的前三个研究假设（H_1、H_2 和 H_3）提供了明确的支持。我们还可以通过在 Stata 中输入 `estat eqgof` 得到模型的因变量/内生变量的 R^2 值，结果如图 12.16 所示。在这里，我们看到 *Attractive* 可单独解释 *Appearance* 大约 7% 的方差，而 *Appearance* 可分别单独解释 *Muscle* 和 *Weight* 大约 22% 和 21% 的方差。

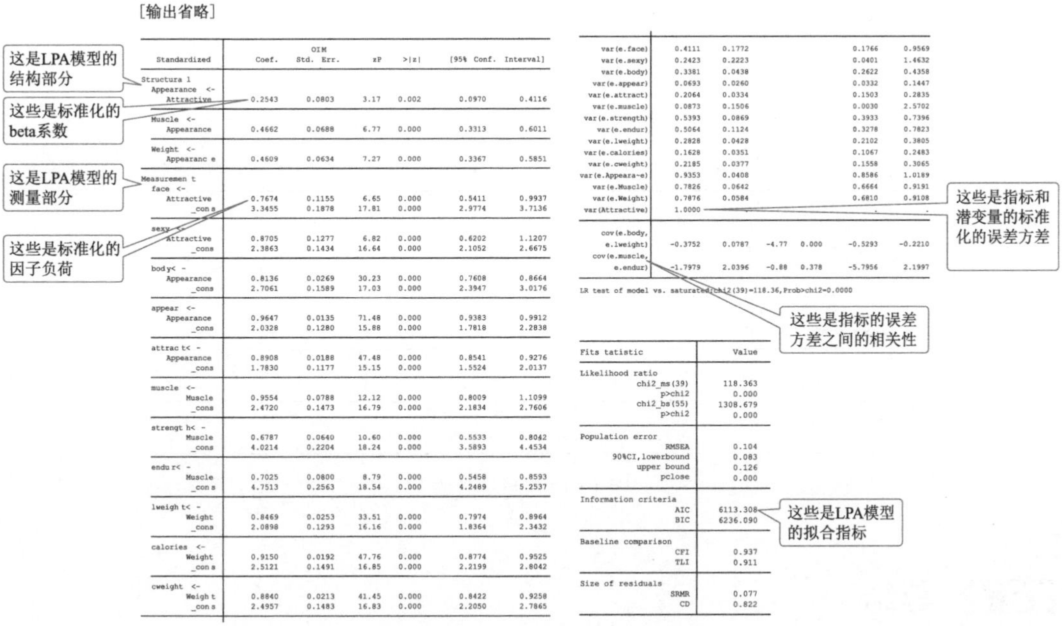

[输出省略]

Standardized	Coef.	OIM Std. Err.	zP	>|z|	[95% Conf.	Interval]
Structura l						
Appearance <-						
Attractive	0.2543	0.0803	3.17	0.002	0.0970	0.4116
Muscle <-						
Appearance	0.4662	0.0688	6.77	0.000	0.3313	0.6011
Weight <-						
Appearanc e	0.4609	0.0634	7.27	0.000	0.3367	0.5851
Measuremen t						
face <-						
Attractive	0.7674	0.1155	6.65	0.000	0.5411	0.9937
_con s	3.3455	0.1878	17.81	0.000	2.9774	3.7136
sexy <-						
Attractive	0.8705	0.1277	6.82	0.000	0.6202	1.1207
_cons	2.3863	0.1434	16.64	0.000	2.1052	2.6675
bod y< -						
Appearance	0.8136	0.0269	30.23	0.000	0.7608	0.8664
_cons	2.7061	0.1589	17.03	0.000	2.3947	3.0176
appear <-						
Appearance	0.9647	0.0135	71.48	0.000	0.9383	0.9912
_cons	2.0328	0.1280	15.88	0.000	1.7818	2.2838
attrac t< -						
Appearance	0.8908	0.0188	47.48	0.000	0.8541	0.9276
_cons	1.7830	0.1177	15.15	0.000	1.5524	2.0137
muscle <-						
Muscle	0.9554	0.0788	12.12	0.000	0.8009	1.1099
_cons	2.4720	0.1473	16.79	0.000	2.1834	2.7606
strengt h< -						
Muscle	0.6787	0.0640	10.60	0.000	0.5533	0.8042
_cons	4.0214	0.2204	18.24	0.000	3.5893	4.4534
endu r< -						
Muscle	0.7025	0.0800	8.79	0.000	0.5458	0.8593
_con s	4.7513	0.2563	18.54	0.000	4.2489	5.2537
lweigh t< -						
Weight	0.8469	0.0253	33.51	0.000	0.7974	0.8964
_cons	2.0898	0.1293	16.16	0.000	1.8364	2.3432
calories <-						
Weight	0.9150	0.0192	47.76	0.000	0.8774	0.9525
_con s	2.5121	0.1491	16.85	0.000	2.2199	2.8042
cweight <-						
Weigh t	0.8840	0.0213	41.45	0.000	0.8422	0.9258
_con s	2.4957	0.1483	16.83	0.000	2.2050	2.7865
var(e.face)	0.4111	0.1772			0.1766	0.9569
var(e.sexy)	0.2423	0.2223			0.0401	1.4632
var(e.body)	0.3381	0.0438			0.2622	0.4358
var(e.appear)	0.0693	0.0260			0.0332	0.1447
var(e.attract)	0.2064	0.0334			0.1503	0.2835
var(e.muscle)	0.0873	0.1506			0.0030	2.5702
var(e.strength)	0.5393	0.0869			0.3933	0.7396
var(e.endur)	0.5064	0.1124			0.3278	0.7823
var(e.lweight)	0.2828	0.0428			0.2102	0.3805
var(e.calories)	0.1628	0.0351			0.1067	0.2483
var(e.cweight)	0.2185	0.0377			0.1558	0.3065
var(e.Appeara~e)	0.9353	0.0408			0.8586	1.0189
var(e.Muscle)	0.7826	0.0642			0.6664	0.9191
var(e.Weight)	0.7876	0.0584			0.6810	0.9108
var(Attractive)	1.0000				.	.
cov(e.body, e.lweight)	-0.3752	0.0787	-4.77	0.000	-0.5293	-0.2210
cov(e.muscle, e.endur)	-1.7979	2.0396	-0.88	0.378	-5.7956	2.1997

LR test of model vs. saturated:chi2(39)=118.36,Prob>chi2=0.0000

Fits tatistic	Value
Likelihood ratio	
chi2_ms(39)	118.363
p>chi2	0.000
chi2_bs(55)	1308.679
p>chi2	0.000
Population error	
RMSEA	0.104
90%CI,lowerbound	0.083
upper bound	0.126
pclose	0.000
Information criteria	
AIC	6113.308
BIC	6236.090
Baseline comparison	
CFI	0.937
TLI	0.911
Size of residuals	
SRMR	0.077
CD	0.822

图 12.15　LPA 模型的估计结果

回到最后两个假说（H_4 和 H_5），我们需要估计 *Attractive*（通过 *Appearance*）对 *Muscle* 和 *Weight* 的间接效应。要做到这些，我们只要在 Stata 中输入 `estat teffects, stand nodirect nototal compact`，该程序将给出如图 12.17 所示的结果（未标准化的和标准化的）。在这里，我们发现 *Attractive* 对 *Muscle* 和 *Weight* 有着中等强度的、正的间接效应，并且这些间接效应在 0.01 水平上有统计学意义。

```
. estat eqgof

Equation-level goodness of fit

                                Variance
     depvars        fitted  predicted   residual    R-squared         mc        mc2

[输出省略]

latent
  Appearance      1.493021   .0965595   1.396461     .0646739   .2543107   .0646739
      Muscle          2.27   .4933958   1.776605      .217355   .4662134    .217355
      Weight      2.197208   .4667143   1.730494     .2124124   .4608822   .2124124

     overall                                         .8223466

mc  = correlation between depvar and its prediction
mc2 = mc^2 is the Bentler-Raykov squared multiple correlation coefficient
```

图 12.16　内生变量的 R^2 值

```
. estat teffects, stand nodirect nototal compact

Indirect effects
                           OIM
              Coef.   Std. Err.      z     P>|z|        Std. Coef.
```

[输出省略]

```
Structural
Appearance <-

  Muscle <-
   Attractive  0.238    0.088    2.7130   0.007           0.119
  Weight <-
   Attractive  0.231    0.086    2.6950   0.007           0.117
```

图 12.17 间接效应

12.4 总结

在本章中，我们通过两种最常用的 SEM 技术 CFA 和 LPA 对 SEM 进行了简要介绍。然而从更广泛的意义上说，SEM 应被视为一种统计框架（而非单一技术），它可以替代大多数传统的统计技术（回归、ANOVA、logistic 回归等）及其扩展（如似无关回归、MANOVA、多类 logistic 回归等）。换句话说，SEM 可以用来估计任何模型，模型中可包含任意数量的自变量和因变量，这些变量可以仅是观测变量或潜变量，也可以是两类变量的组合。通过 Stata 强大的 SEM 命令 sem 和 gsem，这个说法是特别可行／可检验的。简单来说，后一个命令可用于非连续型的因变量／内生变量（如二分类、计数等）以及多水平数据[①]。

  关键术语

- 指标变量（Indicator variable）：对潜变量回归的测量变量。
- 潜变量（Latent variable）：预测指标变量的未测量变量。
- 外生变量（Exogenous variable）：预测变量。

---

① 我们在这一章中省略了对 gsem 的处理。但你可以通过在 Stata 中输入 help gsem 来了解该命令及其更多功能。建议你在读完关于 logistic 回归和多水平分析的章节后再这么做。

- 内生变量（Endogenous variable）：结果变量。
- 验证性因子分析（CFA）：用来检查指标和潜变量之间关系的模型。
- 测量误差（Measurement error）：指标变量方差中不可信的部分。
- 不可识别模型（Under-identified model）：自由度小于 0 的模型。
- 恰好识别模型（Just-identified model）：自由度等于 0 的模型。
- 过度识别模型（Over-identified model）：自由度大于 0 的模型。
- 指标信度（Indicator reliability）：指标中由潜变量解释的方差量。
- 量表信度（Scale reliability）：由我们的指标构成的量表中归因于真实得分（潜变量）的总变异的比例。
- 聚合效度（Convergent validity）：反映同一潜变量的一组指标正相关的程度。
- 区分效度（Discriminant validity）：一个潜变量和它的指标（而不是和另一个潜变量的指标）的相关程度。
- 测量模型（Measurement model）：包含潜变量与其指标之间的关系。
- 结构模型（Structural model）：包含潜变量之间的关系。
- 间接效应（Indirect effect）：一个变量（通过另一个变量）对因变量的效应。

问题

1. 解释评估验证性因子分析和潜路径分析表现的准则。

2. 使用相同的数据集，试着构建并估计另一个 CFA 模型（不同于我们在本章中估计的 CFA 模型）。

3. 解释为什么结构方程模型可用来替代传统的统计分析，如 t 检验、方差分析和线性回归。

4. 用 sem 命令估计一个标准回归模型，并将其结果和用 regress 命令估计同一模型所得到的结果进行比较。

5. 找到并评估一篇在你的领域中应用 CFA 或 LPA 模型的文章。

延伸阅读

Acock, A.C. (2013) *Discovering Structural Equation Modeling Using Stata*. College Station, TX: Stata Press.

这本书从应用的角度给出了结构方程模型的处理方法。作者详细介绍了多组分析和潜增长分析，可作为本章的延伸。作者还展示了如何应用 Stata 中的 SEM Builder 来估计模型。

Bowen, N.K. and Guo, S. (2012) *Structural Equation Modeling*. New York: Oxford University Press.

这本书使用多个应用实例提供了一个基于矩阵的 SEM 解释。书中也有为 SEM 分析做准备的简短章节，很好地补充了这一章。

Brown, T.A. (2015) *Confirmatory Factor Analysis for Applied Research*. New York: Guilford Press.

尽管这是一本纯粹关于验证性因子分析的书，但通读本书将使你深入理解 SEM。使用 Stata 完成书中的例子将提供有用的实践。本书还探讨了 SEM 中的一些高级话题。

StataCorp (2014). *Stata Structural Equation Modeling Reference Manual Release 14*. Texas: Stata Press.

这是 Stata 官方手册，对 Stata 的 sem 和 gsem 命令进行了全面且详尽的解释。你也可以在 Stata 中输入 help sem 或 help gsem。

参考文献

Acock, A.C. (2013) *Discovering Structural Equation Modeling Using Stata*. College Station, TX: Stata Press.

Anderson, J.C. and Gerbing, D.W. (1988) Structural equation modeling in practice: A review and recommended two-step approach. *Psychological Bulletin*, 103(3), 411–423.

Bollen, K.A. (1989) *Structural Equations with Latent Variables*. New York: Wiley.

Bowen, N.K. and Guo, S. (2012) *Structural Equation Modeling*. New York: Oxford University Press.

Brown, T.A. (2015) *Confirmatory Factor Analysis for Applied Research*. New York: Guilford Press.

Chou, C.-P. and Huh, J. (2012) Model modification in structural equation modeling. In R.H. Hoyle (Ed.), *Handbook of Structural Equation Modeling* (pp. 232–246). New York: Guilford Press.

Fornell, C. and Larcker, D. F. (1981) Evaluating structural equation models with unobservable variables and measurement errors. *Journal of Marketing Research*, 18, 39–50.

Harlow, L.L. (2014) T*he Essence of Multivariate Thinking: Basic Themes and Methods*. New York: Routledge.

Jöreskog, K.G. and Sorbom, D. (1989) LISREL 7: *A Guide to the Program and Applications*. Chicago: SPSS Inc.

Kline, R.B. (2005) *Principles and Practice of Structural Equation Modeling*. New York: Guilford Press.

Kline, R.B. (2011) *Principles and Practice of Structural Equation Modeling* (3rd edn). New York: Guilford Press.

Raykov, T. (1997) Estimation of composite reliability for congeneric measures. *Applied Psychological Measurement*, 21, 173–184.

Raykov, T. and Marcoulides, G.A. (2006) *A First Course in Structural Equation Modeling*. Mahwah, NJ: Lawrence Erlbaum.

Wang, J. and Wang, X. (2012) *Structural Equation Modeling: Applications Using Mplus*. Chichester: Wiley.

West, S.G., Taylor, A.B. and Wu, W. (2012) Model fit and model selection in structural equation modeling. In R.H. Hoyle (Ed.), *Handbook of Structural Equation Modeling* (pp. 209–231). New York: Guilford Press.

13.1 变量变换

13.2 加权

13.3 稳健回归

13.4 缺失数据

13.5 总结

关键术语

问题

延伸阅读

参考文献

重要问题

- 学习如何变换有偏或尖峰变量
- 会进行稳健回归分析
- 会使用不同的技术处理缺失数据

在本章中我们来看看当条件不理想时如何处理回归分析。这可能是由于有偏的变量分布，或者当正态分布误差的假设不满足时，或者当我们有数据缺失的问题时。过大的偏度/峰度会导致回归假设和离群值的影响问题，但在一定程度上可以通过幂变换来解决。当 OLS 条件不理想时，稳健回归可能是一个解决方案。最后，有多种方法处理缺失数据的问题。

13.1 变量变换

偏度、峰度和离群值会给回归分析带来问题，甚至会给简单统计量（如均值）带来问题。例如，我们有一个 20 人的样本，调查他们的收入。在没有任何严重离群值的情况下，均值可以很好地衡量集中趋势。然而，如果其中一个人是皇家马德里足球俱乐部的足球明星，他的收入将严重影响均值，我们最好用中位数衡量集中趋势。正如异常值影响均值一样，它也会影响回归系数和误差项。但是，我们可通过预处理这些分布来预防问题。

13.1.1 偏度和峰度

正态分布在统计学中很重要，因为它在统计推广和中心极限定理中起着重要作用。正态分布是钟形的，关于均值对称，大约 68% 的观察值落在均值加减一个标准差的范围内，95% 落在 1.96 个标准差的范围内。正态分布可以有不同的形式，只要它们具有这些特征。图 13.1 所示为标准正态分布，其中均值为 0，标准差为 1。

偏度可以定义为分布中缺乏对称性。正态分布的偏度为 0。如果一个分布的长尾在左侧（中位数通常大于均值），它被称为负偏；如果分布的长尾在右侧（中位数通常小于均值），它被称为正偏。如图 13.2 所示。

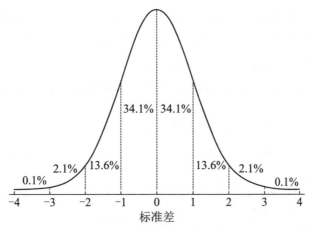

图 13.1 标准正态分布

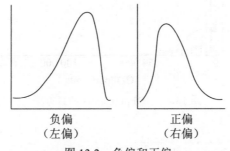

图 13.2 负偏和正偏

峰度是另一方面对分布尖峰程度的度量,由 Pearson(1905)提出。在 Stata 中正态分布的峰度值为 3(注意 SPSS 和其他统计程序使用正态分布的峰度值为 0 的方法)。如果一个分布有太多接近均值的观测值,它有高峰度(大于 3),被描述为尖峰态(leptokurtic);如果一个分布有太少接近均值的观察值,它有低峰度(小于 3),被描述为平峰态(platykurtic),如图 13.3 所示。

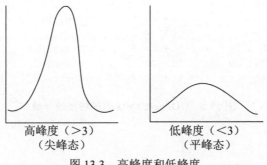

图 13.3 高峰度和低峰度

Stata 中有 3 种方法来判定一个分布是偏态还是尖的。首先，我们可以绘制包含正态曲线的直方图，并目测检查分布情况。其次，我们使用 detail 选项通过汇总变量得到偏度和峰度。打开数据集 *Critical_issues.dta*，在这里，我们研究从世界银行收集的 1985—2011 年的国家—年度数据。我们将仔细查看变量 *GDPperCapita*：

. histogram GDPperCapita, normal

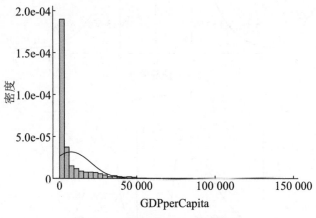

图 13.4　GDPperCapita 的直方图

. summarize GDPperCapita, detail

```
                        GDPperCapita
-------------------------------------------------------------
        Percentiles      Smallest
 1%       137.5107       64.35624
 5%       213.6175       64.8064
10%       287.6725       69.05118       Obs              4285
25%       579.0612       72.32932       Sum of Wgt.      4285

50%       1936.696                      Mean         7493.085
                         Largest        Std. Dev.    12566.91
75%       7929.696       103574.2
90%       24075.09       106919.5       Variance     1.58e+08
95%       35087.89       112028.5       Skewness      2.90578
99%       54140.5        114508.4       Kurtosis     14.41547
```

图 13.5　GDPperCapita 的描述性统计量

我们从图 13.4 和图 13.5 中可以看到该变量是右偏的（正偏态），并且有着非常大的峰度值。

最后，如第 7 章中提到的那样，我们也可以执行 sktest 来检查这个分布是否与正态分布显著不同。

13.1.2 变换

由于偏态或尖峰分布会给回归分析带来问题，所以通常的做法是使用变换来压缩异常值并使分布更加对称。变换的一个负面后果是回归结果的直接解释变得更加困难。你仍然可以查看系数的方向以及结果是否统计上显著，但系数现在代表了变换后的变量的一个单位变化。除了帮助我们满足推断统计的假设之外，变换用于使数据更易于解释。通过变换数据，我们改变了变量间关系的形式，但是对于给定的变量，观测间的相对差异保持不变。注意，对于有偏变量，任何置信区间都可能有错误的覆盖概率，变换变量可以纠正这一点。

我们可以用幂变换来改变变量的分布形状。对变量取 $p>1$ 的幂转换将减小负偏。如果 $p=1$，数据保持不变，如果 $p<1$（也可使用负数）将减小正偏。p 离 1 越远，变换的效果越强。对于我们的数据集，

```
. generate transformedGDP = GDPperCapita^2
```

这通常会减少负偏，但效果并不好，因为 GDP 是正偏。然而，

```
. generate transformedGDP = GDPperCapita^-1
```

这减少了正偏，将会给我们一个更好的分布。

减少正偏的另一个常用方法是对数变换（使用自然对数，对负偏的效果不好）：

```
. generate lnGDP = ln(GDPperCapita)
. summarize lnGDP, detail
```

图 13.6 显示我们现在的分布比原始变量更好（与图 13.5 相比）。

```
                                   lnGDP

           Percentiles      Smallest
      1%      4.923702       4.164434
      5%      5.364187       4.171404
     10%      5.661823       4.234848    Obs               4,285
     25%      6.361408       4.281229    Sum of Wgt.       4,285

     50%      7.568739                   Mean           7.708129
                              Largest    Std. Dev.      1.624449
     75%      8.97837        11.54804
     90%     10.08893        11.57983    Variance       2.638834
     95%     10.46561        11.62651    Skewness        .2389481
     99%     10.89934        11.6484     Kurtosis       2.027544
```

图 13.6　对数变换后 GDPperCapita 的描述性统计量

但是我们必须记住 0 或负数的对数是没有意义的。如果我们的变量有 0 或负数，我们需要在进行变换之前要给数据加上一个常数。在我们的数据集中偏态变量 FDI（外国直接投资）有负值（最小值为 -84 662 791 822）。因此，我们加上一个最小值的绝对值 +1 的常数：

```
. generate FDItest = FDI + 84662791823
. generate lnFDI = ln(FDItest)
```

请记住，语法只是为了举例，对数转换这个特定变量并未改善它的分布。

采用对数转换也可能纠正负偏的数据。为了做到这一点，我们必须反转取值（当你解释结果时，不要忘记反转变换）。FDI 变量的最大值为 340 065 000 000。我们可通过从这个值 +1 中减去每个取值来反转这个（反转后变量的最小值为 1）：

```
. generate FDIreverse = 340065000001 - FDI
```

现在我们可以对反转后的变量进行对数变换。

了解哪种类型的变换最接近正态分布的一种简单的方法是使用 gladder[①] 命令。

```
. gladder GDPperCapita
```

与我们的原始分布（见图 13.4）相比，我们看到对数变换在这里是更好的选择（参见图 13.7）。

[①] 还可使用 ladder 或 qladder 命令得到不同类型的统计量和可视化统计。

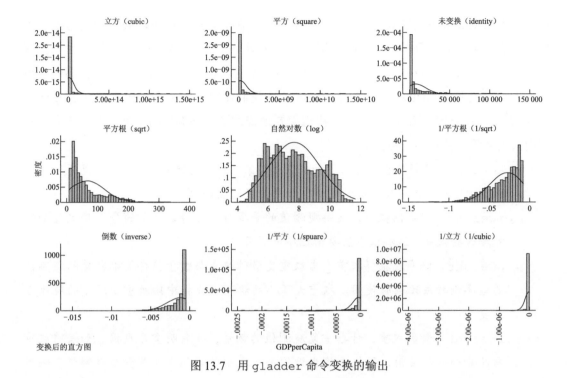

图 13.7 用 gladder 命令变换的输出

当涉及因变量时，我们也可采用 glm 命令而不是变换 Y，这样做的好处是避免了对数变换变量时出现负数或 0 的问题。广义线性模型（generalized linear model，GLM）[①]允许因变量具有非正态分布。这是通过联接函数（link function）来处理的，我们定义协变量（X 变量）如何与结果变量联接：

. glm FDI GDPperCapita ethfrac incidence, link(log)

13.2 加权

Stata 允许我们在回归分析中进行加权。我们可能正在研究调查数据，研究人员要么无法收集到总体的一个随机样本，要么选择对某些组（可能是有特别的兴趣或者为了以

---

① 关于广义线性模型的更多信息，参见 Hardin 和 Hilbe（2012）。

最小的支出来取得最大的效果）进行过度抽样①。在这两种情况下，假如我们想推广到总体，我们需要加权数据。这样的数据集通常包括一个权重变量。此外，如果我们在研究国家，我们可以选择将每个国家作为一个单位来对待，或者我们可以根据它们的大小（如人口、面积或GDP）加权它们。Stata 允许我们使用 4 种类型的权重：aweight、iweight、pweight 和 fweight。我们简要地描述了每种类型的权重，但在我们的示例中只关注第一种和第三种权重。

- aweight：分析权重，可用于加权最小二乘回归（稳健回归的变体，见下一节）和类似程序。这些权重通常用于包含平均数的数据。
- iweight：重要性权重，反映观测值的重要性。支持该权重的命令将定义如何处理这些权重。这些权重主要由程序员使用。
- pweight：概率或抽样权重，当权重变量的权重与由于抽样策略包含的观测值的概率倒数成比例时使用。权重大于 1 的观测在分析中比权重小于 1 的观测更重要。
- fweight：频数权重，计数重复观测值的数量，并表明重复数据。如果将权重与此命令一起使用，则权重将告诉你每个观测值实际代表多少个观测值。频数权重必须为整数。它们允许我们操作较小的数据集（通过使用此选项可以扩大）。

打开数据集 *WeightingP.dta*，其取自欧洲社会调查（European Social Survey，ESS，2012）。这里我们研究来自英国的个体水平调查数据，更具体地说，我们研究人们对政治机构的信任感（*Political_Trust*），我们将用解释变量 *woman*、*age*、*unemployed* 和 *eduyrs*（受教育年数）。正如前面提到的，许多数据集使用的是加权样本。这是欧洲社会调查并未抽取每个国家（包括英国）总体的一个真正有代表性的样本。在本例中，这意味着通过包含表示被抽取到样本中的逆概率的权重变量来调整的。这是在比较抽取的样本和总体统计（关于某些参数）后进行编码，以便调整，例如，太少女性或太多高学历被抽取。在该数据集中，权重变量称为 dweight（设计权重，见图 13.8 中的输出）：

```
. tab dweight
```

---

① 大多数调查设计没有独立地对个体进行抽样，而是采用群（如按国家或城市）。第一级抽样的群称为初级抽样单位（primary sampling units），个体从群中抽样。这导致了比直接抽样个体更大的样本与样本之间的变异性。因此抽样权重有助于我们得到正确的回归系数，但我们必须考虑加权、群和分层来得到正确的标准误（如果不考虑这一点，标准误通常会太小）。更多信息可参见 StataCorp（2013a）。

```
Design
weight        Freq.     Percent    Cum.

 .5291676      675       27.87     27.87
 .5291676      147        6.07     33.94
1.058335       992       40.96     74.90
1.058335       221        9.12     84.02
1.587503       257       10.61     94.63
2.11667        105        4.34     98.97
2.645838        14        0.58     99.55
3.175005         8        0.33     99.88
3.175005         1        0.04     99.92
3.704173         2        0.08    100.00

   Total     2,422      100.00
```

图 13.8 权重变量的频数分布

在进行分析时，我们可使用这一权重以得到有代表性的样本：

. regress Political_Trust woman age unemployed eduyrs [pweight=dweight]

表 13.1 中显示了未加权和加权回归模型估计的差异。

表 13.1 未加权和加权的系数

变量	系数	加权的系数
Constant	7.314	8.233
Woman	−0.255	−0.149
Age	0.011	0.002
Unemployed	−3.282	−2.984
Education	0.255	0.222

使用 pweight 选项对于社会科学家分析调查数据特别重要。这个选项也是 Stata 中 survey 命令选项的核心，survey 命令以 svy 为前缀①：

. svyset _n [pweight = dweight]
. svy: regress Political_Trust woman age unemployed eduyrs

在其他情况下，我们可能想要分析个体观察数据或者根据某种规模指标给样本点以不同权重。打开 *WeightingA.dta* 数据集，其中包括 2010 年不同国家的数据。这里我们研究来自世界银行（2014）的人均 GDP（*GDPperCapita*）和 *population* 以及民主

---

① 关于 survery 命令的更多信息，参见 Hamilton（2013，第 4 章）。读者也应注意到当用 svy（StataCorp, 2013a: 91）进行分析时假设检验的变化。

（*polity2*）。后一个变量的范围从 -10 到 10，其中大的值表示民主得分高（Marshall 和 Jaggers，2004）。首先，我们将展示 *GDPperCapita* 的描述性统计量，根据它们的人口规模对单位进行加权。这意味着在计算均值时，美国将算作 300 000 000 以上，而圣卢西亚将算作 174 000：

```
. summarize GDPperCapita [aweight = population]
```

在输出中我们得到汇总统计量，其中国家根据它们的人口规模进行加权。我们也可使用分析权重进行回归：

```
. regress GDPperCapita polity2 [aweight=population]
```

13.3 稳健回归

正如我们在前几章中看到的，当条件理想时，OLS 回归比其他回归方法表现得更好。在实际数据中我们常常碰到有偏变量、严重异常值、异方差和非正态分布残差的问题。在 OLS 回归中，异常值的计算与任何其他观察值的权重相同，但会对参数产生过大的影响。如第 7 章所述，一种解决方法是运行一个包含和一个剔除了最有问题的异常值的模型。然而，另一种方法是采用稳健回归。该方法是基于每个单位对模型的总影响赋予它们一个权重（一些观测值的权重将为 0，因此从模型中剔除）。稳健回归是一种快速而简单的方法来观察异常值如何影响回归线，因为它将抵消异常值的影响（Hamilton，1992：223）。

为此，我们可以用 rreg 命令。这执行了稳健回归的一个版本。它首先拟合 OLS 回归，计算每个观测值的 Cook 距离值并剔除 Cook 距离大于 1 的任何观测值。此外，它根据残差计算每个观测值的权重，然后基于新的权重运行另一个回归，根据新的残差计算新的权重，依此类推（关于该方法的更多信息，参见 Hamilton1992）。①

让我们打开包含 2011 年世界各国的经济数据的数据集 *Robust_regression.dta*。首先，我们将进行 OLS 回归，以 *GDPperCapita* 为因变量，对数变换外国直接投资（*lnFDI*）为自变量（见图 13.9）：

```
. regress GDPperCapita lnFDI
```

---

① rreg 命令处理异常值和长尾分布，这使得它不同于稳健性选项（vce），后者给出对异方差稳健的标准误。

Source	SS	df	MS		Number of obs	=	156
					F(1, 154)	=	43.24
Model	1.3276e+10	1	1.3276e+10		Prob > F	=	0.0000
Residual	4.7281e+10	154	307022712		R-squared	=	0.2192
					Adj R-squared	=	0.2142
Total	6.0557e+10	155	390692806		Root MSE	=	17522

GDPperCapita	Coef.	Std. Err.	t	P>|t|	[95% Conf. Interval]	
lnFDI	4316.25	656.3871	6.58	0.000	3019.565	5612.935
_cons	-77199.77	13886.64	-5.56	0.000	-104632.7	-49766.88

图 13.9 OLS 回归

. predict GDPhat1 // 方便后面调用(见图13.15)
. label variable GDPhat1 "OLS regression"
. predict res, residual
. histogram res

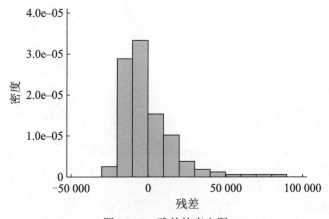

图 13.10 残差的直方图

从图 13.10 中我们可以看出，变量的残差是正偏且高峰度（你也可以通过输入 sum res, detail 来核查）。我们可以使用 rvfplot 命令来检验异方差，图 13.11 中的输出表明我们的模型有问题。

. rvfplot

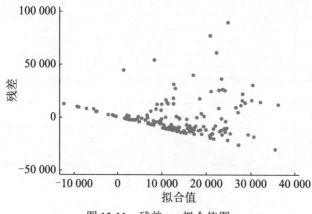

图 13.11　残差 vs. 拟合值图

我们还可以找出对我们的模型影响最大的国家（见图 13.12）：

```
. graph twoway (scatter GDPperCapita lnFDI, mlabel(ccode))
  (lfit GDPperCapita lnFDI, mlabel(ccode))
```

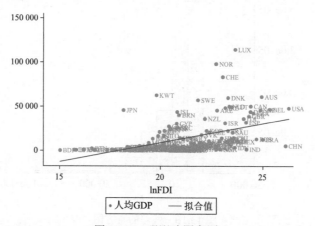

图 13.12　强影响国家图

或者我们可以生成 Cook 距离值（见图 13.13）：[1]

```
. predict cooksd, cooksd
. sort cooksd
. browse ccode cooksd
```

---

[1] 或者，我们可以输入：
```
. predict cooksd, cooksd
. gsort -cooksd
. list in 1/10
```

150	KWT	.041992
151	AUS	.0444108
152	JPN	.0601535
153	CHN	.0682895
154	CHE	.074531
155	NOR	.1020857
156	LUX	.2136348

图 13.13　Cook 距离值列表

无论如何，我们看到最大的异常值是卢森堡（LUX）、挪威（NOR）和瑞士（CHE）。由于模型有非正态分布的残差、异方差问题和明显的异常值，我们现在可以对相同的数据运行稳健回归：

```
. rreg GDPperCapita lnFDI
```

```
Robust regression                    Number of obs =    156
                                     F(  1,   154) =  38.94
                                     Prob > F      = 0.0000
```

GDPperCapita	Coef.	Std. Err.	t	P>|t|	[95% Conf. Interval]
lnFDI	1250.73	200.4367	6.24	0.000	854.7698　1646.69
_cons	-20761.27	4240.474	-4.90	0.000	-29138.27　-12384.26

图 13.14　稳健回归模型

我们从图 13.14 中注意到，和 OLS 模型相比，稳健回归模型 *lnFDI* 的系数更小[①]。为了比较两个模型，我们输入如下：

```
. predict GDPhat2
. label variable GDPhat2 "robust regression"
. graph twoway scatter GDPperCapita GDPhat1 GDPhat2 lnFDI, mlabel(ccode)
```

---

① 要生成所使用的权重，可输入：rreg GDPperCapita lnFDI, genwt(w)。

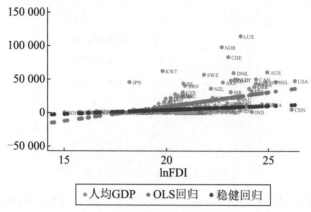

图 13.15　OLS 回归和稳健回归的比较

图 13.15 中浅灰色线代表 OLS 回归，深灰色线代表稳健回归。稳健回归是揭示异常值对模型影响的一种好方法，但是应该谨慎对待，就像 OLS 存在异常值一样。还有用于稳健回归的其他 Stata 程序，如 Veradi 和 Croux（2009）的 `mmregress`。该软件包可通过输入如下命令安装：

```
. ssc install mm_regress.pkg
. mmregress GDPperCapita lnFDI
```

13.4　缺失数据

在理想的统计世界中，我们操作完整的数据集。然而，在现实世界中我们经常会遇到缺失数据。数据缺失有几个原因：拒绝回答问题、忘记问（采访者）或回答（被调查者）问题、不知道问题的答案、缺少关于一个国家的信息、遗失某些文档等。缺失数据可能导致实践性问题（如很多统计软件预先假设完整的数据矩阵）和分析性问题（缺失数据往往造成对参数的有偏估计）。

我们可以根据严重程度划分不同类型的缺失数据。问题最少的是我们称为数据"完全随机缺失"（missing completely at random，MCAR），如果给定变量 X 的缺失数据概率和变量 X 的取值或数据集中任何其他变量的取值无关，则会出现这种情况。如果是这样的话，我们可以将数据集中（对于 X）的观察值视为观测值原始集的随机子样本（Allison，2002）。MCAR 被认为是一个很强的假设，在实际的调查数据中很少出现这种情况。我们可以通过检查 X 上有无缺失的人的其他变量的均值来检验这个假设。

我们打开数据集 *Missing_data.dta*，这是来自欧洲社会调查（ESS，2012）数据的英国样本。我们考察变量 *trstep*（信任欧洲议会），其范围从 0 到 10，高值表示高度信任。该变量的 N 为 1 928，这意味着总共 2 286 个数据中有 355 个缺失数据点。首先我们生成一个新变量，其中 *trstep* 为缺失值时取值为 1，其他情况取值为 0。

```
. generate trstep_miss = missing(trstep)
```

接着，我们检查两个子样本在变量 *woman*、*age* 和 *lrscale*（在左-右翼量表上的自我定位，高值意味着右翼态度）上的均值：

```
. summarize age woman trstprll rscale if trstep_miss==0
. summarize age woman trstprll rscale if trstep_miss==1
```

我们发现均值都有所不同，与在 *trstep* 上没有缺失的人相比，有缺失值的人倾向于更年轻、女性并且更右翼。因此，我们不能假设 MCAR 假设成立。

另一类为随机缺失（missing at random，MAR），在模型中控制了其他变量后，当 X 上缺失数据的概率和 X 的值无关时，就会出现这种情况（Allison，2002）。换句话说，缺失可依赖于其他变量，但在另一个变量的每一类中，X 缺失的概率和 X 的值无关。这一假设是否成立是不可检验的。出于实际目的，我们可以说，如果缺失数据不是 MAR（或 MCAR），那么它就是不可忽略的。如果是这种情况，我们应该按照下两节的规定来处理这个问题，以便对参数进行更好地估计。

13.4.1 处理缺失数据的传统方法

在本节中，我们将向读者介绍处理缺失数据的一些传统方法。这些方法有缺陷并可能产生有偏的结果，但可作为理解多重填补的背景（章节 13.4.2）。

成列删除（Listwise deletion）

成列删除是 Stata 中默认的选项。该选项意味着对于给定的分析，在一个或多个变量上有缺失数据的任何观测都会被删除。成列删除可以用于任何类型的分析，不需要任何特殊的计算方法。如果数据是 MCAR，这只会导致原始数据的样本减少（但仍然是随机的）。因此结果是无偏的，但有一些更大的标准误（由于减少了 N）。但是如果数据不是 MCAR，该选项会导致有偏的估计。即便如此，许多研究者在缺失程度不太大的情况下采用成列删除。但理想的情况下，如我们不能表明数据是 MCAR（MAR 在成列删除时会有问题），我们应当关注分析。本书前面的例子采用的就是成列删除。

成对删除（Pairwise deletion）

这意味着所有计算都基于分析中包含的所有变量对的所有可用成对数据。成对删除表明不同参数是基于不同的样本（因为 N 在每一对之间有变化）计算的。因此，所有的方差估计、t 检验和 F 检验都是有偏的。我们的建议是不要使用成对删除。有一些 Stata 命令可用于成对删除，如 `pwcorr`、`pwmean` 和 `pwcompare`。总而言之，对于变量对的简单比较可采用成对删除。

分类变量中缺失数据（Missing data in a categorical variable）

如果我们想在回归分析中使用一个多于两个值的分类变量，我们的方法是对该变量进行虚拟编码。这意味着我们在分析中纳入所有的虚拟变量，除了参考类别（参见第 5 章）。以变量 *prtvtgb*（上次全国选举中投票支持的政党）为例，输入：

```
. tab prtvtgb, missing
```

Party voted for in last national election, United Kingdom	Freq.	Percent	Cum.
Conservative	496	21.70	21.70
Labour	516	22.57	44.27
Liberal Democrat	255	11.15	55.42
Scottish National Party	37	1.62	57.04
Plaid Cymru	21	0.92	57.96
Green Party	19	0.83	58.79
Other	57	2.49	61.29
Ulster Unionist Party (nir)	10	0.44	61.72
Democratic Unionist Party (nir)	10	0.44	62.16
Sinn Fein (nir)	5	0.22	62.38
Social Democratic and Labour Party (nir	7	0.31	62.69
Alliance Party (nir)	3	0.13	62.82
Other (nir)	2	0.09	62.90
.	848	37.10	100.00
Total	2,286	100.00	

图 13.16　变量 *prtvtgb* 的频数分布

从图 13.16 中我们看到，该变量共有 848 个缺失值，我们不想从分析中删除这些值（但同时我们希望在回归中包含这个变量），解决方法很简单。我们为每个类别编码虚拟变量（并使用 *Conservative* 或 *Labour* 作为参考）。对于 *Liberal Democrat* 来说，编码的一种方式如下：

```
. generate dummy_LibDem = 0
. replace dummy_LibDem = 1 if prtvtgb == 3
```

我们对所有想要的类别都这样做（我们可能想要合并一些较小的类别）。为了避免缺失数据，我们还为那些没有回答该问题的人编码一个额外的虚拟变量：

```
. generate dummy_miss = 0
. replace dummy_miss = 1 if prtvtgb == .
```

我们在解释 dummy_miss 时要小心，因为我们不确定哪些人属于这一类。这种方法虽然直观上很吸引人，但已经被证明是有偏的，即使数据是 MCAR（Allison，2002）。但当使用成列删除时，包含这个虚拟变量意味着我们不会从其余的分析中失去这 848 人。

虚拟变量调整（Dummy variable adjustment）

这一方法由 Cohen 和 Cohen（1985）提出。它意味着我们应该为一个变量中所有缺失的观测插入一个新值（例如，0 或变量的均值），此外，我们应该包括一个虚拟变量（如果原变量中数据缺失，编码为 1，如果存在，编码为 0）：

```
. generate new_trstep = trstep
. summarize trstep
. replace new_trstep = 3.297199 if trstep==.
```

现在我们可以运行包括 *new_trstep* 和 *trstep_miss*（我们之前编码的，表示被调查者在 *trstep* 上是否有缺失值）的回归。我们进行回归来解释被调查者的幸福感（0～10）：

```
. regress happy woman age new_trstep trstep_miss
```

尽管该方法让我们保留原本会被删除的观测，但它会产生系数的有偏估计（Allison，2002）。但是这种方法可能用于缺失值不存在的情况下（对被调查者"不适用"）。例如，"你结婚多久了？"这个问题不适用于未婚的被调查者。但是，我们仍然建议不要使用虚拟变量调整。

单一填补（Single imputation）

对于单一填补，我们的意思是我们在缺失观测值的地方填补合理的猜测。最简单的方法就是均值填补。也就是说，我们为那些变量有缺失值存在的数据填补均值（和上一个例子相同）：

```
. sum trstep
. generate mean_trstep = trstep
. replace mean_trstep = 3.297199 if trstep == .
```

该方法将产生有偏估计，应该避免。一个更好的方法是使用我们所说的回归填补。这里，我们使用来自其他变量的信息来更好地猜测缺失值。也就是说，我们将存在缺失值的变量作为因变量进行回归分析，然后预测 Y 值，并用回归分析的预测值替换缺失值。在我们的回归分析中，除了 *woman* 和 *age* 外，我们还纳入变量 *ppltrst*（大部分人都值得信任）、*freehms*（同性恋可以随心所欲地生活）和 *imsmetn*（允许多数/少数相同种族的移民为多数）：

```
. regress trstep ppltrst freehms imsmetn woman age
. predict Y
. generate predict_trstep = trstep
. replace predict_trstep = Y if trstep == .
```

然而，这是对缺失值问题的一个有缺陷的解决方案。如果我们分析使用了填补变量的模型，标准误将被低估，而检验统计量会被高估。原因是我们的模型并没有对缺失值所代表的不确定性进行调整（我们将其解释为一个完整的数据集）。一般的建议是，如果数据缺失，应该使用成列删除或多重填补（如果可能）。

13.4.2　多重填补

多重填补（multiple imputation）是一种分析不完整数据集的统计技术。在这里，我们使用来自其他变量的所有值信息，其数据可用来预测低 N 变量以填补空白。多重填补的目标不是预测尽可能接近真实值的值，而是使我们能够处理缺失数据，为我们提供有效的统计推断（Rubin，1996）。这种方法从回归填补思想出发，但增加一些额外的步骤以得到更加现实的估计。多重填补和回归填补类似，我们使用模型中的其他变量的观测变量来预测缺失值。此外，我们可在预测方程中使用因变量和其他变量，并在该过程中增加几个步骤来解释填补程序中的不确定性。多重填补是涵盖一系列技术的一个广泛的术语。通常情况下，我们需要假定数据是 MAR，但是在实践中即使数据不是 MAR，多重插补法也能帮我们得到更可靠的结果。它的优点在于可以恢复观测值和统计功效，同时降低有偏系数的可能性。它的缺点在于填补值平均而言比非缺失值有更小的方差，从而导致太小的标准误和 I 类错误的风险。

多重插补法包括 3 个步骤，如图 13.17 所示。我们从不完整的数据（其中一个或多个变量有缺失值）开始。然后我们开始填补，也就是说，我们使用模型（包括因变量、其他解释变量以及模型外可能有助于解释缺失值的其他变量）中其他变量的数据来填补缺失值。我们这样做不是一次，而是 m 次（m 通常设在 5 到 20 之间）。这就产生了 m 个完整的数据集。填补是通过对完整数据（观测值和缺失值）施加一个概率模型生成的。①

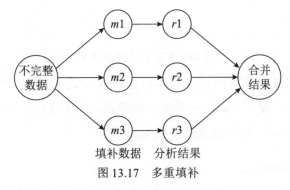

图 13.17　多重填补

接下来，对 m 个数据集分别分析（如 m 个回归模型），结果是 m 次分析。最后，对 m 个结果进行合并，使得参数估计是 m 个数据集中对应值的均值。m 个模型的标准误也被合并。如果模型不同，一个不确定项被加到标准误。如果遵循这些步骤，由此产生的推断在统计学上是有效的（Rubin，1987）。

我们现在将看在 Stata 中如何进行多重填补，仍然使用数据集 *Missing_data.dta*。首先，我们进行回归分析，基于人们对欧洲议会的信任度（*trstep*）、看多长时间的电视（*tvtot*）、对他人的信任度（*ppltrst*）、对同性恋的态度（*freehms*）、对移民的态度（*imsmetn*）以及 *women* 和 *age* 来解释人们的幸福感（*happy*）：

```
. regress happy trstep tvtot ppltrst freehms imsmetn woman age
```

---

① 关于多重填补的更多信息可参见 StataCorp（2013b）。

```
      Source |       SS       df       MS              Number of obs =    1845
-------------+------------------------------           F(  7,  1837) =   22.72
       Model |  542.275993     7   77.467999           Prob > F      =  0.0000
    Residual |  6264.78851  1837   3.41033669          R-squared     =  0.0797
-------------+------------------------------           Adj R-squared =  0.0762
       Total |   6807.0645  1844   3.69146665          Root MSE      =  1.8467

------------------------------------------------------------------------------
       happy |      Coef.   Std. Err.      t    P>|t|     [95% Conf. Interval]
-------------+----------------------------------------------------------------
      trstep |   .0816988   .0204805     3.99   0.000     .0415312    .1218664
       tvtot |  -.0451925   .0223711    -2.02   0.044    -.0890679   -.001317
     ppltrst |   .1654352   .0217794     7.60   0.000     .1227201    .2081502
     freehms |  -.1751684   .0525257    -3.33   0.001    -.2781847   -.0721521
     imsmetn |  -.1144462   .0559683    -2.04   0.041    -.2242143   -.0046781
       woman |   .0508997   .0873274     0.58   0.560    -.1203716    .222171
         age |   .0151377   .0025844     5.86   0.000     .010069    .0202063
       _cons |   6.341493   .2588148    24.50   0.000     5.83389    6.849095
------------------------------------------------------------------------------
```

图 13.18　有缺失值的 OLS 回归

图 13.18 显示了我们的回归结果。我们注意到 N 是 1 845（我们知道数据集中有 2 286 个被调查者）。由于 Stata 使用成列删除法，我们知道一定有一个或多个变量存在缺失值问题。因此，我们检查整个数据集：

```
. misstable summarize
                                                           Obs<.
                                              +------------------------------
               |                              | Unique
      Variable |    Obs=.     Obs>.    Obs<.  | values        Min         Max
  -------------+--------------------------------------------------------------
       ppltrst |       10              2,276  |     11          0          10
       pplfair |       18              2,268  |     11          0          10
        trstprl|       67              2,219  |     11          0          10
        trstep |      358              1,928  |     11          0          10
       prtvtgb |      848              1,438  |     13          1          22
       lrscale |      373              1,913  |     11          0          10
       freehms |       37              2,249  |      5          1           5
       imsmetn |       69              2,217  |      4          1           4
       imdfetn |       56              2,230  |      4          1           4
         happy |        9              2,277  |     11          0          10
           age |       15              2,271  |     80         15          94
  -----------------------------------------------------------------------------
```

图 13.19　报告缺失数据计数

回归中的一个变量（*trstep*）只有 1 928 个观测值（见图 13.19）。因此，我们将给该变量的缺失值进行填补以增加回归模型的 N。第一步是告诉 Stata 我们想使用边际长型（mlong）的数据，因为这样可以节省内存（更多信息可参见 StataCorp，2013b：333）：[1]

---

[1] 也可通过输入 `db mi` 来查看多重填补控制面板。

```
. mi set mlong
```

下一步是注册我们想要填补的变量以及填补中帮助我们的那些变量。如前所述，后者应包括所有相关变量：回归模型中的因变量、其他 *X* 变量以及能预测一个人在有缺失值变量上得分的附加变量。① 本例中，我们将包括 *pplfair*（大多数人试图利用你）、*trstprl*（信任议会）和 *imdfetn*（允许许多/少数不同种族/民族的移民为多数）。

```
. mi register imputed trstep
. mi register regular happy tvtot ppltrst freehms imsmetn woman age
  pplfair trstprl imdfetn
```

我们现在准备使用多重填补。这里，我们需要设定填补次数（add(20)，也就是说，我们生成 20 个新的填补数据集）和指定 rseed()。后者用于重现性，也就是说，如果你想得到相同的结果，你就应使用相同的 rseed 值。实际上，我们可以插入一个随机数② （这里我们选择 1 234）。此外，在本例中，我们需要加上 force 选项。原因在于我们的常规变量也含有一些缺失值，这一选项意味着即使遇到缺失的填补值，我们也要继续进行填补。如果所有这些变量都有完整数据，就没有必要使用 force。在 impute 命令后，我们选择 regress，这意味着我们用高斯正态回归填补方法来填补连续变量的缺失值（StataCorp，2013b，253）：

```
. mi impute regress trstep happy tvtot ppltrst freehms imsmetn woman age
  pplfair trstprl imdfetn, add(20) rseed(1234) force
```

从图 13.20 中我们看到 *trstep* 的 358 个缺失值中有 265 个被填补。没有全部得到填补是由于常规变量中存在缺失值。

---

① 填补模型和估计模型必须是一致的（包含相同的变量）。也就是说，估计中使用到的所有变量以及结果（*Y*）变量和任何可能包含缺失数据信息的辅助变量都应包括在填补中。
② 更确切地说，它必须是任意非负整数。

```
Univariate imputation                         Imputations =        20
Linear regression                                   added =        20
Imputed: m=1 through m=20                         updated =         0
```

	Observations per m			
Variable	Complete	Incomplete	Imputed	Total
trstep	1928	358	265	2286

```
(complete + incomplete = total; imputed is the minimum across m
 of the number of filled-in observations.)

Note: right-hand-side variables (or weights) have missing values;
      model parameters estimated using listwise deletion
```

图 13.20 多重填补

现在我们想比较原始数据和插补数据（见图 13.21）。这总是个好主意，这样我们就能知道填补值是否合理。这里我们将数字设为 0、1 和 20，其中 0 表示原始数据，1 表示第一次填补，20 为最后一次填补（当然可以在这里包括更多数字）：

```
. mixeq 0 1 20: summarize trstep

m=0 data:
-> summarize trstep

    Variable |       Obs        Mean    Std. Dev.       Min        Max
      trstep |     1,928    3.297199    2.335696          0         10

m=1 data:
-> summarize trstep

    Variable |       Obs        Mean    Std. Dev.       Min        Max
      trstep |     2,193     3.28271    2.342886  -4.142136         10

m=20 data:
-> summarize trstep

    Variable |       Obs        Mean    Std. Dev.       Min        Max
      trstep |     2,193    3.273601    2.346516  -2.547195         10
```

图 13.21 原始数据和填补数据的比较

从图 13.21 可以看到，我们的填补数据低于 *trstep* 的范围（0～10）。理想情况下，我们希望将 *trstep* 的填补值限制在其观测范围之内。因此，我们应该使用 pmm 填补方法（而不是 regress）来限制值。pmm 是"predictive mean matching"的首字母缩写，用于连续变量。该选项将缺失值替换为线性预测最接近缺失值的观测值。[①] 建议增加从中抽取填补值的最近邻点的数量，这是通过 knn() 选项完成的。我们需要重新打开数据集（不保存，因为数据结构已经改变），并再次运行程序，但这次使用 pmm 和 knn() 选项：

```
. mi set mlong
. mi register imputed trstep
. mi register regular happy tvtot ppltrst freehms imsmetn woman age
  pplfair trstprl imdfetn
. mi impute pmm trstep happy tvtot ppltrst freehms imsmetn woman age
  pplfair trstprl imdfetn, add(20) rseed(1234) knn(10) force
. mi xeq 0 1 20: summarize trstep
```

m=0 data:
-> summarize trstep

Variable	Obs	Mean	Std. Dev.	Min	Max
trstep	1,928	3.297199	2.335696	0	10

m=1 data:
-> summarize trstep

Variable	Obs	Mean	Std. Dev.	Min	Max
trstep	2,193	3.299134	2.337782	0	10

m=20 data:
-> summarize trstep

Variable	Obs	Mean	Std. Dev.	Min	Max
trstep	2,193	3.29503	2.343273	0	10

图 13.22　原始数据和使用 pmm 和 knn() 选项填补数据的比较

现在我们看到（见图 13.22），这些值落在原始范围内。我们已经准备好进行回归（这实际上意味着我们将合并创建的 20 个填补数据集的回归结果）：

[①] 更多信息可参见 StataCorp（2013b：241）。

```
. mi estimate: regress happy trstep tvtot ppltrst freehms imsmetn woman age
```

```
Multiple-imputation estimates              Imputations     =        20
Linear regression                          Number of obs   =     2,110
                                           Average RVI     =    0.0191
                                           Largest FMI     =    0.1304
                                           Complete DF     =      2102
DF adjustment:     Small sample            DF:     min     =    704.77
                                                   avg     =  1,891.83
                                                   max     =  2,099.18
Model F test:      Equal FMI               F(   7, 2084.0) =     29.17
Within VCE type:         OLS               Prob > F        =    0.0000
```

happy	Coef.	Std. Err.	t	P>|t|	[95% Conf. Interval]	
trstep	.0748239	.0205258	3.65	0.000	.0345249	.1151229
tvtot	-.0615058	.0211062	-2.91	0.004	-.1028971	-.0201145
ppltrst	.1780047	.0202488	8.79	0.000	.1382944	.217715
freehms	-.1713068	.0494001	-3.47	0.001	-.2681851	-.0744285
imsmetn	-.1421843	.0527119	-2.70	0.007	-.2455578	-.0388109
woman	.0944893	.0824916	1.15	0.252	-.0672846	.2562631
age	.0163655	.0024112	6.79	0.000	.011637	.0210941
_cons	6.346202	.2417712	26.25	0.000	5.872045	6.82036

图 13.23 采用多重填补的回归结果

我们将模型的 N 从 1 845（第一次运行模型时）增至 2 110（见图 13.23）。我们也可以同时填补一个以上的变量。让我们清除数据，并再次打开数据集 *Missing_data.dta*（原因是在上一个程序中更改了数据，所以我们想重新开始）。现在我们想填补一个附加变量 *lrscale*（人们在左—右翼量度上的自我定位）。

```
. mi set mlong
. mi register imputed lrscale trstep
. mi register regular happy tvtot ppltrst freehms imsmetn woman age
ppltfair trstprl imdfetn
```

下一步我们需要使用 impute mvn 选项，这允许我们采用多元正态回归来填补一个或多个连续变量的值[1]。这种方法的一个缺点是我们可能会得到超出变量范围的值。

```
. mi impute mvn trstep lrscale = happy tvtot ppltrst freehms imsmetn
woman age ppltfair trstprl imdfetn, add(20) rseed(1234) force
. mixeq 0 1 20: summarize lrscale trstep
```

最后，我们将变量 *lrscale* 加入之前的回归模型中：

---

[1] 更多信息可参见 StataCorp（2013b：203）。

```
. mi estimate: regress happy lrscale trstep tvtot ppltrst freehms
  imsmetn woman age
```

多重填补也可应用于 logistic、多分类和有序 logit 模型（mi impute logit/ologit/mlogit 和 mi estimate: logit/ologit/mlogit），这些选项在 StataCorp（2013b）中有进一步的描述。

13.5 总结

本章中，我们介绍了一些和回归分析相关的高级话题。首先，我们考察在存在有偏或尖峰/平峰变量分布时该如何变换变量。其次，我们转到了观测值的加权，侧重于 Stata 中的 pweight 和 aweight 选项。最后，我们介绍了数据缺失问题，并介绍了几种处理方法，特别侧重于多重填补。

 关键术语

- **偏度（Skewness）**：这是对分布不对称一种度量。标准正态分布的偏度为 0。如果偏度系数为负，则分布左偏；如果为正，则分布右偏。
- **峰度（Kurtosis）**：这是对分布峰态一种度量。在 Stata 中标准正态分布的峰度为 3。峰度系数大于 3 表示尖峰分布；小于 3 表示平峰分布。
- **权重（Weights）**：权重函数是赋予同一数据集中的某些观测值比其他观测值对结果影响更大的数学工具。
- **稳健回归（Robust regression）**：如果数据存在严重异常值（outliers）和/或影响点（influential observations），该方法是 OLS 回归的替代方法。
- **多重填补（Multiple imputation）**：这个术语描述了存在缺失观测值时分析数据的一种统计技术，包括 3 个步骤：填补、分析和合并。

问题

1. 有偏变量分布会导致哪些统计问题？
2. 请举出在回归分析中需要进行加权的两种情形，并解释为什么需要权重。
3. 相比于其他填补方法，为什么说多重填补是处理缺失数据的更好方法？

延伸阅读

Allison, P.D. (2002) *Missing Data*. London: Sage.

作为 Sage 出版社"社会科学中定量应用丛书"中的一本。该书向读者介绍了处理缺失数据的不同方法。

Carpenter, J.R. and Kenward, M.G. (2013) *Multiple Imputation and its Application*. Chichester: Wiley.

该书侧重于多重填补的方法，并使用来自医学和社会统计的真实世界的例子。

StataCorp (2013) *Stata Survey Data Reference Manual: Release* 13. College Station, TX: StataCorp LP.

这本 Stata 手册提供了调查分析命令的概述，以及加权、群和分层等主题的背景。

参考文献

Allison, P.D. (2002) *Missing Data*. London: Sage.

Cohen, J. and Cohen, P. (1985) *Applied Multiple Regression and Correlation Analysis for the Behavioral Sciences* (2nd edn). Hillsdale, NJ: Erlbaum.

ESS Round 5: European Social Survey Round 5 Data (2010) Data file edition 3.1. Norwegian Social Science Data Services, Norway – Data Archive and distributor of ESS data.

ESS Round 6: European Social Survey Round 6 Data (2012) Data file edition 3.1. Norwegian Social Science Data Services, Norway – Data Archive and distributor of ESS data.

Hamilton, L.C. (1992) *Regression with Graphics: A Second Course in Applied Statistics*. Pacific Grove, CA: Brooks/Cole.

Hamilton, L.C. (2013) *Statistics with Stata: Updated for Version 12*. Boston: Brooks/Cole.

Hardin, J.W. and Hilbe J.M. (2012) *Generalized Linear Models and Extensions* (3rd edn). College Station, TX: Stata Press.

Marshall, M.G. and Jaggers, K. (2004) *Polity IV Project: Political Regime Characteristics and Transitions, 1800–2004*. Dataset Users' Manual. Polity IV Project, Center for Global Policy, School of Public Policy, George Mason University.

Pearson, K. (1905) "Das Fehlergesetz und seine Verallgemeinerungen durch Fechner und Pearson". A rejoinder. *Biometrika*, 4(1/2), 169–212.

Rubin, D.B. (1987) *Multiple Imputation for Nonresponse in Surveys*. New York: Wiley.

Rubin, D.B. (1996) Multiple imputation after 18+ years. *Journal of the American Statistical Association*, 91(434), 473–489.

StataCorp (2013a) *Stata Survey Data Reference Manual: Release 13*. College Station, TX: StataCorp LP.

StataCorp (2013b) *Stata Multiple-Imputation Reference Manual: Release 13*. College Station, TX: StataCorp LP.

Verardi, V. and Croux, C. (2009) Robust regression in Stata. *Stata Journal*, 9(3), 439–453.

World Bank (2014) *World Development Indicators*. http: //worldbank. org/data-catalog/world -development-indicators.